학교에서 무엇을 가르쳐야 하는가

The Curriculum

F. Bobbitt의 교육과정 이야기

학교에서
무엇을 가르쳐야
하는가

The curriculum

Franklin Bobbitt 저

정광순 · 이한나 · 이윤미 · 김경하 · 박희원 · 이희정 공역

학지사

The Curriculum

by John Franklin Bobbitt

역자 서문

국내외 다수의 교육학 개론서에서는 F. Bobbitt이나 그의 저서 『The curriculum』을 널리 소개하고 있다. 통상 Bobbitt을 '교육과정'이라는 용어를 공식적으로 사용하도록 했고, '학교에서 가르쳐야 할 것'에 대한 논의를 공론화했으며, 오늘날의 교육과정학이라는 분야가 존재할 수 있게 해 주었고, 교육과정을 과학적으로 개발하도록 한, 교육과정 과학화 운동에 기여한 학자로 평가한다.

Bobbitt의 『The curriculum』은 이미 100년도 더 지난 시대에 나온 책이라 이 책을 읽는다는 것이 다소 회의적이었다. 알다시피 교육을 바라보는 관점도, 학교를 바라보는 관점도, 학생을 바라보는 관점도, 교육 여건도 많이 달라졌기 때문이다. 그러나 이 책의 내용이 '학교에서는 무엇을 가르쳐야 하는가' 하는 교육과정에 대한 가장 근원적인 질문에 답하고 있다는 점에서, 특히 지금까지 학교에서 가르쳐 온 것에 대한 주기적인 성찰과 비판이 필요하다는 점에서 독자에게 의미 있게 읽힐 것이라고 생각한다. 그가 그의 시대에 풀어야 할 문제였던 '학교에서 무엇을 가르칠 것인가'라는 질문을 하고 이 질문에 답했다는 사실이 중요하며, 나아가서 Bobbitt은 학교 교육 및 학교 교육과정 분야가 '학교에서 마땅히 해야만 하는 교육' 뿐만 아니라 '사회가 학교에서 해 주길 바라는 교육'도 고려해야 한다는 점을 인식시켰다. 이 책의 내용은 시종일관 19세기를 살다가 20세기를 마주한 Bobbitt이 '20세기 학교에서는 무엇을 가르쳐야 하는가'에 대해 고민한 답을 제시하고 있다.

『The curriculum』은 알려진 만큼 내용을 읽은 이는 그리 많지 않아 보인다. 이 책을 읽으면서 우리 역자들도 내내 다수의 교육학 개론서에서 소개하는 내용에만 의지해서 Bobbitt을 피상적·상식적으로만 알고 있었다고 소회했다. 이 점이 우리가 이 책을 읽고 공부하고 나서, 번역서로 출간하자고 동의한 이유다. 이런 역자들 각자의 성찰로 이 책의 번역을 마무리하였다.

역자 대표
정광순

어느 시대, 어느 곳에서든 '학교에서는 무엇을 가르쳐야 하는가' 라는 질문을 주기적으로 한다. 또 이 문제를 어떤 방식으로든 푼다. 이것이 교육과정 분야가 있는 이유이며, 이 분야의 궁극적인 본질 과제다. 독자들이 Bobbitt이라는 학자가 이 질문을 풀어 나가면서 한 사고의 이면과 그 과정에 집중해서 이 책을 읽는다면, '학교에서 무엇을 가르쳐야 하는가' 하는 지금 우리의 문제를 푸는 데 필요한 여러 가지 생각을 할 수 있을 것이다.

이한나

이 책을 읽는 동안 나는 Bobbitt의 매력에 빠졌다. 어떤 내용은 지금 시점에서 보아도 충분히 혁신적이었다. 이 책에는 21세기 사람인 내가 읽어도 손색 없는 학교 교육에 대한 관점과 철학, 학교가 사회를 위해서 무엇을 해야 하는지에 대한 통찰, 학교 교육과정에 무엇을 담아야 하는지에 대한 제안들이 들어 있었다. 또한 학교 교육을 통해서 학생들은 어떤 시민으로 성장해야 하는지, 그러기 위해 학교 교육 내용이 공공성과 개별성을 어떻게 담보해야 하는지에 대한 고민이 담겨 있었다. 무엇보다 나에게 학교 교육 내용에 대한 사회적인 합의가 얼마나 절실한지를 고민하게 했고, 지금도 여전히 온전한 시민 교육과 노동교육이 부재한 우리의 학교 교육 현실을 되돌아보게 했다.

이윤미

초등학교의 교육과정을 공부하고 있는 나에게 Bobbitt의 『The curriculum』은 교육과정 분야에서 하나의 역사적 사실 같은 것이었다. 그래서 이 책을 읽고 번역하는 일에 마땅히 참여해야 한다고 생각했다. 비록 100년 전의 사람인 Bobbitt이 100년 전의 상황에서 쓴 책이지만, 그의 제안이나 주장은 오늘날 '교육과정' 분야의 연구자가 무엇을 고려해야 하는지를 알려 주고 있다. 특히 학교에서 무엇을 가르쳐야 하는지를 고민하는 교사들에게 이 책은 교사로서 교육과정을 어떻게 고민하고 철학해야 하는지를 알려 줄 수 있을 것이다.

김경하

'왜 이 책이 교육과정학 분야에서 의미 있는 위치를 갖는 것일까' 하는 기대감을 갖고 읽기 시작했다. 한 장 한 장 읽는 동안 책에 있는 내용을 당시의 시대 상황에 비추어 보기도 하고, 지금의 학교 교육에 주는 의미로 새겨 보았다. 교육과정분야에서 연구하고 공부하는 좀 더 많은 독자와도 이 책의 내용을 나누고 싶다.

박희원

이 책은 나에게 그동안 학교와 사회의 괴리, 학교에서 가르치는 교육내용과 학생이 배워야 하는 것 혹은 배우고 싶어 하는 것과 일치하지도 상호 보완하지도 못하고 괴리하는 문제를 고민하게 해 주었고, '20세기를 보내고 21세기를 살고 있는 지금의 우리가 무엇을 고민해야 하는가'라는 질문을 던져 주었다.

이희정

저자 서문

20세기가 시작되면서, 사회는 전례 없이 매우 빠른 속도로 발전하고 있다. 단순했던 것들이 복잡해졌다. 소규모의 기관은 그 규모가 커졌다. 전문성이 높아짐에 따라 인간관계의 상호 의존성은 증대되었고, 그래서 조정이 필요할 정도다. 전 세계적으로 민주주의가 확산 및 성장하고 있다. 모든 계층이 개인의 전인적 성장에 관심을 갖게 되었다. 이런 인류 및 문명의 전환이 이전에는 없었다.

이렇게 세상이 새로워지고 있는 것에 맞춰서 교육 또한 변해야 한다. 교육은 사회가 진보하는 데 필요한 지성과 열정을 안정적으로 그리고 꾸준히 제공해야 한다. 또한 교육은 혼자가 아니라 사회의 진보와 함께해야 한다.

현재의 공교육은 19세기에 만들었다. 학교의 교육과정을 조금씩 개선해 왔지만 근본적으로 바꾸지는 않았다. 지금의 교육과정은 물려받은 것이지, 현재를 위해 개발한 것은 아니다.

 물려받은 것은 당시에는 좋은 것이었다. 하지만 시대가 바뀌면 사회의 발전을 오히려 저해한다. 그래서 부분적인 개선만으로는 불충분하며, 목적과 계획을 근본적으로 수정해야 한다. 오늘날의 학교는 확실히 이전의 학교보다 좋아졌다. 교사교육도 더 발전했다. 학교장이나 관리자도 더 전문가다. 건물이나 시설물도 좋아졌다. 더 효과적인 방식들이 도입되었고, 그래서 시간도 절약할 수 있게 되었다. 모든 것이 눈에 띄게 좋아졌다. 그러나 19세기에 우리가 한 것들이 좋았다고 해서 20세기에도 그것들을 해야 하는 것은 아니다.

 이것이 우리의 과제다. 우리는 지금 새로운 방식, 새로운 자료, 새로운 비전이 필요하다. 지식을 도구로 사용하기도 했지만, 지금까지 교육은 주로 지식을 기억하는 데 중점을 두었다. 새로운 시대는 지난 시대보다 더 많은 지식을 요구하며, 더 효과적으로 가르치기 위한 새로운 방식을 요구한다. 교육을 통해서 우리는 언어화된 지식을 습득해 왔다. 이제 교육은 실생활에서 획득할 수 있는 지혜와 같은 형태를 개발해야 한다. 그래서 학생들이 실생활과 관련해서 생각하고 판단하도록 해 주어야 한다. 오늘날 교육은 과거 수도원에서 주관하던 교육과는 다르다. 선한 의지, 서비스 정신, 사회적인 가치를 만들어야 하고, 모든 분야가 전문화하면서도 상호 의존하는 태도를 개발해야 한다. 교육은 모든 시민, 남자, 여자가 받아야 한다. 그들은 시민에 대해 배우는 것이 아니라 훌륭한 시민이 되어야 한다. 위생에 대해 아는 사람이 아니라 건강한 사람이 되어야 한다. 아는 사람이 아니라 실제로 그런 사람이 되어야 한다. 이런 것들이 교육의 새로운 과제다. 진보적인 학교에서는 이미 이런 교육을 하고 있지만, 대부분의 학교에서는 여전히 일부만 하고 있을 뿐이다. 지금까지 학교는 지식만 얻도록 해 왔다. 실생활과 관련해서 생각하고, 느끼고, 의식하고, 행동하기보다는 지식을 재생산해 왔다.

이 책에서 나는 학교가 새로 해야 할 일을 제시하고자 한다. 학교가 최근까지 하지 않은 과제를 왜 맡아야 하는지, 왜 새로운 방법, 새로운 자료, 새로운 교육 내용을 도입해야 하는지를 제시할 것이다. 이 책에서는 지금의 사회가 요구하는 것을 교사나 학자에게 제시할 것이다. 내 생각에 학교는 앞으로 사회 재건의 책임을 지게 될 것이고, 이를 위해서 지금까지 하지 않은 일들을 해야 할 것이다. 그리고 이 책에서는 이 시대의 교육과정 관련자들에게 필요한 몇 가지 이론을 제시할 것이다.

이 책은 최근까지 거의 다루지 않은 내용을 다루는 최초의 책이다. 오랫동안 우리는 일반적으로 널리 쓸 수 있는 교육방법론을 개발해 왔고, 교사와 관리자가 그것들을 잘 알아야 한다고 요구해 왔다. 그러나 최근에 이런 교육방법보다는 덜 일반적인 교육과정 이론도 개발하고 있고, 교사나 학교장도 이런 것들을 필요로 하고 있다. '무엇을 해야 하는가'는 '어떻게 해야 하는가'만큼이나 중요하다. 이 책은 예비 교사나 최근의 교육 경향을 알고자 하는 교육자에게도 유용할 것이다.

차례

역자 서문 • 5
저자 서문 • 9

1부 ── 학교 교육의 목적과 과정

1장 • 학교 교육을 보는 두 가지 시각 _ 17
2장 • 놀이의 시각으로 본 학교 교육 _ 23
3장 • 일의 시각으로 본 학교 교육 _ 33
4장 • 교육 활동으로서 생각하기와 하기 _ 41
5장 • 교육을 하는 곳 _ 51
6장 • 교육과정을 과학적으로 개발하기 _ 59

2부 ── 일 교육

7장 • 일에 대한 교육 _ 75
8장 • 전문적인 직업 교육 _ 91
9장 • 집단 노동 시대의 직업 교육 _ 97
10장 • 직업 교육의 사회적 측면 _ 109

3부 ── 시민 교육

11장 • 좋은 시민이란 _ 139
12장 • 대집단 의식의 계발 _ 153
13장 • 도덕 및 종교 교육 _ 185

The Curriculm

4부 건강 교육

14장 • 체육 교육의 기본 과제 _ 193

15장 • 체육 교육 _ 203

16장 • 체육 교육의 사회적 측면 _ 213

5부 여가 교육

17장 • 인간 삶에서 놀이의 역할 _ 233

18장 • 여가 활동으로서 독서 _ 253

6부 소통을 위한 교육

19장 • 모국어 교육 _ 273

20장 • 외국어 교육 _ 281

21장 • 결 론 _ 307

찾아보기 • 314

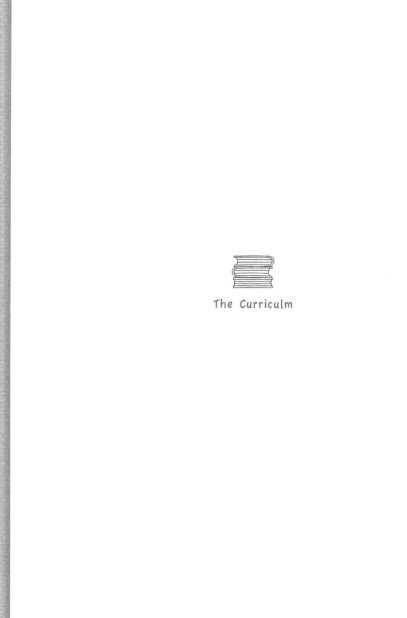

The Curriculm

1부

학교 교육의
목적과 과정

1장 학교 교육을 보는 두 가지 시각

2장 놀이의 시각으로 본 학교 교육

3장 일의 시각으로 본 학교 교육

4장 교육 활동으로서 생각하기와 하기

5장 교육을 하는 곳

6장 교육과정을 과학적으로 개발하기

1장

학교 교육[1]을 보는
두 가지 시각

최근의 학교 교육에 관한 논의를 살펴보면 상반되는 두 가지 사상이 있음을 알 수 있다. 하나는 학교 교육에서 개인(풍요로운 정신, 활발한 인지, 감수성, 학문, 문화, 훈육 등)[2]을 중시한다. 이런 주장을 하는 사람들에게 학교 교육은 개인을 위한 것이지, 다른 뭔가를 위한 것은 아니다. 즉, 교육 그 자체를 위한 것이지, 실제적이거나 실용적이어야

1 역자 주: Bobbitt이 이 책에서 사용하고 있는 training은 의미상 오늘날 교육을 가리키는 용어로 바꾸어도 의미가 통하였다. 그래서 training을 문맥에 따라 교육 혹은 학교 교육으로 번역하였다.

2 역자 주: 원문에서 ';' 혹은 '―'로 연결된 문장은 영어와 우리말의 어순 차이로 인해 어색한 경우, ( )로 대신하였다. 원문에서 ';' 혹은 '―'은 앞 문장을 보충 설명하거나, 예를 들 때 사용하고 있었다. 그래서 보충 설명하고자 하는 용어 및 구절에 붙여서 우리 글에 맞게 위치를 옮겨서 번역하였다.

하는 것은 아니다. 이들은 교육이 개인의 잠재력을 발휘하게 할 때 정당화해진다고 본다. 개인이 잠재력을 실현하는 것은 삶을 준비하는 것이라고 보는 것이다.

다른 하나는 학교 교육을 실생활을 위한 것으로 본다. 이런 주장에서 교육받은 사람이란, 자신의 분야에서 효율적으로 일할 수 있고, 공적인 일을 동료와 협력해서 할 수 있으며, 신체를 건강하게 유지할 줄 아는 사람이다. 또한 적절한 여가 생활을 할 수 있고, 여자나 남자로서 자녀를 낳아 잘 양육할 수 있으며, 사회 생활 방식을 익힌 사람이다. 이에 따라 학교 교육의 목적도 이런 것을 의도적으로 준비하는 데 있다.

실제로도 우리는 교육을 보는 시각이 이처럼 서로 다르다는 것을 쉽게 찾을 수 있다. 예를 들어, 과학을 공부하는 것은 과학이 인간의 사고를 풍부하고 활력 있게 만들기 때문이라고 생각하는 사람들의 경우를 보자. 개인적인 삶을 학교 교육의 목적으로 보는 이들은 학생들이 화학, 생물, 물리를 공부해야 한다고 주장하지만, 화학, 생물, 물리를 배워서 실제로 어디에 쓰거나 쓰지 않을 것인지에 대해서는 큰 관심이 없다. 학생들이 화학, 생물, 물리 공부를 해서 지적인 사람으로 자란다면 그것으로 충분하다고 생각한다. 과학 지식, 법칙, 태도를 충분히 습득한다면, 언젠가는 그것을 사용할 것이라고 보는 입장이다. 종국에는 과학을 사용하겠지만, 실용 과학보다는 '과학을 위한 과학' 공부를 해야 한다고 여긴다.

반면, 실용주의 입장을 지닌 사람들은 과학 공부를 하는 이유가 농장에서 농부로 일할 수 있기 위해서, 가게에서 기계를 사용하려고, 제

조업에서 물건을 생산하려고, 광산업에서 채굴을 하려고, 위생 처리
장에서는 위생 관리를 하기 위해서라고 생각한다. 그들은 각 분야에
필요한 것들을 정확하게 조사해야 한다고 생각한다. 이렇게 교육을
하면, 효율성과 경제성의 시대에 쓸데없는 낭비를 줄일 수 있다고 생
각한다. 또한 그들은 특정 쓰임을 고려하지 않고 막연히 지식이 다양
한 분야에 쓰일 것이라고 생각하는 것은 정확성을 요구하는 지금 시
대에는 맞지 않다고 여긴다. 무조건 지식을 습득하는 교육은 시간 낭
비, 에너지 낭비, 돈 낭비라고 생각하며, 근거도 없이 학생들에게 강
요하는 것이라고 여긴다.

　역사나 문학과 같은 사회과학은 시공간을 초월해서 인간의 경험을
말한다. 그것은 학생에게 옛 사람들의 다양한 삶을 간접적으로 보고
경험할 수 있게 한다. 학생들은 극장에서 연극을 보는 것처럼 옛날 사
람들이 이룬 것들을 본다. 이런 경험 자체가 삶을 만족시키고, 의식을
풍요롭게 하고, 상상하게 하고, 음미할 수 있게 한다. 책을 읽을 때,
우리는 '그리스의 영광과 로마의 풍경'을 본다. 호메로스의 서사시,
셰익스피어의 희곡을 감상할 때, 우리는 현실의 걱정에서 잠시 벗어
난다. 한편, 실용주의는 우리가 고대의 역사와 고전에서 더 잘 벗어나
도록 해 준다. 고대 역사와 고전은 현대사회에서는 더 이상 쓸모없는
태도, 관습을 설명하는 죽은 세계를 다루고, 시민 의식을 죽이며, 구
식이다. 이런 생각대로라면 모든 역사는 지금의 산업, 상업, 시민성의
문제에 대해 실제로 시사점을 제공하는 현대사이어야 한다. 그것은
어떤 문제와 관련이 있는 지식을 다뤄야 한다. 아무 목적도 없는 역사
는 소용이 없다. 그리고 이는 문학도 마찬가지다. 실용주의에서는 문

학이 현실 세계를 표현하는 최고의 도구라고 말한다. 실용주의에서 문학은 현대의 남성과 여성, 현재의 사회문제와 사람들의 반응, 요즘 사람들의 사고방식을 표현하며, 상업, 산업, 공중 위생, 시민 관계, 새로운 삶을 표현하는 도구로 본다.

　이런 논쟁은 특히 언어에서도 나타나고 있다. 실용주의에서는 지금은 사용하지 않는 고어를 비판한다. 대부분의 고어, 심지어 일부 현대어도 사용되지 않는 경우가 있는데, 사람들이 사용하지 않는 것을 학교에서 가르칠 근거가 없다는 것이다. 이런 주장은 타당해 보이고 설득력이 있지만, 외국어 교육자들은 이를 받아들이지 않는다. 그들은 인간의 삶을 실제로 사용하는 것 이상, 효율성 이상으로 여기며, 실용주의가 삶 자체를 교육의 목적으로 본다고 여긴다. 유용하다고 해서 모두 의미가 있는 것은 아니다. 자아실현, 인본주의를 한번 보자. 실용주의에서는 자아실현이나 삶 자체를 위한 교육을 비판한다. 그것이 너무 협소하고, 메마르고, 기계적이라는 것이다.

　어느 쪽이 옳은가? 분명, 둘 다 옳다. 이는 마치 '나무는 꽃을 생산하는가, 과일을 생산하는가?' 같은 질문에 대답하는 것 같다. 나무는 이 둘을 모두 생산하기도 하고 하지 않기도 한다. 이를 통해 나는 두 관점이 해 온 역할, 교육적 경험에 대해 간단하게 말해 주고 싶었다. 둘 다 중요하고 둘 다 효과적이다. 하나가 다른 하나를 필요로 한다. 하나가 교육을 놀이[3]play-level로 본다면, 다른 하나는 교육을 일work-level로 본다. 놀이는 자발적인 흥미를 낳고, 이렇게 생긴 흥미는 일을

---

　3 역자 주: '여가'로도 사용할 수 있음.

하게 한다. 놀이는 삶을 풍요롭게 한다. 비록 인식하기는 힘들지만, 놀이 자체도 가치를 지니고 있다. 일은 세상을 만들고 세상에 개입하는 것으로 보이지만, 놀이는 개인의 삶의 형성에 기여한다.

자아실현을 추구하는 교육은 인간에게 큰 비전을 갖게 하고, 이해를 깊게 하며, 잠재력을 실현해 주고, 인성을 완성하고 유지시켜 주며, 타고난 흥미를 이용하게 하고, 열정과 이상을 발달시켜 준다. 개인의 인간성을 실현해 주는 이런 교육을 지나치다고 할 수 없다.

실용을 추구하는 교육은 인간의 삶에서 의무 수행을 다하는 것, 기술적으로 정확하게 하는 것, 신뢰, 근면, 성실, 바른 습관, 지식 활용, 신체 능력, 도덕성, 호불호 여부와 상관없이 책임을 다할 수 있게 한다. 실용적인 교육 없이는 효율적으로 성취될 수 없다고 확신하는 것도 잘못된 것이 아니다. 이들 또한 지나치다고 할 수 없다.

2장

놀이의 시각으로 본
학교 교육

최근 심리학 연구는 인간이 오랜 유년기와 아동기를 놀면서 보낸다는 사실을 알려 주고 있다. 인간은 어리기 때문에 노는 것이 아니라, 놀기 위해서 긴 시간 동안 아이로 지낸다. 이런 역동적 경험이 교육을 가능하게 한다. 놀이는 교육이라는 인간 활동의 원형이라고 할 수 있다.

남자아이가 속도를 내기 위해서, 정확하게 던지기 위해서 또한 피곤해하지 않고 긴 시간을 운동할 수 있을까? 아이가 놀면서 달리고 던지고 싸우고 있는 힘을 다해서 잠재력을 발휘하는 것은 본능이다. 체육교육의 본질은 신체 놀이다. 아이가 놀지 않고 또래 친구들과 협력하는 데 필요한 사회적인 능력을 발달시킬 수 있을까? 이런 본능은 집단 놀이, 사회적 게임, 대화 등에 참여함으로써 개발할 수 있다. 놀이는 아이의 사회성을 발달시키고, 사회적인 습관을 형성시키고, 사회적인 결속을 강화시킨다. 사회 교육social education의 본질은 사회적 놀이social play다. 아이가 놀지 않고, 지금 필요한 미분화된 형태의 능력들을 발달시킬 수 있을까? 다행히도 우리는 여기서 아이들이 무엇인가를 만들고 활동하도록 이끄는 건설적이고 효력이 있는 강력한 놀이 본능play-instincts을 발견한다. 이 본능은 평범한 아이들에게 다양한 기회를 주고 그들을 '성장하게' 한다. 우리는 아이들이 스스로 놀 수 있는 기회만 제공하면 된다. 교육의 본질은 노는 것이다. 아이는 놀면서 사람들을 관찰하고 자기와 관련된 일을 관찰한다. 또한 관심을 가져야 하는 일에 관심을 기울이고, 탐구 성향을 형성함으로써 방대한 지식을 습득할 수 있다. 알고 싶어 하는 욕망, 지적 욕구, 본능적인 호기심의 본질은 놀이다. 아이는 놀면서 모든 것, 특히 자신과 타인의 행동에 주의를 기울인다. 이를 통해 평생에 걸쳐 배우고, 또 배운다. 마찬가지로 지적 놀이는 지적 교육의 본질이다.

교육은 주로 뭔가를 배우는 것이기 때문에 먼저 지적 교육의 기초로서 정신적 놀이를 다뤄 보자. 놀이를 하면서 한 사람은 사람들과 그들의 일, 환경, 사람들을 둘러싼 자연현상, 생활양식을 관찰할 수 있다. 그는 이렇게 관찰을 하면서 깨어 있고, 그동안 계속해서 사실을 수집한다. 그것이 정보로서 유용한지 무용한지에 대해서는 묻지 않는다. 개인의 삶에 기여하는 것만 관찰하는 것이 아니다. 비록 자신의 실제 생활과 관련없어 보이더라도, 그는 모든 것이 서로 관련되어 있다는 것을 스스로 알아차린다.

놀이를 통해서 직접 관찰할 뿐만 아니라 듣기도 한다. 자기가 보지 못한 것에 대한 이야기를 듣고, 그런 것에 관심을 가진다. 일간지에 실리는 대부분의 가십거리는 그가 관심을 갖지 않았던 것들이다. 그럼에도 그는 그것들을 읽고 배운다. 그렇게 하지 않으면 자신이 살아 있다는 것을 충분히 느끼지 못하기 때문이다. 새로운 것, 주변에서 일어나는 가십거리들을 궁금해하는 것은 비록 쓰잘데기 없는 일들이라고 하더라도 알고 싶어 한다는 뜻이다. 어떤 지식을 습득할 것인가, 그것을 어떻게 쓸 것인가와 같은 질문을 하지 않아도 사람들은 알고 싶어·한다. 사람이 알고 싶어 하는 것은 숨을 쉬는 것처럼 자연스러운 것이다.

배우는 것은 지식을 사용하는 것과 상관없이 호기심 때문에 일어난다. 배우는 것은 실제로 인간이 하는 가장 보편적인 활동 중 하나다. 배고프기 때문에 음식을 먹듯이, 사람은 호기심 때문에 지식을 습득한다. 음식의 가치를 알든 모르든 사람은 배가 고프면 음식을 찾는다. 배고픔은 인간이 무엇을 필요로 하는지를 알게 해 주는 본능이다. 마찬가지로 자신이 원하는 것을 알고 싶어 하는 것은 정신이 건강하다는 것이며, 알아보는 일에 참여하든 참여하지 않든 그것은 본능이다. 미숙아나 바보도 자신이 원하는 것이 무엇인지를 안다. 본능은 이처럼 강하고 지속적이다.

놀이는 가치를 지니고 있다. 대부분의 놀이가 일과 관련이 없는 것처럼 보이지만, 공동체 내에서 이 둘은 미묘하고 막연하게 관련되어 있다. 각 개인은 이런 관련성의 중심에 있다. 그는 공동체에서 삶을 총체적으로 이해해야 한다. 전체적인 상황에 맞춰 적절하게 행동할 줄 알아야 하기 때문이다. 쓸데없는 일에 관심을 가지는 것도 그가 속한 공동체 삶 전체에 대한 온전한 시각을 제공해 준다. 이러한 온전한 시각은 충분히 이해하기 위해서, 가치 판단하기 위해서, 바른 사회적 태도를 형성하기 위해서 필수적이다.

나는 수년 전에 동양을 여행하면서 12세쯤으로 보이는 두 남학생을 관찰한 적이 있다. 내가 탄 배는 홍콩, 상하이, 나가사키, 고베, 요코하마 등 여러 항구에서 하루 이틀 정도 머물렀다. 배가 정박하자마자 소년들은 그 지역을 탐험하러 떠났다. 그들에게 이 지역은 낯설고 새로운 곳이었다. 그들이 배워야 할 것은 정해져 있지 않았다. 누군가 나가 보라고 강요하지도 않았고, 암기하거나 얻어야 할 정보를 찾으라고 한 것도 아니었다. 또 그들이 나중에 시험을 봐야 하는 것도 아니었다. 단지 풍부한 경험의 장이 그들 앞에 펼쳐졌고, 그들은 그 기회를 누리고자 한 것이다. 소년들은 그들이 알고 싶어 하는 것(지적 갈망)에 따라 놀이 경험을 했다. 그들에게 허락된 하루의 시간과 이동 수단을 동원해서 도시의 이곳저곳을 돌아다녔다. 그들은 부촌과 빈민촌을 낱낱이 보았고, 상점들, 재미있는 장소, 사원, 군인 막사, 번화가와 어두운 골목, 잘사는 사람들과 가난한 사람들의 생활상을 세세하게 살펴보았다. 그들은 이런 것들을 충분히 경험한 후, 수많은 정보를 가지고 밤늦게 배로 돌아왔다. 배 안의 어른들에게 그들이 본 것을 말하지도 않았다. 그 소년들은 이런 여러 사실들을 기억하기 위한 것도 아니었다. 모든 것이 놀이였고 이는 최고의 교육이었다. 어떤 프로그램의 일환으로, 소요 시간을 정해 놓고, 과제를 부여하거나 구체적인 형식의 보고서를 요구하고, 간과한 것이 있는지 없는지를 평가한다고 했다면 그들이 배 밖으로 나가려 했을까? 이런 식으로 배 밖으로 나갔더라면 어떤 분위기였을까?

소년들이 한 경험은 교육 전반에 필요한 놀이 경험이다. 호기심, 동기, 흥미를 촉진하기 위해서 아동과 청소년들은 인간 지식과 인간 경험의 모든 주요 영역을 두루두루 돌아다녀 보아야 한다. 배움의 어떤 가치나 특정한 목적에 대한 의식 없이, 그들은 실세계의 모든 주요한 측면을 이해하는 데 있어 폭넓고 안전한 기반에 놓여야 한다. 가능하다면 이런 활동은 관찰하기 가능한 것이어야 한다. 그러나 인간의 시야는 좁고, 대부분의 세상사는 개인의 시간을 넘어 역사 속으로 사라진다. 사람들은 주로 다른 사람이 기록한 것들을 상상을 동원해서 간접적으로 탐구할 수밖에 없다. 그래서 학생은 다른 사람들의 경험들을 생생하게 재구성해 놓은 책을 필요로 한다.

지리 관련, 특히 여행 관련 책들은 매우 많은데, 이들은 다른 대륙에서의 삶을 생생하게 재구성해 준다. 예를 들어, 피어리의 북극 탐험, 아문센과 스코트의 남극 탐험에 관한 책을 읽을 때 아이들은 그곳을 여행한다. 이 경험은 아이들에게 마치 그들이 거기에 갔었던 것처럼 생생하게 극지방을 이해하도록 할 것이다. 이처럼 책을 통해 아이들에게 리빙스턴, 스탠리, 루스벨트와 함께 아프리카의 내륙을 여행하게 하자. 아이들은 그들이 다른 방식으로는 얻을 수 없는 중앙아프리카에 대한 이해를 하게 될 것이다. 아이들을 쿡 선장, 다윈, 스티븐슨과 함께 남태평양을 관통해서 여행하게 하자. 알프스로 간 틴달Tyndall과 조던Jordan, 로키에 간 존 뮤어John Muir와 에노스 밀즈Enos Mills, 시베리아로 간 조지 캐넌George Kennan과 함께 여행하게 하

자. 그리하면 그들은 지구촌의 여러 대륙과 지역을 간접 경험할 수 있으며 세상을 좀 더 잘 이해하게 될 것이다. 『용감한 선장들Captains Courageous』,『하이디 김Heidi, Kim』,『아이언 트레일The Iron Trail』,『벌목자The Lumberman』 같은 지리적 배경을 가진 책을 읽을 때, 아이들은 서로 다른 조건을 가진 여러 지역에 살고 있는 사람들의 생활을 간접적으로 경험한다. 이런 경험을 통해서 그들은 다른 지역과 그 지역에 사는 사람들을 이해한다. 이런 지리 관련 독서는 정보 습득이 아닌 경험이 목적이다. 소년들이 배가 정박한 항구 도시를 체험하고 돌아다닌 것처럼, 학교에서 아이들은 책을 읽으면서 여러 지역을 돌아다닐 수 있어야 한다. 학문적으로 인위적인 정교성이 부족할수록, 아이들은 심각한 가치를 덜 의식하고, 흥미를 더 따르며, 경험하기 때문에 교육에 더 도움이 될 것이다.

놀이 시각에서 본 역사 교육은 또 다른 풍부하고 끝없는 탐구 영역이다. 아이들은 이야기, 일화, 전기, 무용담, 모험담 그리고 유년기에 좋아할만한 다른 모든 것을 흥미를 갖고 읽어야 한다. 그들은 소년들이 외국 도시를 돌아다닐 때와 같은 즐거움을 위해서 다른 나라의 중요한 역사적 경험에 참여해야 한다. 아이들은 이런 경험의 가치를 당시에는 굳이 알 필요가 없는데, 그 가치는 대부분 우리가 교육시키려는 집단적 의식, 국가적 공감과 이해, 시민의식의 기초, '세계 연합'의 굳건한 기반으로 발전한다.

교사는 조건을 조성하고, 동기를 조절하고, 안내를 하기 위해서 목적을 알아야 한다. 그러나 아이들은 놀이 경험이 추구하는 목적을 꼭 의식해야 하는 것은 아니다. 놀이는 본래 변덕스럽다. 놀이 자체가 일상이 되거나 생산적 노동이 될 때 도리어 놀이가 안 되는 경향이 있다. 이런 점에서 아이들에게 역사는 사실이고, 생생하고, 흥미가 있고, 방대하며, 빨리 읽을 수 있으면 충분하다. 그 경험은 체험하고, 놀고, 신나는 이야기를 읽는 방식으로 이루어져야 한다. 여기서는 사실을 배우는 데 초점을 두면 안 된다. 사실을 배우는 것도 중요하지만 그것으로는 성취할 수 없는 것이 있으며, 놀 때 더 많이 성취하고 더 많이 배우기도 한다.

　사람들은 인간사뿐만 아니라 인간의 생활과 밀접해서 적응해야 하는 자연 현상, 즉 과학 분야에 대해서도 자연스레 관심을 갖는다. 정신이 건강한 아이에게 전자 기기들을 조립하고 작동시키며, 장치나 악기로 소리를 만들어 보고, 렌즈를 사용해 보며, 프로젝트 장치, 사진기, 화학 실험, 땅의 형성을 탐구하고, 동물을 키우며, 동물원, 새장, 수족관, 온실을 방문하고, 둥지에서 동식물을 관찰하며, 장난감, 연장, 기계, 기기, 제작 원리를 내포하고 있는 자료들을 갖고 놀 기회를 제공해 보라. 천진난만한 아이들에게 이와 같은 기회를 적절히 제공한다면 더 재미있는 것을 달라고 떼쓰지 않을 것이다. 아이들은 과학자가 가진 '과학에 대한 지식'을 알려고 하는 것과 같은 열정을 갖게 될 것이다. 따라서 아이들에게 그들이 개입할 수 있는 한 현실 세계를 탐구하게 하라. 그리고 아이들이 어떤 한계를 느낄 때, 꽃, 나비, 벌, 돌, 행성, 야생동물과 애완동물, 전기와 그것의 사용, 화학과 그것의 위험, 기계 발명, 빛과 소리와 열에 대한 이야기를 읽게 하라. 그러면 아이들은 자연스럽게 탐구할 것이다. 이것들 대부분은 초등학교에서 경험하게 해야 할 것이다. 학생들은 가능한 한 더 많은 것을 일상적으로 경험해야 한다. 물론 고등학생은 더 많은 경험을 할 수 있다. 그러나 과학에 대한 관심은 고등학생보다 초등학생이 더 많다. 초등학생은 더 넓고 더 깊은 관계를 볼 수 있을 것이다. 초등학교에서는 과학을 광범위하게 경험하게 해야한다. 이 경험은 고등학교에서 더 세부적이고 더 일반화될 것이다. 구체적인 세부 사항에 익숙해지면, 일반 관계를 모색하고, 지적인 기쁨과 더불어 자연스레 그 분야의 체계를 발견할 것이다.

경험하는 방식으로 실험을 하고, 독서를 하고, 매일 신문을 읽고, 지나가는 자동차를 관찰하는 것은 아이들의 의식에 기초가 된다. 놀이의 자발성을 사라지게 하는 형태로 경험을 조직화하는 것은 좋지 않다. 또한 너무 많은 것을 가르쳐서도 안 된다. 아이들이 원하고 필요로 하는 것은 경험이다. 학교의 주요 과업은 마치 항구에 도착했을 때의 두 소년처럼 학생들에게 다채롭고 매력적인 경험을 할 기회를 제공하는 것이다.

특히 초기 경험은 그것이 지리든 역사든 문학이든 과학이든 간에 일반적으로 아이들의 놀이처럼 세부적인 것이 풍부하고, 인간적이고, 다양하고, 가볍고, 논리적이기보다 흥미를 유발하고, 피상적이고, 반복적이고, 느슨하게 조직될 필요가 있다. 또한 변화 가능하면서 다양하고, 인간의 정신을 구성하는 모든 요소와 긴밀하게 상호작용할 필요가 있다. 이런 것이 아동의 방식이다. 유년기와 성인들이 그들의 자유시간을 보내는 방식이다.

놀이가 지적 요소를 상당 부분 포함하고 있고 교육과도 관련이 있음이 충분히 언급되었지만, 또 다른 종류의 놀이도 있다. 일반적으로 공작 교육을 하는 곳은 아이들에게는 노는 장소다. 공작 경험은 놀이 본능을 불러일으키고, 놀이 본능을 야기한다. 초기 또는 초등 수준의 교육은 이렇게 놀이처럼 해야 한다. 도구나 기계, 재료, 과정을 다양하게 경험하도록 하는 것도 놀이 경험이다. 이 경험이 이후의 교육에 든든한 기초가 된다.

최고의 체육 교육은 아이들의 신체 놀이의 욕구를 충족시켜 주는 것이다. 기계체조나 맨손체조는 사라지고, 여러 가지 실내·실외 게임, 스포츠, 리듬 댄스, 포크 댄스, 하이킹 등이 등장하고 있으며, 이들을 아이들에게 가르치고 있다. 이런 것이 다루기 쉽고, 저렴하며, 경제적이어서가 아니다. 놀이가 빠진 운동보다 신체적 놀이가 체육 교육에 더 효과적이기 때문이다.

학교에서 하는 사회 교육은 주로 놀이와 관련이 있다. 놀이와 게임을 연계한 친목회, 무용, 시민 단체, 보이스카우트와 걸스카우트, 기타 학교에서 하는 사회 활동들이다. 놀이는 학교에서 하는 다른 활동과 마찬가지로 가치가 있다.

교육에서 놀이가 중요하다고 말하는 것이 이제는 그렇게 새로운 것이 아니다. 최근의 생물학, 심리학, 사회학 연구는 우리에게 놀이는 가치가 있으며, 인간의 삶에서 항상 중요한 역할을 한다고 말해 주고 있다. 인간이 어떤 활동을 하더라도 놀이는 중요한 역할을 한다. 또한 놀이도 점점 전문화되고 있다. 놀이는 교육의 기본이며, 교육도 점점 복잡하고 더 방대해지고 있다. 교육은 더 충족적이고, 더 풍부해지고, 더 확대될 것이다.

우리는 놀이의 가치를 인식하려고 노력해야 한다. 이는 그간의 노력이 부족했다는 것이 아니라 더 노력해야 한다는 의미다. 남자아이들은 나가떨어질 때까지 놀며, 놀이가 좋아서 자발적으로 그렇게 논다. 자발적이지 않으면 놀이가 아니라 **일**이다. 어떤 분야에서 열정적으로 자신의 역사를 쓰고, 어떤 일에 도전하고, 역사적인 일에 참여하는 사람은 자신의 생애 최고의 시간을 경험하고 있는 사람이다. 게임하듯이 철자 교과서를 독파하고 스펠링을 습득하며, 수학을 재미있는 퍼즐이나 게임처럼 여기는 학생은 모든 어려움을 극복하고 이 분야에서 선두가 될 것이다. 즐기기 위해서는 모든 신경을 사용한다. 따라서 즐기며 놀 기회를 주라. 이것이 가장 강력하고 가장 앞서는 것이다.

   여기서 우리는 완전하지는 않지만 교육과 흥미의 관계에 대한 답을 할 수 있다. 실제로 교육적 설명에서 사람들은 의식적으로든 무의식적으로든 놀이를 배제하려고 하는데, 결국 이렇게 하면 줏대 없고 무기력해진다. 운동하는 아이들은 즐기면서 놀 기회가 많아서 종종 신체적으로 과하게 발달하기도 하고, 그로 인해 고통을 받기도 한다. 따라서 놀이나 운동이 근육을 발달시키는 데 효과적이기는 하지만 과도하지 않도록 주의해야 한다. 이것은 지적인 영역에서도 마찬가지다. 너무 많은 것을 배우는 학생은 지적으로 무기력해진다. 반면, 어떤 교과를 공부할 때 항상 즐거워하는 학생이 있다. 이 학생들은 '교과 그 자체'를 좋아한다. 그들은 교과를 결코 힘들고 단조롭게 경험하지 않는다.

3장

일의 시각으로 본
학교 교육

놀이도 중요하지만, 교육은 소명, 건강, 시민, 양육, 언어와 같은 일 련의 생활에 필요한 것들을 준비하는 데 목적을 둔다. 일 형태로 교육 을 경험해야 한다는 것은 이런 일들을 효율적으로 수행하도록 준비시 키는 것이다. 이 장에서 말하는 일이란 소명이라기보다는 해야 할 활 동이다.

비록 놀이도 일만큼이나 중요한 목적을 가지고 있지만, 둘은 서로 다르다. 놀이의 그 가치를 쉽게 인식하지는 못하지만, 놀이는 성격상 놀면서 신체, 정신, 사회성이 발달한다. 사람은 노는 것도 아니고 즐 기는 것도 아닌, 특별한 목적이 없는 경우가 있다. 즐긴다는 것은 목적이 아닌 유인이다. 인간의 초기 지적 발달은 일에만 의존하지 않는다. 놀이가 주로 본능적이라면, 일은 관념적이다. 놀이는 근시안적인 반면, 일은 멀리 내다보고 목적과 수단을 의식한다. [그림 3-1]은 놀이와 일의 독자성을 보여 주며, 이 둘 간의 차이점을 알게 해 준다.

이 그림의 A, B, C, D는 모두 사람들이 하는 활동이다. 놀이는 첫 단계로 인한 활동이지만 두 번째에도 영향을 미치고, 두 번째는 세 번째와 관련이 있으며, 세 번째는 네 번째를 만든다. 화살표를 보면, 놀이는 개인이 의식하지 못하는 상태에서 시작해서 사람들이 하는 노동의 결실을 거둘 수 있게 한다. 그러나 인간은 일하는 목적을 잃으면 책임감을 갖기 어렵다.

일은 사람들이 의식한다는 점에서 놀이와 다르다. 일차적으로는 노동의 결과가 둘의 차이를 말해 준다. 일에는 근본적으로 관심이 있어야 하고, 이렇게 이끌어 낸 관심은 일의 선행 조건인 다른 요인들을

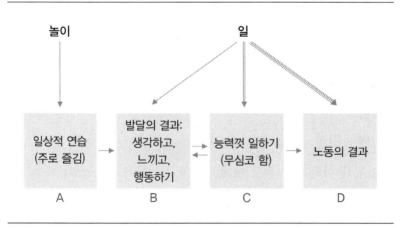

[그림 3-1] 놀이와 일의 상호관계 및 교육적 관계

소급한다. 즉, 일을 하면서 관심은 배로 증가하고, 더 높은 단계로 발달하며, 놀이처럼 일에 흥미를 갖는다. 하지만 일은 즐거움보다는 생각하고 행동하는 능력을 발달시킨다는 점에서 가치가 있다.

[그림 3-1]은 학교 교육에서 일과 놀이가 어떤 지위를 갖는지 보여 준다. A는 놀이이고, C는 일이다. 둘 다 인간 발달의 요소다. A가 먼저이며 기반인데, 삶을 유지하며 일과 어우러진다. C는 실제로 결과에 대한 책임을 느껴야 온다. **이것은 일과 같은 것이 아니라 일이다.**

일로 여길 수 있는 것은 두 가지다. 일의 결과가 두 가지이기 때문이다. 하나는 교육의 효과(B)를 의도하지 않은 채, 결과(D)가 있는 일(C)이다. 다른 하나는 오직 발달(B)을 목적으로 한다. 일은 노동의 결과(D)이지만, 놀이는 노동처럼 그렇게 발달을 느끼기 힘들다.

일을 주관적으로 보든 객관적으로 보든, 흥미와 책임은 둘 다 객관적이다. 그러나 흥미와 책임은 주관적인 것으로 시작한다. 흥미와 책임이 일차적으로 나타나고, 궁극적으로는 그것이 발달의 결과라 할지라도, 교육을 통해서 교사가 가르쳐야 하고 학생이 배워야 하는 것이다.

어디서 하는 교육이든 교육은 살면서 할 일을 준비하는 가장 일반적인 방식이다. 교육은 일의 필요성을 인식하게 한다. 여러 직업학교, 종합학교, 고등학교에서 학생들은 무역, 상업, 가내수공업, 채굴 등의 일을 한다. 이를 좀 더 발전시키려면, 학교에서는 실제 생활에서 하는 일들을 해야 한다. 지역사회에서 볼 수 있는 여러 직종의 일을 학교 교육으로 전환할 수도 있고, 또 학생은 지역사회 어디든 어른들이 실제로 일하는 그곳에서 성인이 하는 일을 경험할 수도 있다.

여기서 다음 두 가지 길이 일반적이다. 하나는 직업에서 하는 활동들을 학교로 옮겨 놓는 것이다. 실제로 일을 하는 직업 세계를 전제로 일에 대한 책임감을 가져야 한다. 예전의 조직적 연습 대신, 학생들은 가구, 농기구, 운동 기구, 생필품, 실험 장치, 가정용 가전제품 등의 설비들을 실제로 갖춘 곳에서 일한다. 학생은 실제로 그림을 그리고, 우유를 테스트하고, 종자 검사를 하고, 가구, 도구, 기계를 사용하고, 자동차 수리를 하고, 시멘트로 공사를 하고, 집, 체육관, 대형 경기장 짓는 일을 한다. 여학생은 주로 요리하기, 요즘에는 학교에서 점심 준비하기, 청소하기, 가정이나 가게에서 빵 굽기를 한다. 그리고 바느질을 해서 실제로 옷을 만든다.

실생활에서 하는 일들 중에서는 학교에서 하기 어려운 일도 있기 때문에, 학교에서 일을 하는 또 다른 방법으로 학생들이 지역사회로 나가서 교육 차원에서 어른들이 하는 일을 분담하는 것이 있다. 사전에 약속을 해야 하는 등 관리 문제가 있기는 하지만, 이 방법이 더 쉬울 수 있다. 왜냐하면 실생활에서 하는 일들을 학교로 옮기기가 더 어렵기 때문이다. 그래서 교육적인 의도로 우리는 오랫동안 학교에서 할 일을 가정에서 할 수 있도록 하고 있다. 홈 프로젝트의 일환으로 학교 농장을 운영하고, 지역의 가게나 상점 또는 사무실 등에서 시간제로 일하면서 학교에서 하는 일을 연습하도록 해 왔다.

시민 교육 또한 시민으로서 하는 일들을 해 보도록 해야 한다. 학생들은 숲이나 가로수를 관리하고, 파리와 모기를 예방하며, 새들을 보호하고, 유해한 곤충들을 없애는 일을 할 수 있다. 학생들은 학교나 지역사회에서 하는 일에 참여한다. 보이스카우트는 아침과 방과 후에 등하교하는 어린이들의 길 건너기를 돕는다. 이처럼 학생은 성인과 함께 지역사회에서 다양한 활동을 할 수 있다.

학생들은 또한 학교 건물 환기, 청소, 위생 관리, 온도, 습도, 채광을 조절한다. 학교 내 해당 부서에서는 학생들의 이런 활동에 대해 학점을 인정해 준다. 나아가서 가정에서 집 안 환기, 위생 시설, 이 닦기, 합리적 식단, 수면 조건과 시간 조절, 눈 관리 등 학교 밖에서의 활동을 통해서 연습을 할 수 있다.

국어과에서도 아이들이 참여할 만한 활동들이 있다. 예를 들어, 학생들이 정확하고 효과적인 언어를 사용한다는 목표를 세우고 활동한 결과, 그들은 실제로 적절한 용어를 사용하게 된 적이 있다. 학생들은 문단과 문장, 단어, 발음, 철자, 손 글쓰기 등을 쓸 수 있다. 그들은 문제 해결, 구두 보고, 보고서 작성, 편지 쓰기, 뉴스거리를 잡는 기회, 시민 단체의 활동, 사회단체에서 토론할 기회를 갖는다.

이런 예는 수도 없이 많지만 학교가 이런 일을 실제로 하고 있지는 않다. 언어를 제외하고는 전국의 거의 모든 학교에서 학생들이 실제로 책임을 느낄 수 있는 일 형태의 학교 교육을 거의 하지 않고 있다. 직업학교에서조차 일의 세계에서 실제로 하는 일과 동떨어진 연습을 하고 있다. 일반학교의 시민 교육이나 위생 교육도 마찬가지다. 전국의 학교에서 하는 활동들은 많다. 그러나 실제로 일의 세계에서 하는 일을 학교 교육으로 하는 학교는 찾기가 어렵다.

일의 세계에서 하는 일을 학교 교육으로 해야 할 필요가 있다거나 그것이 정당하다는 것을 충분히 인식하고 있지 못하다. 학교 교육은 여전히 여가leisure를 의미하는 그리스 교육 전통인 schole로 인식한다. 초등학교나 기술학교는 다소 예외이지만 문법학교, 고등학교, 대학은 여전히 자유교육의 전통을 유지하고 있다. 교사는 자유교육을 반대하지만, 일의 세계에서 하는 실제 일을 교육 활동으로 계획하지 않으며, 학교 교육에서 제외하기도 한다.

직업 학교와 기술 학교들은 오래전부터 일의 필요성을 인정해 왔다. 의대생은 병원 일을 돕고, 농대생은 농장에서 일을 한다. 그러나 일반학교에서 이런 일을 하는 것에 대해서는 적절하지 않다고 생각한다. 이러한 일에 대한 인식은 신시내티 대학University of Cincinnati 기계공학과 학생들이 도시의 공장에서 반나절 동안 일하고 그에 대한 임금을 받으면서 이슈가 되었다. 이를 통해서 일은 학교 교육이 될 수 있으며 또 그럴 필요가 있다는 것을 알게 되었다.

기술 교육 분야에서는 학교 교육으로서 일이 필요하다는 것을 오래전부터 받아들여 왔다. 도제 교육은 이런 일 형태의 경험을 통한 교육이다. 최근 공립학교에서는 직업 교육을 필요해서가 아니라 상황 때문에 한다. 도제 교육이 효율적이지 못하다고 해서 사라질 위기에 있는 반면, 공립학교 교육은 확산되고 있다. 학교 교육의 목적을 설정할 때부터 실생활에서 실제로 하는 일들을 포함해야 한다. 사실 요즘은 일이 더 복잡해졌고 더 효율적으로 해야 하기 때문에 학교 교육은 옛날 도제 교육을 할 때보다 일에 대한 책임을 더 가져야 한다. 그리고 이 일은 지나간 것이 아닌 지금 실제로 하고 있는 것이어야 한다.

도제 교육에서는 교육의 일환으로 일을 시켰다. 그러나 공립 학교 교육에서는 일이 거의 사라졌다. 요즘 학교 교육은 자유교육의 전통에서 해 온 일을 거의 하지 않는다. 일을 한다고 해도 요즘 학교에서 하는 일은 실생활에서 하는 일이 아니다. 즉, 일을 통한 교육을 제공

3장 일의 시각으로 본 학교 교육

하지 않기 때문에 학교가 그렇게 하도록 적절하게 조치를 취해야 한다. 학교에서는 교육의 기회로서 가능한 한 다양한 종류의 일을 제공해야 한다.

유치원이나 초등학교에서도 간단한 일들을 한다. 이런 학생들이 학년이 올라갈수록 교육의 목표와 수단을 더 잘 이해하게 될 것이다. 그리고 비록 지금은 그렇게 하고 있지 않더라도 고등학교 이후에서도 당연히 일을 해야 한다. 마찬가지로 지금은 그렇지 않다고 하더라도 고등교육에서도 일을 통한 교육을 강조해야 한다. 학교 교육의 학문화 경향은 일을 통한 교육을 더 지연시킨다. 이는 많은 학생이 기술학교나 직업학교 학생이 될 때까지 일하는 것을 유보하게 한다. 그리고 일을 경제 활동으로 여기며 학교에서 일하는 것을 적절하지 못하다고 생각하게 만든다.

4장

교육 활동으로서
생각하기와 하기

학교에서 하는 대부분의 활동은 생각하기다. 들에서 일하는 농부, 선반을 만드는 목공, 요리를 하는 주부, 질병을 관리하는 사람 등은 모두 일을 하기 전에 그 일의 조건들을 고려하고, 가장 합리적인 수단과 과정을 설정한다. 그러나 그들은 일을 하는 데 있어 정확한 과학적 지식이 결여되어 있다. 일을 하는 데 사용하는 지식이 보잘것없으면, 그 일 자체가 보잘것없어지고 비효율적이게 된다. **일**은 본래 생각하기 및 주관적인 측면이 있다. 일을 효율적으로 하기 위해서는, 첫 번째로 정확하고 과학적인 지식을 적용해야 한다. 두 번째로는 일을 하는 것이 곧 생각하기라는 것이 드러나야 한다.

일하기 전에 하는
사전 활동
/

　실제로 일은 두 부분으로 나눌 수 있다. 하나는 계획을 세우는 것이다. 즉, 목표를 정하고, 구체적인 자료를 선정하며, 적용할 절차를 마련하는 것이다. 계획은 시작부터 마무리까지 전체를 대상으로 예상해 보는 활동이다. 목표와 과정 모두 과학적이어야 하고, 계획을 세우는 것도 과학적으로 해야 한다. 모든 것에 잘 맞는지, 역작용이나 간섭 및 장애가 되는 것은 없는지 고려하면서 각 단계들을 세심하게 검토해야 한다.

　예를 들어, 과업을 수행하는 것을 보자. 남자아이들이 조립 공장에서 가스 엔진을 조립하는 일을 하고 있다. 먼저, 아이들은 자신이 생각한 대로 조립할 것이다. 모든 부품, 사이즈, 디자인, 각 부품들 간의 관계를 고려할 것이다. 이렇게 생각해 보는 활동은 위험도 줄이고, 자료의 낭비도 줄인다. 예상 가능한 어려움도 덜 겪게 하고, 실수도 줄이면서 반복적으로 할 수 있게 해 준다. 아이들은 디자인, 사이즈, 비율을 달리해 가면서 여러 방식으로 조립하며, 계획을 잘 세우기 위해서 디자인 하나하나를 검토할 것이다. 이렇게 사전에 일을 계획하고 검토할 때는 자신이 아는 모든 과학적 지식을 동원할 것이다. 그들은 짧은 시간 동안 혹은 몇 달이라는 긴 시간 동안 계획하기에 집중할 것이다. 일을 하기 전에 이런 작업이나 검토를 충분히 하면 필요한 의사결정을 할 수 있고 일에 대한 만족도도 높아진다. 이때 계획은 객관화할 필요가 있다. 이것은 단순히 결정을 기계적으로 하는 것을 의미하지 않는다. 알다시피 생각을 해야 일의 방향을 정하고, 이끌고, 확인할 수 있다. 손은 인지의 도구다. 일이 매뉴얼처럼 일상화 또는 습관화되기 전에는 궁극적으로 일은 지적인 활동이다.

이와 관련하여 학교 교육은 기본적으로 한두 가지 오류를 범하고 있다. 하나는 관념적인 요소를 제거해 버리는 오류다. 학교의 교육 활동에서는 학생이 수행해야 할 계획을 간소화해서 매뉴얼화, 비법서 절차화, 청사진, 패턴화, 세부 지침 등 만들어서 활동하기 전에 제공한다. 이 경우 학생은 실제로 과학적으로 일하는 방식을 습득하지 못하며, 일과 관련된 여러 가지 간접 경험을 할 수 없다. 학생은 기계적으로 조작만 하지, 이를 통해서 어떤 통찰을 얻지 못 하고, 생각할 기회도 거의 갖지 못한다. 이는 교육 경험을 어렵게 할 뿐만 아니라 비효율적이기도 하다.

이와 정반대의 오류는 실제 상황을 배제하고 가르치는 오류다. 생각만 하게 하는 것 또한 지적 경험이라고 하기 어렵다. 그것은 지적인 유희에 가깝다. 실제로 해 보는 경험은 나중에 해야 하는 일의 기반이 된다. 즉, 실제 상황에서 교과 교육을 받은 사람은 다음 단계의 교육으로 더 빨리 나아갈 수 있다. 우리는 놀이를 통한 교육이 일을 통한 교육에 기반을 제공한다는 것을 안다. 이를 확인하기 어렵지 않다. 그러나 놀이가 곧 교육이라고 할 수는 없다. 나중에 필요한 정도로 노는 경험이 불완전하고, 비효율적이며, 구심점이 없으면, 일의 가치, 일하는 습관, 태도, 책임감을 배우기 어렵기 때문이다. 역으로 지나친 의무감도 비효율적이다.

나는 지금 일을 하기 전에 하는 사전 활동과 실제로 해 보는 활동에는 차이가 있다는 점을 지적하고 있다. 하고 있는 일과 관련이 있는 것에 대해서는 뭐든지 생각을 해 봐야 한다. 만약 학생들이 풍부한 아이디어를 가지고 상상을 한다면, 일 자체에 긴밀하게 접근할 수 있다. 그들은 자신이 추구하는 목적에 도움이 되는 것들, 방해가 되지 않는 것들을 선택하면서 교과를 배우고 그것의 가치를 알게 될 것이다. 일을 하기 전에 계획을 해 보는 활동은 교육에서 중요하며, 일의 일부이기도 하다. 실제로 생각을 하지 않으면 교육이 될 수 없다. 또 생생한 수행이 이루어지지 않으면 기억하기도 어렵다.

다른 한편으로 교사가 결정하고 계획한 것을 학생이 받아서 실행만 할 때도 지적 활동은 거의 일어나지 않는다. 학생들은 결정된 방식, 그에 맞춰진 재료나 방법에만 관심을 갖게 된다. 물론 일을 마무리하는 것은 교육적으로 가치가 있다. 또 동기를 유발하고, 실감나게 해 주고, 이해와 공감을 깊게 해 주며, 여러 가지 기능을 사용하는 것도 교육적으로 가치가 있다. 그렇지만 사고하지 않고 실행만 하는 것은 일하기 전에 하는 지적 활동(계획하기, 구상하기, 검토하기 등)에 필적하지 못한다.

따라서 교사가 계획한 것 혹은 매뉴얼화한 것을 제공함으로써 학생의 사전 활동을 빼앗으면 안 된다.

사전 활동 또한 중요하다. 학생은 시작해 보고, 계획을 세워 보고, 스스로 의사결정을 해 보아야 책임감을 배울 수 있다. 초보자는 실수를 하고, 재료를 허비해 보고, 잃어봐야 할 필요도 있다. 이를 통해서 그들은 책임감을 배운다. 책임감은 실수해서 잃어버린, 중요한 것을 낭비한 대가다. 즉, 실제로 실수를 해 봐야 아는 것이지 생각만 한다고 되는 것이 아니다.

사전 활동과 일이 명확하게 구분되는 것은 아니다. 교육에서는 두 활동 모두 필요하다. **학생이 사전 활동을 충분히 하도록해야 한다.** 계획한 일을 하기 전에 각 단계들을 하나하나 검토하고, 실수를 예상해 볼 기회를 충분히 주어야 한다. 계획을 하는 활동은 학급에서 토론을 통해서 할 수도 있고, 교사와 학생이 함께 비판적으로 검토해 봐도 된다. 이렇게 할 때 주요 결점들을 발견할 수 있다. 학생들은 실제로 일을 하기 전에 실수할 만한 것들을 알아차릴 수 있다. 그들이 현실적으로 손해를 보고 잘못될 가능성이 있는 것들을 충분히 생각해 보도록 해야 한다. 사실 성공하는 사람들은 대부분 여기에 시간을 쓴다. 성공하는 사람은 일을 하기 전에 예상되는 실수를 알아내서 그것을 사전에 바로잡는다. 반대로 어떤 사람은 보는 안목이 좁고 자신이 할 수 있는 실수를 생각해 보지 않기 때문에 위험에 처하거나, 손해를 본다. '경험이 최고의 교사'다. 그러나 실수를 해 보고 수행 전에 가능한 실수를 예상하고 대처해 보는 경험이 더 좋은 교육이다. 계획을 해 보는 활동은 일을 하는 데 필요한 전략들을 충분히 발달시켜 준다.

기술적 정보

/

일의 시각에서 볼 때 과제task를 수행하는 것은 학교 교육의 핵심이다. 학교 교육에서는 이 과제를 과학적으로 조직해야 한다. 예를 들어, 한 남학생이 학교 실험실에서 전기 신호 장치를 만들어서 작동시

키고 싶어 한다고 생각해 보자. 학생의 이런 열망은 교육에서 중요하
다. 이 학생은 배터리, 배선, 전자석, 순환 회로에 대한 정보를 수집할
것이다. 평소에는 아무 관심도 두지 않았지만 그가 해야 할 일에 필요
하면 정보들을 얻기 시작할 것이다. 그는 계획하고 구성하면서 중요한
사실들을 알아 갈 것이다. 이 과제에 흥미가 생기면 추상적인 교과 지
식이나 원리로 관심을 확대한다. 학교에서 이렇게 습득한 지식은 집에
서 개인적으로 습득하는 지식보다 더 오랫동안 기억한다.

  프로젝트 학습project method이 학교 교육에서 널리 퍼지고 있다. 예를
들어, 학교 옥수수 클럽에서는 학생들이 옥수수의 성장과 관련 있는
모든 정보를 수집하고, 실제로 옥수수를 재배하는 데 그것을 활용한
다. 모기를 퇴치하는 캠페인에 참여하는 학생들은 이 캠페인 활동에
필요한 곤충학, 세균학 등 해당 분야의 정보들을 수집할 것이다. 나무
를 보호하는 단체에서는 나무를 해치는 곤충이나 곰팡이에 대한 정보
들을 수집한다. 나무에 악영향을 미치고 피해를 주는 것을 줄이는 데
필요한 정보도 수집한다. 이 문제와 관련이 없는 정보는 제외한다. 학
생들이 서로 대화할 때 문법적으로 잘못된 오류를 교정하고, 발견한
오류와 관련된 문법적 정보들을 접할 수 있다. 간단히 말해서, 학생들
은 그들이 수행하고 있는 일과 직접적으로 관련이 있는 것들을 배운
다. 학생들은 이런 상황에서 중요하고 적절한 지식을 배우고, 실제로
일을 하는 데 필요한 정보들을 습득한다. 따라서 알기knowing와 하기
doing는 동시에 일어난다.

  이러한 장점에도 불구하고 교과 교육을 프로젝트 학습으로 하는 것
에 대해 항상 좋게 평가하는 것은 아니다. 이것은 프로젝트 학습 자

체의 결점 때문이 아니다. 프로젝트 학습 자체는 완벽하지만 대부분
의 교사에게 익숙한 방식이 아니기 때문이다. 그래서 교사들이 프로
젝트 학습을 불완전하고 비효율적으로 수행하는 것은 놀랄 일이 아니
다. 프로젝트 학습은 교육 과제를 실제 수행과 연관시킬 때 더 잘 학
습한다는 점을 매우 명시적이고 구체적으로 제시하고 있다. 교사는
학생이 가장 경제적이고 가장 효과적으로 결과를 내도록 돕는다. 교
사는 학생에게 필요한 방법을 구상하고, 계획을 하고, 절차를 마련하
라고 한다. 학교의 재봉실, 주방, 실습실에서 이런 활동을 하는 것을
자주 볼 수 있다. 그러나 이런 활동들은 학생의 지적 활동 요소를 생
략하는 경향이 있다. 이 경우 학생은 일에 필수적인 부분을 수행하지
못하게 되며, 스스로 계획하고 수행할 때 배울 수 있는 것들을 학습하
지 못한다.

　프로젝트 학습에서는 수행보다 우리가 사전 활동이라고 부른 것을
더 중시한다. 또 학생에게 이런 사전 활동을 직접 할 것을 요구한다.

　프로젝트 학습에서는 다음의 세 가지를 중시한다. 가스 엔진을 예
를 들어 이를 좀 더 구체적으로 설명해 보자.

　첫 번째는 관찰하기다. 엔진을 만들겠다는 동기와 의도를 가진 남
학생은 가능한 한 여러 종류의 다양한 엔진을 관찰할 것이다. 충분히
이해하기 위해 그는 시동을 걸고, 각 부분들이 어떻게 작동하는지를
지켜볼 것이다. 부품을 분해해 보고 다시 조립해 보기도 할 것이다.
이런 경험은 그에게 엔진을 만드는 일과 관련이 있는 모든 정보를 접
해 보게 한다. 이것이 교과 공부의 첫 단계다. 이렇게 해야 학생이 실
제로 가스 엔진을 만들고, 그것을 언어로, 양적으로 설명할 수 있다.

학생은 이런 경험을 나중에 하게 될 일에 반영할 것이고, 충분히 일반
화된 지식은 아니지만 그가 필요로 하는 지식을 습득하게 할 것이다.

두 번째는 관련 자료 읽기다. 남학생은 자신의 안목을 넓히기 위해
서 자신이 모르는 엔진에 대해 설명하는 사진, 그림, 표들을 찾아야
한다. 만약 그가 실제 두세 종류의 엔진을 직접 보았다면, 이는 읽기
를 통해서는 스무여 가지 다른 형태의 엔진을 이해할 수 있는 기반이
될 것이다. 초창기에 나온 단순한 형태의 엔진에 대한 구조와 관련된
지식들을 찾아보는 것으로 시작할 수 있다. 이어서 어떤 이유로 엔진
을 어떻게 개선해 왔는지를 탐색할 수 있다. 읽기는 학생이 일반적인
지식을 습득하는 기본적인 활동이다. 하지만 이런 읽기만으로는 충
분하지 않다.

세 번째는 일반적인 지식을 개관해 본다. 점화 장치와 같은 특정한
것을 하나 짚어 보자. 이 남학생은 엔진과 관련해서 전기 관련 지식을
더 알아야 한다. 전기까지 공부하는 데는 한계가 있지만, 전기에 대한
일반적인 정보들을 살펴보고 전기를 사용할 것이다. 그는 개선된 유
형의 점화 장치를 개발하는 것에 관심이 있기 때문에 전기를 사용하
는 것과 관련 있는 자료들을 읽을 것이다. 읽었다고 해서 모든 지식을
충분히 이해하지는 못하지만, 실험은 해 볼 수 있다. 일반화된 과학
지식들을 검토하고 활용 가능성을 점검하여 사용할 수 있는 아이디어
를 얻을 것이다. 이렇게 관련 정보 지식들을 개관해 보는 일은 프로젝
트 학습의 마지막 단계에서 수행한다.

이런 정보들은 '순수한' 지식이지만, 잘 쓰지 않는 지식과는 다르
다. 프로젝트 학습은 지적인 흥미를 만족시키는 것이라기보다 일부

분을 직접 해 보는 것이다. 프로젝트 학습은 지적으로 통찰하는 것이라기보다 실질적인 문제 관련 지식이나 원리들을 검토해 보는 것이다. 놀이가 일과 다른 것처럼 이 두 가지 유형의 경험도 서로 다르다.

5장

교육을 하는 곳

교육경험은 일상적이어야 한다. 그래서 이런 교육 경험을 학교에서 하기가 쉽지 않다.

이 문제의 본질은 다양한 예시를 통해 분명히 할 수 있다. 먼저, 여학생에게 바느질 지도를 하는 경우를 보자. 바느질은 학교에서 할 수 있는 종류다. 또한 일상적으로 하는 집안일이기도 하다. 만약 가정에서 바느질을 하기 때문에 교사가 바느질을 지도하기 위해서 집집마다 돌아다녀야 한다면, 행정적으로 어렵고 경제적이지도 않다. 따라서 이 경우에는 학교에서 바느질을 하도록 하는 것이 더 쉽다. 바느질에 필요한 재료들을 제공하고, 집에서 하던 바느질을 학교에서 배우게 할 수 있다. 학생들이 일상생활에서 책임을 져야 하는 일들을 빠뜨리지 않고 학교에서 배울 수 있도록 해 주는 것이 바람직하다.

반면, 가정에서 하는 요리 활동을 학교로 옮겨서 하기는 쉽지가 않다. 요리 재료는 부피가 크고, 학교에서 요리를 하기도, 요리한 것을 가정으로 되가져 가기도 쉽지 않다. 요리 재료들은 잘 상하고, 옮기는 중에 상하며, 준비하자마자 제공해야 한다. 따라서 실제 요리 활동은 주로 학교가 아닌 각 가정의 주방에서 하는 것이 적절하다. 요리 지도를 하기 위해서 교사는 가정과 긴밀하게 협조해야 한다. 일부 요리, 가령 빵 굽기, 통조림 만들기, 식재료 및 음식 저장하기, 젤리 만들기 등은 학교에서 할 수 있다. 종종 학교에서 요리를 하고, 만든 음식을 집으로 가져간다.

오늘날 많은 학교에서는 일반적인 책임감을 길러 주기 위해 대체 활동을 하기도 한다. 학교에서 점심시간을 이용하곤 하는데, 점심 당번이 돌아오면 여학생들은 몇 가지 음식의 점심 준비를 한다. 어떤 학교에서는 몇 백 명의 학생에게 카페테리아 방식으로 열두 가지 정도의 음식을 준비해서 매일 점심 식사를 제공한다. 학교에서 점심을 제공하지 못할 때는 종종 적절한 대안을 찾을 수도 있다.

학교가 학생에게 이런 일반적인 책임감을 길러 주어야 한다는 것을 인식한 것은 비교적 최근이다. 예를 들어, 최근 몇 년 전까지만 해도 '정원 가꾸기'를 학교 화단에서 할 수 있다는 것을 알아차리지 못했다. 최근 들어 학교는 화단(정원)을 단지 놀이터일 뿐이라고 인식해 왔다. 물론 학교 화단 가꾸기 활동을 위해서 적절한 교과를 도입하고, 정원 가꾸기에 필요한 내용 및 과정을 제공하며 시범을 보여 줄 수도 있다. 그러나 이런 정도의 활동으로는 교육 활동으로서 충분하지 못하다. 정원 가꾸기를 학교에서 하기는 대단히 어렵기 때문에, 교사가 각 가정을 돌아다니면서 가정의 정원에서 해야 한다. **교육은 교사가 지도하기 편한 곳이 아닌 그 일을 일상적으로 하는 곳에서 해야 한다.**

앞에서 우리는 고등학교 공작실에서 목공과 목수를 양성할 수 있다고 생각했다. 그런데 현재 학교 실습실에서는 일이 아닌 놀이를 하고 있다. 구성 본능은 특히 남학생에게 강하며, 학생들은 학교에서든 운동장에서든 구성 활동에 열중한다. 학교는 학생의 활동 본능을 해소할 수 있는 장소이어야 한다. 이는 매우 중요하며, 유치원에서 고등학교까지는 예비 구성 활동을 제공하고 있다. 이런 활동은 학교 교육에서 학생의 주요 활동이어야 한다. 그런데 학교가 이런 활동들을 하고는 있지만, 적절한 방식으로 수행하고 있는 것 같지는 않다. 학생들은 학교에서 활동을 한 후, 실제로 그 일에 참여할 수 있어야 한다. 학교 실습실에서 실제 일을 하기에는 어려운 여건이지만, 이런 활동들을 학교활동으로 전이해야 할 것이다. 사실 이런 활동들은 학교의 기계 공작실이나 집 안의 어떤 장소에서도 가능하다. 학교에서는 예비 활동으로, 실험적으로, 시연 방식으로도 할 수 있다. 또한 이런 활동은 직업 세계에서도 발견할 수 있는데, 학생들은 나중에 직업 세계에서 이러한 활동을 할 것이다.

학교에서는 해부학, 생리학, 위생학과 관련해서 건강 문제를 다룬다. 지식을 획득하거나 상기하고 시험을 통과하면, 학생들은 교육받았다고 여긴다. 학생들이 지식을 활용하는 것은 그들이 시험을 치고 난 **후**에나 하는 것으로 생각해 왔다. 이렇듯 지식의 활용은 학교 교육의 일부로 여기지 않았으며 최근에 와서야 알려지기 시작했다. 하지만 우리는 지식을 활용하는 것이 교육이 궁극적으로 추구하는 것임을 안다. 지식을 일에 사용하지 않는 교육은 반쪽짜리 교육이라고 할 수 있다. 학교에서 위생학을 가르치는 것은 위생 지식을 습득하게 하려는 것이기보다, **그 지식을 사용해서 위생적인 생활을 할 수 있도록 하려는 것이며, 건강 습관을 형성하도록 하려는 것이다.** 교육이란 침실의 공기를 환기시킬 때, 음식을 선택할 때, 치아를 관리할 때, 근력과 탄력을 유지하고자 할 때, 일하거나 놀 때, 세균 감염에서 벗어나고자 할 때, 우리가 **해야 할 일**이라고 부르는 수없이 많은 일을 할 때 아이디어를 사용할 수 있게 해 주는 활동이다.

하지만 이런 활동들을 모두 학교 교육으로 할 수는 없다. 교육은 그 활동이 일상적으로 이루어지는 곳에서 해야 한다. 그리고 학교는 이런 활동에 필요한 선행하는 지식을 제공해야 한다. 이는 학생들이 할 일을 판단할 수 있도록 도와준다. 학교 교사나 보건 교사는 부모와 협력해서 학생들의 이런 활동을 자극하고 지도할 수 있지만, 대부분의 활동은 개인이 스스로 해야 하는 활동이다. 학교 교육으로는 모두 수용하기 힘들다. 따라서 학교의 보건 교사가 학생들의 가정과 지속적으로 접촉함으로써 학생들이 이런 교육을 계속해서 받을 수 있도록 해야 한다.

이후 장들에서 우리는 시민 교육, 여가 교육, 부모 교육, 지역사회 교육에 적절한 활동들을 살펴볼 것이다. 이를 통해서 이같은 활동의 일부를 학교 교육으로 수용해야 한다는 것을 알게 될 것이다. 또 어떤 활동은 학교 교육으로 수행하기 어렵고, 교육적으로 가치 있는 활동

도 일부는 학교가 그 수행 장소로 적절하지 않다는 것도 알게 될 것이
다. 필수적인 활동들 대부분은 학교 교육으로 수용하기가 매우 어렵
거나 거의 불가능하다. 그러나 학교 교육으로 수용하기 어렵거나 불
가능하다고 해서 더 이상 교육할 수 없다는 것은 아니다. 우리가 해야
할 일은 학교 교육으로 수용하기 힘든 활동들을 일부는 학교 활동으
로, 일부는 가정 활동으로 하는 것과 같은 방안을 찾는 것이다.

　아이오와Iowa에서 나온 적당한 사례가 있다. 아이오와 주에서는
가정에서 하는 활동 일부를 학교에서 학점으로 인정해 주는데, 〈표
5-1〉은 330개의 다양한 활동 목록을 제시하고 있다.

〈표 5-1〉 학점으로 인정하는 가정 활동 목록

농업 활동	활동 수
식물	45
동물	18
농업의 구조와 농업 경제	21
가정	**활동 수**
바느질	23
요리	29
세탁	17
집안일	18
일반 건축, 수리, 도구를 사용하는 활동	59
남녀가 할 일	9
건강 활동	20
여가 생활(집에서 책 읽기, 음악 듣기 등)	16
노약자 돕기	11

실무 활동	6
절약하기	4
시민 활동	10
클럽 활동	24
총합	330

　학교로 수용하기 힘든 활동들도 지도할 필요는 있다. 학교에서는 주로 이런 일을 하기 전 사전 활동을 지도할 수 있다. 그것은 활동에 필요한 관련 지식의 습득을 포함한다. 학생들은 계획을 세우면서 스스로 해야 할 일들에 대해 알 수 있다. 이런 사전 활동을 충분히 한다면, 교사가 지도해야 할 일도 크게 줄 것이다. 또한 교사는 학생이 스스로 하도록 해야 한다. 부모도 일부 학생을 지도를 하지만, 주요 책임은 교사에게 있다. 교사는 학생들에게 학교 교육을 마친 후 사회생활을 할 때 그들이 해야할 일을 지도해야 한다. 학생이 생활하면서 해야 할 일을 학교에서 교육한다면, 학교도 실세계의 일부가 될 것이다. 물론, 어떤 활동은 교실에서 할 수 없을 수도 있고, 어떤 활동은 교사가 교육할 수 없을 수도 있다.

　한편, 일부만 학교 교육으로 수용할 수 있는 활동(일반적으로 학교에서 할 수 있는 활동이 아닌)도 있다. 널리 알려진 피츠버그 주 신시내티 Cincinnati의 사례에서 보면, 고등학교 남학생은 학교 교육의 절반을 교실, 연구실, 실습실에서 하고, 남은 절반은 도시에 있는 일터에서 실제로 일도 하고 돈도 번다. 이 일은 2인 1조로 한다. 학생들은 한 주는 일하고, 한 주는 학교에서 교육을 받는다. 한 명이 일터에 있을 때, 다른 한 명은 학교에 있다. 그리고 매주 토요일에는 둘 다 일터에서 일을 한다.

이러한 시간제 활동들은 셀 수 없이 많으며, 실제로 요즘 학교에서
는 이런 활동들이 빠르게 확산되고 있다. 어떤 도시의 산업 고등학교
에서는 학생들이 학교 교사나 시설물들을 보수하는 활동을 학교에서
하고 있다. 최근에 방문한 기술 고등학교에서는 인근 지역의 과일 재
배 농가와 계약을 체결해서, 매주 토요일, 휴일, 방학 동안 농업반 학
생들이 물을 주고, 가지를 치고, 경작하고, 수확을 하면서 일반적인
책임감을 배우도록 하고 있다. 학생들은 여러 곳에서 농사를 짓고, 타
이핑을 하고, 장부를 작성하고, 영업을 하고, 광고를 만들고 상품 진
열을 하며, 시간제로 일주일에 한두 시간 일을 하고 있다.

여기서 우리는 일하기 전에 하는 사전 활동과 일을 하는 것의 차이
를 명확히 구분해야 함을 알게 된다. 계획하기 등 일하기 위한 준비활
동 대부분은 학교에서 하는 것이 경제적이고 효과적이다. 학생들은
사전활동을 하면서 실제로 일하는 데 필요한 관념을 형성한다. 그러
나 사실상 이런 활동을 하는 것은 행정적으로도 쉽지 않다. 하지만 이
사전 활동을 적절히 수행하면서 관련된 어려움들이 줄어들고 있다.
실제로 학생들은 일하는 데 필요한 올바른 관념을 형성하고, 신념을
가지며, 거의 감독 없이 혼자 힘으로 해내고 있다.

6장

교육과정을 과학적으로
개발하기

　교육과정은 대부분 과학적으로 개발하지 못해 왔다. 무엇을 가르쳐야 하는지의 문제를 충분히 다루지 못해 온 것이다. 따라서 교육과정 분야는 모호하다. 교과를 명확하게 정의하고 있지 못하고, 개인의 조화로운 발달도 무엇인지 모호하며, 발달시켜야 할 도덕성도 구체적이지 않다. 또한 사회적 효율성은 어떤 것인지 구체적이지 않고, 실생활과 무관한 것들을 지도하며, 대개 가르칠 대상을 설정하지 않은 채 교육을 해 왔다. 목적이 모호하거나, 설령 그렇지 않다고 해도 요구하는 것이 무엇인지 알기 어려운 한 그 수단과 과정도 모호하다. 하지만 목적을 정하지 않고 가르치던 시대는 지나가고 있다. 과학의 시대는 정

확성과 구체성을 요구한다.

요즘 교육의 주요 영역에서는 과학적 접근을 하고 있다. 교육을 측정하고 평가할 수 있는 여러 가지 방법을 개발하고 있다. 교육 평가 분야에서는 평가 결과를 분석하고, 상황을 진단하며, 처치할 수 있는 과학적인 방안들을 모색하고 있다. 예산을 수립하고, 등급을 매겨서 진급을 결정하고, 학생 수를 조사하는 영역에서도 과학적으로 접근하고 있다.

교육과정은 기본적인 분야다. 만약 교육과정을 추측이나 개인적인 의견을 기반으로 개발한다면, 수많은 분야의 과학 지식들을 효과적으로 사용할 수 없을 것이다. 모든 분야가 과학적인 접근을 하고 있고, 이는 교육과정에도 과학을 적용해야 한다는 의미다. 이를 위해서는 과학적인 방법이 필요하다. 현재 과학적 접근은 다양한 교육 분야와 연계해서 빠르게 발전하고 있다.

주요 이론은 간단명료하고, 인간의 삶은 복잡하다. 교육은 이러한 삶을 준비하는 것이고, 교육을 통해서 삶을 구체적으로 준비해야 한다. 교육은 특정 사회계층만이 아니라, 누구나 하는 것이며, 수많은 종류의 교육 활동이 있다. 또한 교육은 사람들이 사는 세상의 일이며, 세상에서 하는 일을 구체화하는 동시에 인간이 필요로 하는 능력, 태도, 습관, 인식, 지식을 드러낸다. 그리고 이런 것들을 교육과정의 목적으로 삼는다. 교육과정에서 다뤄야 하는 것은 매우 많고, 명확하며, 구체적인 것이어야 한다. 여기서 교육과정이란 학생들이 이런 목표를 달성하는 일련의 경험이다.

교육과정이라는 말은 라틴어로 **경주 코스** 또는 **경주** 자체—경주를

하는 곳 혹은 일련의 경주―를 뜻한다. 교육에 적용해 보면, 아이들
은 성인이 되어서 할 일을 잘 할 수 있는 능력을 기르는 방향으로 **활동
하고 경험해야 한다.**

　이런 발달적 경험에는 두 가지 차원이 있다. 하나는 살면서 일반적
으로 할 수 있는 경험으로, 교육할 필요가 거의 없다. 이런 관점에서
교육은 사회생활을 하면서 하게 된다. 대부분의 교육은 이렇게 일어
난다. 그러나 모든 교육이 이렇게 무의도적인 것은 아니다. 따라서 교
육을 체계화하고 방향을 정해서 의도적으로 제공할 필요가 있다. 첫
번째 수준은 간접교육undirected training이고, 두 번째 수준은 직접교육
directed training이다.

　따라서 교육과정을 두 가지로 정의할 수 있다. ① 개인의 능력을 구
현하는 직간접적 경험, ② 학교에서 의도적으로 제공하는 경험이다.
전문가들은 후자를 교육과정으로 본다. 그러나 교육해야 할 경험이
늘어날수록, 실생활에서 하는 일과 놀이를 학교로 수용할수록, 교육
과정으로 정한 경험과 그렇지 않은 경험을 구분하기 힘들어 진다. 둘
다 교육이지만, 둘 다 교육과정으로 설정하는 것은 아니다.

　교육과정을 학교에서 가르칠 것으로 정해 놓은 경험과 그렇지 않은
경험 모두를 포함하는 용어로 정의할 때, 교육과정의 목적은 인간의
능력, 습관, 지식 체계 등이다. 이를 조사해서 교육과정을 정할 수 있
을 것이다. 교육과정 개발자는 먼저 인간의 본성과 인간활동을 분석해
야 할 것이다. 이런 관점에서 교육과정 개발자의 과제가 '연구'와 모
두 관련이 있는 것은 아니다. 나중에 가서는 결국 연구를 해야겠지만,
교육과정 개발자는 연구한 것을 분석해서 교육과정을 개발하지는 않

을 것이다. 교육과정 개발자의 첫 과제는 특정 연령층에게 적절해야 한다는 점에서, 습관, 기능, 능력, 사고, 가치, 꿈 등 인간과 관련된 전 영역을 대상으로 해서 교육과정을 설정해야 한다. 이는 특정 계층의 사람들이 하는 일을 효과적으로 하는 데 필요한 것들이다. 마찬가지로, 모든 분야에서의 시민 활동, 건강 활동, 여가 활동, 언어 활동, 양육 활동, 종교 활동 그리고 일반적인 사회 활동을 분석해야 한다. 이런 분석은 간단하지 않을 것이다. 삶 자체만큼 광범위할 것이다. 따라서 인간의 삶을 구성하고 있는 것을 찾아서 교육과정을 정해야 한다.

대부분의 경험은 의도적으로 하지 않아도 된다. 그럼에도 불구하고 교육과정 개발자는 교육과정을 개발하기 위해 모든 것을 살펴야 한다. 교육과정을 모두 학문에 기반해서 정할 필요는 없지만, 이것도 포함되어 있는지 살펴야 한다. 이 모든 것을 검토해서 의식적으로 노력해야 할 것들을 찾아야 한다. 교육과정 개발자들은 간접적 경험을 통해서 가능한 많은 것을 할 수 있도록 교육과정을 개발해야 할 것이다. 이렇듯 교육과정 개발자는 최대한 많은 것을 다룰 수 있는 조건을 찾고자 노력해야 한다.

학교의 교육과정은 주로 일상적인 간접 경험을 통해서는 충분히 달성하지 못하는 경험을 대상으로 한다. 이는 전체 교육 목적을 두 가지로 나눌 수 있다는 것을 의미한다. 하나는 교육하지 않아도 개인이 일상적으로 경험하면서 습득하는 것이고, 다른 하나는 그런 일상적인 경험을 통해서는 습득하지 못하는 것이다. 불완전하고, 오류가 있으며, 금방 지나친다는 점에서 교육은 일상과 구별된다. 마치 질병 치료처럼 의도적이고 체계적인 교육이 필요하다. 의도적인 교육이 있는 이유는 결핍 때문이다. 따라서 교육이 중점을 두어야 할 특정 경험을 찾아야 한다. 이것은 우리가 직접교육을 위한 교육과정을 개발해야 한다는 의미다.

예를 들어 보자. 일반적으로 사람들이 교육이 필요하다고 생각하는 것 중 하나가 모국어다. 사람들의 언어 활동을 분석하고, 사람들이 모국어를 효과적이고 정확하게 사용하는 데 필요한 모든 것을 찾아야 한다. 그러면 이런 것들이 교육 경험이 된다. 그러나 이를 모두 직접 교육할 필요는 없다. 예를 들어, 아이들은 풍부한 언어 환경에서 생활하면서 모국어를 배운다. 대부분의 모국어는 직접교육 없이도 습득한다. 물론 이런저런 실수를 할 것이며, 이런 실수들이 직접교육이 필요하다는 것을 말해 준다.

학교의 교육과정은 일상생활에서 주어지는 모든 것을 해 본 후에 개인에게서 발견할 수 있는 결핍을 대상으로 한다.

이 원리는 교육과정에 대한 최근의 수많은 조사 연구를 통해서 알게 되었다. 가장 최근 연구 중 하나는 Charters 교수의 연구다.[1] 이 연구에서 캔자스Kansas 시의 교사들은 학생들이 구어와 문어를 사용하면서 어떤 실수를 하는지를 찾도록 했다. 구어에서 어떤 실수를 하는지를 찾기 위해서 교사는 주 5일 동안 학생들이 범하는 문법 오류들을 기록하게 했다. 그리고 교사들은 3주 동안 학생이 쓴 글을 검토하였다. 그 결과 구어에서 21개의 오류 유형, 쓰기에서 27개의 오류 유형

---

1 Charters, W. W., & Miller, Edith.
A Course of study in Grammar based upon the Grammatical Errors of school children in Kansas City Missouri, University of Missouri, Education Bulletin, no. 9. 참조

을 찾았다. 가장 빈번하게 일어나는 구어에서의 오류를 정리해 보면 다음과 같다.

〈표 6-1〉 구어 오류

구어에서의 오류	백분율(%)
과거와 과거분사 혼동	24
주어의 수와 인칭에 맞게 동사형 쓰기 실패	14
알맞지 않은 동사	12
이중 부정	11
통사적/구문적 과잉	10
잘못된 문장 형태	5
형용사와 부사의 혼동	4
주격의 형태로 쓰이지 않은 주어	4
인칭대명사와 지시형용사의 혼동	3
주격이 아닌 곳에 술어 주격 사용	2
첫 번째 인칭대명사를 일련의 문장에서 가장 먼저 쓰는 것	2
명사 또는 대명사를 잘못 쓴 것	2
과거와 현재 시제의 혼동	2
목적격이 아닌 경우에 동사 또는 전치사의 목적어로 쓴 것	1
소리의 유사성으로 인한 잘못된 말하기	1
잘못된 형용사 비교형	1
이미 나온 것과 대명사를 일치시키는 것의 실패	0.3
잘못된 동사의 태	0.3
잘못된 한정어의 위치	0.3
전치사와 접속사의 혼동	0.2
비교급과 최상급의 혼동	0.1

이러한 오류는 대부분 문법을 몰라서, 나쁜 언어 사용 습관으로 인해, 판단을 잘 못해서, 부주의로 생긴 것이었다. 결핍이란 본래 올바른 형식으로 언어를 사용하게 함으로써 고칠 수 있다는 뜻이다. 따라서 이런 오류들을 교육의 내용으로 삼아야 한다. 이들은 간접적인 언어 경험만으로는 해결할 수 없는 학교에서 의도적으로 가르쳐야 하는 지식 혹은 태도다.

과학적 방법은 문법 교육과정을 두 가지 차원에서 고려하도록 한다. 하나는 학생들이 학교에서 일상생활 중에 간접적으로 배울 수 있도록 가능한 한 언어사용 분위기를 조성하는 것이다. 이것은 정말 중요하며, 이후 교육의 기반이 된다. 다른 하나는 학생이 자신의 오류를 인식하도록 하고, 이를 교정 또는 예방하는 데 필요한 문법을 가르치며, 오류를 없애는 데 문법 지식을 활용하게 하는 것이다. 경험이 쌓이면 쌓일수록, 이런 식의 의도적 교육은 조금씩 줄어들 것이다.

철자법 분야에서 Ayres, Jones, Cook과 O'shea 등은 아동과 성인들이 편지나, 보고서, 작문 등에 사용해야 할 단어 목록을 작성했다. 이런 식으로 철자 교육에서 다룰 것을 구축해 왔다. 그러나 단어의 난이도는 동일하지 않다. 학생들은 대부분의 철자를 읽고 쓰는 중에 무의식적으로 학습한다. 그러나 이렇게도 저렇게도 배우지 못하는 단어가 존재한다. 따라서 연구들은 철자의 오류가 있는 단어를 특히 강조하는데, 이러한 단어를 교육과정으로 삼아야 한다. 문법에서처럼 학생들이 철자를 자주 틀리는 단어는 교육이 필요하다. 그리고 이렇게 완성된 철자 목록을 의도적으로 가르쳐야 하는 것을 교육과정이라고 할 수 있다.

직업 분야의 기술 영역에 있어, 인디애나폴리스에서는 교육 목적을 설정하는 훌륭한 방법을 제시했다. 연구자들은 직업 교육과정의 내용처럼 어떤 전제 없이 도시에서 볼 수 있는 주요 직업에서 하는 일, 각각의 직업에서 수행하는 일 그리고 일상적인 일들을 하는 데 필요한 지식, 습관, 기능들을 찾기 시작했다. 그들은 전문가들과 이야기를 나누고 일을 하는 과정을 관찰하였다. 그들의 연구 보고서에는 다음과 같이 제시되어 있다. 이는 ① 각 분야의 종사자들이 능숙하게 다룰 수 있어야 하는 도구와 기계 목록, ② 각 분야의 종사자들이 일을 할 때 사용하는 재료 목록, ③ 각 작업과 그 과정에 필요한 일반적 지식 목록, ④ 각 직업에서 실제로 사용하는 수학의 종류, ⑤ 과정을 통제하는 데 필요한 과학, ⑥ 각 직업에서 실제로 사용하는 밑그림과 디자인 요소, ⑦ 상업과 같은 일을 하는 데 사용할 수 있는 언어, ⑧ 일을 하는 데 필요한 몸을 유지하게 하는 위생 요소, ⑨ 필요한 경제적 사실들과 같다.

조사해서 만든 이 목록에 나열된 것 중 많은 것이 일상적 경험을 통해 학습된다. 또 경험으로는 배울 수 없는 것들도 있다. 우리가 찾는 직접적인 직업 교육을 위한 교육과정은 아동이든 성인이든 일을 하면서 배울 수 있고, 의도적으로 교육해야 할 일 중에서 부재하고 부족하며, 대부분이 잘못하고 실수하는 것들이다.

인간이 하는 모든 활동이나 일을 교육해야 하는 것은 아니다. 직업, 시민, 위생 등 꼭 해야 하는 활동인데도 제대로 하지 못하고 결과가 충분하지 않은 것들이다. 또 인간으로서 꼭 해야 하는 활동이며, 확실한 결과를 내야 하는 활동이다. 교육은 효율성이 다르고 질적으로 다른 인간 활동이 존재한다는 것을 전제한다. 활동의 수준을 낮추는 수행에는 만족할 수 없으며, 교육을 통해서 이를 해소해야 한다. 최상의 또는 적어도 달성 가능한 활동을 교육의 대상으로 삼아야 한다. 농업, 건물 매수, 가사일, 상업, 시민 통제, 위생 등 어떤 것이든 교육을 필요로 하는 일은 가장 실질적인 것이고 어떻게 해서든 해야 하는 것이다. 교육은 이렇게 실생활에 기반을 두어야 한다. 실용적인 것이라고 해서 수준이 낮은 것은 아니다.

구체적인 예를 들어 보자. 교육과정 개발자가 농업 교육과정을 작성하려고 한다면, 그는 농업에서 가르쳐야 할 것을 찾기 위해 실제 농업의 세계로 들어가야 할 것이다. 그는 선입견을 버리고 시작해야 할 것이다. 이런 일을 하는 데 필요한 것은 연필, 노트, 인간 활동을 보는 안목이나 지성이다. 그는 농부가 하는 일을 관찰하고 그 일에 대해 농부와 이야기를 나눌 것이며, 농부가 하는 일을 통찰하는 데 참고가 되는 자료들을 읽을 것이다. 이를 통해서 그는 농부가 농사 지을 때 하는 활동, 농사일을 계획하고, 수행할 때 사용하는 지식, 일할 때 하는 판단, 해결해야 하는 문제, 일을 하는 데 요구되는 습관 및 기술, 태도, 평가, 야망, 욕구들을 조사할 것이다.

이 모든 것에 대한 지식은 비록 원시적이라 하더라도, 농촌의 특정 지역을 조사해서 얻어야 한다. 그러나 원시적인 방식으로 농사를 짓는 활동을 교육할 필요는 없다. 이런 활동은 교육에서 제외해야 한다. 따라서 교육과정 개발자가 조사하는 것은 그냥 농사 짓는 활동이 아니다. 그는 가장 생산적이고 성공적인 농장을 조사해야 할 것이다. 이런 농장은 대체로 우리 사회에서 흔하지 않고 대체로 실험적이거나 시범적인 농장일 수도 있다. 교육은 우리 주변에서 이루어지고 있는 농업보다는 우리가 앞으로 해야 할 농업을 지향해야 한다.

이미 상당한 수준의 농사를 짓고 있다면, 교육의 역할은 그런 것들을 다음 세대에게 전달해야 한다.

농업이 원시적이거나 낙후된 지역에서 농업 교육은 둘 다 해야 한다. 다음 세대에게 전달하는 것뿐만 아니라, 자손들이 그들의 조상들보다 농사 짓는 능력을 더 높은 수준으로 끌어올려야 한다. 따라서 이런 지역에서 농업 교육은 농업의 진보를 이끄는 중개자 역할도 담당한다.

우리가 농업에 대해 설명해 온 것은 일반적인 직업 세계 전반에 적용될 수 있다. 벽돌공을 양성하기 위한 교육과정의 목적을 찾기 위해서는 벽돌공이 하는 일반적인 활동들이 아닌, 벽돌을 쌓는 데 있어 높은 수준의 효율성을 보여 주는 사례를 분석해야 한다. 이때 효율성은 내용을 결정하는 합리적인 준거다. 교육은 평범한 벽돌공보다는 최고의 벽돌공 양성을 지향해야 한다.

교육과정 개발 원칙이란 실제 꼭 해야 하는 활동인데 잘 안 되는 것들이다. 직업마다 가장 바람직한 것이 무엇인지를 판단하기 어려운 이유는 사람마다 생각이 다르기 때문이다. 고용주는 업무 수행 능력을 기준으로 생산성을 높이는데, 적절한 노동자 지시에 군말 없이 따르는 순종적인 노동자, 노동 시간과 임금, 일하는 데 적절한 태도를 지닌 노동자에게 관심을 둔다. 따라서 고용주는 교육과정 개발자에게 비용 대비 생산성이 가장 높은 상황을 연구해 줄 것을 기대한다. 그러나 피고용자들은 노동자의 복지와 생산성이 공존하는 상황을 기대한다. 이처럼 고용주와 피고용자 모두 교육과정이 과학적으로 설정되어야 한다는 데 동의하지만, 각자 최상의 것이 무엇인지, 그래서 어디서 조사가 이루어져야 하는지에 대해서는 서로 생각이 다르다.

학생과 성인들에게 보편적으로 부족한 것을 학교 교육과정으로 정해야 한다는 원칙은 학문에 기반한 교육과정을 개발할 때도 마찬가지다. 대부분의 교사들은 철자, 문법 그리고 발음, 미술, 음악, 계산을 교육과정으로 삼아야 한다고 생각한다. 그러나 이 원칙은 역사, 문학, 지리와 같은 매우 복잡한 교과에서 무엇을 가르쳐야 하는지에 대해서는 그렇게 분명하지 않다. 사회 교과를 교육함으로써 우리가 없애야 할 사회적 약점은 무엇인가? 대부분의 교사는 우리가 생각하는 교육과정에 대해 아직 잘 모른다. 과학적인 교육과정 개발자의 첫 번째 과제는 이런 역사, 문학, 지리와 관련해서 보편적으로 나타나는 결핍된 것을 찾는 것이다. 이렇게 찾은 결핍이 직접적인 교육을 요청하는 것이다. 이는 의도적 교육을 위해 설정해야 할 대상이다. 그리고 이들은 교과를 위해서 선정한 교육과정 자료다. 난점은 무엇이 보편적인 결핍인지를 합의해서 결정하기가 힘들다는 것이다. 그럼에도 불구하고 교육적 경험과 일상적인 경험은 차이가 있다는 점에서 교과 교육 내용을 정당화해야 한다.

보편적인 결핍 중 많은 것은 합의할 수 있다. 교육은 그것을 가능한 한 정확하고 구체적으로 수집해야 한다. 이렇게 할 때, 역사, 문학, 지리, 경제, 사회 교과에서 가르치는 것들을 실제로 생활화할 수 있다. 많은 결핍은 합의를 하기 쉽지 않을 것이다. 그러나 교육과정은 완전하지는 않더라도 과학적이어야 한다. Ayres가 제시한 수천 개의 단어 목록은 교육해야 할 필수 단어의 1/4에도 못 미친다. 그럼에도 불구하고 여전히 이 목록은 가치가 있다. 후속 연구들이 이를 좀 더 완전하게 완성할 수 있는 출발점이 되기 때문이다. 같은 방식으로 교육과정에 접근해 보자면, 바람직한 목적들의 1/4 정도만 정해도 우리는 잘한 것이다. 지금처럼 아무것도 없는 상태에서는 이것도 큰 발전이다. 그리고 이 목록은 점차 더 상세해질 것이고 가능한 실마리, 기법, 비전을 찾도록 해 줄 것이다.

시민, 윤리, 직업, 위생, 여가, 부모 교육을 위한 교육과정을 개발하는 것도 이와 유사하다. 하지만 이들을 서로 연계하는 것도 유용할 것이다. 다만, 우리가 각 분야에서 **무엇을 해야 하는지**에 동의해야만 교육의 목적도 개발할 수 있다. 각 분야 사람들이 하는 일에서 나타나는 결핍과 오류 목록을 만들어야 학교 교육과정에 무엇을 포함하고 무엇을 강조해야 할지 알 수 있다.

The Curriculm

2부

일 교육

7장 일에 대한 교육

8장 전문적인 직업 교육

9장 집단 노동 시대의 직업 교육

10장 직업 교육의 사회적 측면

7장

일에 대한
교육

대부분의 경우, 현재 미국의 공립학교에 재학 중인 2천만 명의 학생은 때가 되면 자신의 생계를 책임져야 할 것이다. 따라서 학교는 그들이 성인이 되었을 때 스스로 생계를 책임진다는 것에 기반을 두고 그들을 교육해야 한다.

문명의 조건을 연구한 여러 조사에서 가장 확실하게 드러난 것은 남성과 여성은 일을 해야 하고, 직업을 찾는 데 많은 시간과 노력을 들인다는 것이다. 이 조사에서는 자연으로부터 음식, 의복, 연료, 거주지를 공급받기는 점점 힘들 것이고, 책, 피아노, 극장, 철로, 증기선, 교회, 대학 등은 더 많아질 것이라고 밝히고 있다. 자연은 재료를 제공할 뿐이다. 나머지는 인간이 노동을 해서 생산해야 한다.

인간은 자연이 제공하는 것에 만족하지 않는다. 인간은 가공하지 않은 자연을 활용하고, 자연을 통제하며, 목적에 맞춰 자연을 만들어 왔다. 이렇게 인간은 문명의 기초를 쌓았고, 가혹한 생물학적 필요를 넘어서는 방법을 알게 되었으며, 이익을 거둬 왔다. 그리고 생산을 통해서 인간은 여가, 여분의 노동력, 예술, 문학, 스포츠, 여행, 과학, 종교를 누려 왔다.

일은 확실히 인간의 기본적인 활동이며, 가장 근본적이고 보편적인 활동이다. 인간 세계에서 종교가 '보편적인 활동'이었던 시대부터 인간이 한 활동 중에서 가장 오래되었고 절대 사라진 적이 없었던 활동은 농부, 상인, 배관공, 목수, 주부, 재봉사, 광부, 기술자, 의사, 교사, 방송인, 남자나 여자가 하는 일들이었다.

육체노동은 불결하고 지저분하기 때문에 육체를 사용하는 일에 대한 교육을 공립학교에서 할 필요가 없다고 말하는 사람들이 있다. 이와 같은 일에 대한 비호감은 육체노동 자체보다는 해당 노동 조건 때문에 생긴다는 것을 기억해야 한다. 위생 상태가 불량한 가게, 공장, 광산에서의 노동은 사람들의 신체를 약화시킨다. 이러한 타성, 무지, 비효율성은 노동 시간이 너무 길어서 일이 지나치게 기계적이고 단순하기 때문이다. 사람들은 보통 정신적·사회적 시야가 좁은 세계에 살고 있다. 인간적 영향, 동료애, 유대가 많이 부족하고 서로 영향을 미칠 기회가 적기 때문에, 대개 포악하고 파괴적이고 쾌락을 느끼려는 경향을 드러낸다. 사람들은 북적거리고 건강에 좋지 않은 곳에서 살도록 내몰리고, 잘 먹지 못하고, 잘 입지 못하고, 청결하지 못한 습관을 갖고 있으며, 더 수준 높은 삶을 희망하고 그런 삶을 위해 노력하지만 월급이 올라가기는 힘들기 때문에 그렇게 되기는 힘들다. 대부분은 열악한 노동 조건 때문이다.

적절하지 못한 노동 조건은 악영향을 주며 파괴적이기도 하다. 이것이 몇 년 동안 지속될 때 노동자를 무력하게 만들거나 파괴하기까지 한다. 이런 환경에 지속적으로 노출되면, 사람들의 성격은 대부분 사회적으로 바람직하지 못하게 된다. 그렇지만 사람들은 이런 사실을 분명하게 보아야 하며, 흔히 노동에 악영향을 미치지만 그것이 꼭 불가피한 것은 아니라는 점을 알아야 한다. 이 모든 것은 실제로 올바른 노동을 방해하는 것이며 효율성을 발휘하는 데 장애가 되는 것들이다.

일에 대한 교육이 추구해야 할 목적은 계몽을 통해서 해롭고 파괴적인 노동 조건을 제거하는 데 있다. 노동의 품격이 떨어졌으며, 점점 더 떨어지고 있다는 것을 아는 것이 일에 대한 교육의 과제라고 할 필요까지는 없지만, 일에 대한 교육을 해야 하는 이유는 된다. 노동에서의 결함때문에 교육이 필요한 것이다. 언어 생활에서 아무런 실수를 발견하지 못한다면 문법을 가르쳐야 할 필요가 없지만, 실수가 많을수록 교육을 할 필요는 커진다. 마찬가지로 노동에서의 결함이 많을수록, 일에 대한 교육의 필요성은 더 커진다.

노동이 사회적 활동이라는 것을 반대하는 사람들은 일이 개인적인 것이고 또 그래야 한다고 반박할 수도 있다. 그러나 사회적 활동이면서 윤리적이어야 하는 일이 존재한다는 것도 인정해야 한다. 예를 들어, 지역사회의 지원을 받는 의사는 자신의 능력을 최대한 발휘해서 지역사회에 봉사해야 한다. 그는 시간과 조건을 막론하고 의료적인 요청에 응해야 할 것이다. 자신의 편의가 아닌 지역 구성원들의 편의를 도모해야 한다. 그는 의료비를 지불할 수 없는 가난한 이들의 요청에도, 부유한 사람들의 요청에도 모두 응해야 한다. 그리고 치료를 하면서 얻게 된 모든 정보에 대해서 비밀을 지켜야 한다. 의사가 하는 일은 확실히 윤리적이고 사회적인 활동이다. 의사가 명예로운 직업인 이유는 이 때문이다.

전문가의 일은 대부분 이와 유사하다. 그리고 이런 사회적 성격을 가진 일을 우리는 최고라고 여긴다. 지적 능력이 우수하고 포부가 있는 사람은 이런 일을 추구한다. 소명이라고 부르는 것은 명예와 만족도를 극대화한다.

하지만 이런 전문적인 노동만 사회적이고 윤리적이고 공적인 일로 인정받는 것은 아니다. 오늘날 우리는 '공공 서비스'라는 말을 많이 쓴다. 이 말은 최근에 나온 신조어 중 하나다. 지난 몇 년 전까지만 해도 기업을 기업 주인의 것이라고 여겼다. 그러나 우리는 이제 이들을 다른 방식으로 대면하고 있다. 예를 들어, 철도 회사는 사적인 이익을 추구하는 방식으로 서비스의 질, 정도, 조건을 정할 수 없다. 철도는 효율적인 공공 서비스다. 음식이나 의류 제조업자도 원재료 선택, 생산품명, 노동 조건, 가격 등에 대해서 더 이상 전적으로 자유롭게 사적인 이익만을 추구할 수 없다. 특히 이윤을 추구하는 것이 사회적 이익을 거스르는 경우에는 더욱 그렇다. 두 이익이 상충할 때는 공공의 이익이 우선한다. 예전에는 '모든' 사용자에게 책임을 지게 했다. 다시 말하면, 최소한의 사회적 활동으로 최대한 기여하고자 했다. 그러나 새로운 상황은 이 말을 바꾸어 놓고 있다. 최소한의 경비로 공적 이익에 최대한 기여해야 한다.

최근에는 여러 직업분야에서 사회적 윤리를 부여하고 있다. 대부분의 사람은 사회의 변화 속도에 맞춰서 아이디어 체계를 재조정하는 것이 힘들다고 느끼고 있다. 그러나 이런 움직임은 문명화의 과정이며 저항할 수 없는 것이다. 지금까지 자기중심적이고 물질주의적이었던 대부분의 직업이 좀 더 순수하게 인간화, 사회화, 삶화되고 있다. 예를 들어, 최근 은행, 제조업, 철도 회사들은 자신들의 사회적 책임을 인식하기 시작했고, 사회적인 '평판'에 신경을 쓰기 시작했다.

농부, 소상공인, 주부, 기능공, 공장 노동자, 비숙련공은 공공 의식이 덜하다. 그러나 이런 사람들도 은행가, 제조업, 철도업자만큼 사회에 기여하고 있다. 하지만 이들의 노동은 아직 공공의 이익에 기여하는 것으로 알려져 있지는 못하다. 이런 노동은 생계 유지를 위한 것으로 여긴다. 사회적인 활동 여부는 사회 일반의 이해와 인식에 달려 있다. 예를 들어, 농부가 하는 일은 음식과 의류의 원료를 제공한다는 측면에서 필수불가결한 사회적 성격의 활동이다. 농부가 하는 일도, 의사가 하는 일도 모두 사람들에게 기여한다. 우리는 보편적으로는 의사의 보살핌이 없어도 산다. 그러나 농부가 하는 일은 우리의 일상에 영향을 미친다.

농부가 하는 일을 사회적인 활동이라고 잘 인식하지는 못하지만, 이런 인식은 눈에 띄게 그리고 빠르게 확산되고 있다. 일반인들은 대부분의 질병이 농작물에서 온다는 것을 알고 있다. 사람들은 농부가 하는 일을 면밀하게 조사하고, 이런 조사를 통해서 농부가 하는 일에 대한 대중의 의견과 법령 등을 통해 그가 보편적인 사회복지에 좀 더 기여할 수 있는 방식(우유를 가공하거나 젖소에 투베르쿨린 검사를 하는 일 등을 수행하면서)을 제안하고 있다. 아직은 몇 안 되는 이런 유형의 규정들이 농부가 하는 일에 영향을 미치고 있다. 그러나 농부의 일이 보편적으로 사회적인 활동이라는 인식은 여전히 부족하다. 사람들은 1에이커의 땅에서 경작한 100 또는 200부셸의 수확물을 농부의 것이라고 여기지, 다른 사람을 먹여 살리는 것이라고는 생각하지 못한다. 사람들은 버스 회사가 차를 운영하든 혹은 복지를 고려하지 않든, 또 의사가 도와달라는 요청에 응하든 응하지 않든, 그것이 개인적인 일이라고 생각한다. 최근 은행가, 상인, 통조림 공장장, 곡물 상인, 최종 소비자들은 더 많고 더 좋은 곡물을 수확하여 가족이 최대한 건강하고 행복한 상태를 유지하도록 하기 위해서, 농부의 자손들이 농장을 잘 유지하도록 하기 위해서, 농업 '교육'을 시켜야 한다는 요청을 끊임없이 하고 있다. 이런 요청이 농부의 일이 사회적인 활동임을 증명한다. 농부의 개인적인 욕망과는 상관없이, 사회의 윤리는 농부의 일을 공적으로 인식할 수 있도록 하고 있다.

그러나 의무감은 한쪽만 지는 것이 아니다. 모든 분야가 효율적이라면, 농부도 모두에게 동등하게 이익을 줄 의무가 있다. 다른 분야의 사람들과 마찬가지로 농부도 자신과 가족을 위해서 일한다. 농업 교육, 교회 학교, 사회적 기회, 농업에 대한 조사 등에 대한 최근의 논의로 이런 사회적 책무에 대한 인식이 빠르게 성장하고 있다. 상호 의무감에 대한 이런 인식은 농부에게도 손해 볼 것은 없다. 농부는 많은 것을 얻는다. 원료를 얻는 조건이 개선되고, 정신적·사회적 시야가 넓어지고, 사회적인 접촉 기회가 더 많아지고, 사회적 평판이 더 좋아진다. 농부가 하는 일에 준해서 농부에게는 명예나 보상이 주어진다.

어떤 직업에 대한 윤리는 항상 **그 일을 하는 사람이 아닌 서비스를 받는 사람에 의해 갖춰진다**는 사실을 여기서 밝혀야 할 것 같다. 식품 제조업자는 청렴할 의무, 정직한 상표, 충분한 양 등 그들이 하는 일의 관점에서 사회적인 기여를 드러내는 사람이다. 자신의 의무감은 그들에게 의무를 지우는 사람들에 의해서 받아들이게끔 해야 하는 것이다. 이것은 철도 회사나 지방자치단체, 언론이나 의회, 교사나 점원, 판사나 의사의 경우도 마찬가지다. 어떤 일이든 스스로 사적인 윤리를 발전시키지는 못한다. 그것은 일반인이 인식해야 하는 것이다. 이는 직업 종사자의 반대에 부딪히기도 한다. 예를 들어, 지난 50년 동안 대도시 학교에서 근무한 교사, 교장, 관리자들은 진보적인 교육 운동에 대해 대부분의 교사가 반대한다고 말했다. 만약 교사처럼 계몽되고 서비스 정신과 전통을 갖춘 집단이라면, 계몽이 덜 되고 덜 사회적인 집단보다 초기 반대가 더 많을 것이다.

사회적 활동은 희생을 의미하는 것이 아니다. 개인의 이익을 무시할 수만은 없기 때문이다. 기계를 작동시키는 것이 증기이듯, 개인의 이익은 항상 인간 활동의 원동력이고 또 그래야만 한다. 그러나 다음과 같은 사실도 알아야 한다. 한편으로는 편협하고 무지하고 물질주의적이고 사적인 이익을 추구하며, 다른 한편으로는 사회적 비전을 만드는 특징을 지닌, 계몽적인 인류공영도 존재하기 때문에 최상의 개인적 안녕welfare은 최상의 사회적 안녕을 통해서 실현될 수 있다는 것을 말이다.

모든 분야의 사람들이 일에 대한 교육을 열망하는 것은 그들이 궁극적으로 인간의 복지에 관심이 있다는 것을 보여 준다. 그것은 유용한 직업에 대한 생각이 빠르게 바뀌고 있는 것과 밀접하게 관계되어 있다. 사람들은 모든 일이 그 자체가 사회적인 활동일 뿐만 아니라 사회적인 활동으로 인식될 것이며, 점점 더 사회적인 보상과 평판을 갖게 될 것이라고 본다.

이것은 학교가 해결할 일이다. 전문가들은 극소수의 직업이 상업, 기계, 농업, 가정 관련 일보다 직업 윤리가 더 우월하다고 생각한다. 상업, 기계, 농업 종사자는 비도덕적이고, 이기적이고, 다소 품위가 떨어진다고 여기는 반면, 다른 직업 종사자는 명예롭고, 사회적으로 가치 있다고 인식해 왔다. 학교 교육은 학생에게 일에 대해 충분히 생각할 기회를 주어야 한다. 전문가에게는 이런 기회가 있다. 따라서 모든 학생에게도 이런 기회가 있어야 한다. 무슨 일을 하든 사회적 위상이 있고, 명예로울 기회가 주어져야 한다. 결과적으로 우리는 모든 학생에게 **전문적인 직업 교육** 이전에 **공통 교육으로서 일에 대한 교육**을 제공해야 한다. 그리고 우리는 학생에게 소위 어떤 일이든 '하찮은' 일이라고 가르치면 안 된다. 이런 점에서 교사는 정직하고 고상해야 한다. 교사들은 학생들에게 일을 하는 데 필요한 최상의 조건을 생각하도록 가르쳐야 한다. 그리고 교사가 고려해야 할 최상의 교육은 각 분야에서 학생이 최고가 되도록 가르치는 것이다.

정직하고 의도는 좋지만, 이런 계획은 놀랄 정도로 근시안적인 것이다. 2천만 명의 모든 학생에게 기회가 열려 있지는 않다. 만약 그들이 모두 기회를 잡아서 전문가가 된다 하더라도, 일의 세계에서 보면 전체 학생의 10% 이하만이 전문직을 가질 수 있다는 것을 알게 될 것이다. 90% 이상의 학생이 졸업 후에 무역업자, 상인, 광부, 농부, 공장 노동자로 일하게 될 것이다. 대부분이 소위 '하찮은' 일을 할 것이다. 교육이 이런 것을 알아차린 것만으로도 그 공로를 인정받아야 한다. 만약 모든 학생이 대학을 졸업한다고 해도 세상이 필요로 하는 일을 누군가는 해야 할 것이다. 모든 사람이 생산직을 피해 갈 수는 없다.

어떤 직업은 제대로 된 명예와 보상을 얻지 못하고, 모든 직업이 자기실현의 기회를 제공하지는 못하기 때문에 모든 학생을 전문가로 만들어야 한다고 생각하는 교육은 문제를 해결하지 못한다. 이 문제는 모든 사람을 전문직에 종사하게 할 때 해결할 수 있는 것이 아니라, 모든 직업을 전문직처럼 사회적 가치를 부여할 때 해결할 수 있다. 이는 교육을 통해서 만들 수 있다.

교육에서
가르쳐야 할 것

／

직업 세계가 불완전하기 때문에, 사람들은 의도적인 일에 대한 교육을 필요로 한다.

성인들이 효과적으로 조화롭게 일을 한다면, 교육은 간단한 과제만 수행하면 될 것이다. 지금 세대의 직업을 다음 세대에게 전수해 주기만 하면 된다. 교육자는 학생에게 가르쳐야 할 것을 찾는 사람이기 때문에 실제 일의 조건들을 조사해야 한다. 실제 직업 세계를 조사하는 것은 어려운 일이 아니다.

그러나 불행히도 지금의 직업 세계에서의 일은 효율적이지도 조화롭지도 않다. 사실 학교에서 일에 대한 교육을 찬성하는 사람들은 대부분 농업, 기계 산업, 상업에서 노동의 효율성을 최대한 높이는 데 관심을 두고 있다. 그들은 실제 직업 세계에서 하는 일을 개선하도록 학생들을 교육시키는 데 별 관심이 없다. 교육은 일의 효율성을 높이는 도구다.

따라서 이런 상황에서 교육이 수행해야 할 과제는 다음 두 가지다. ① 직업의 세계를 좀 더 높고 좀 더 바람직한 수준으로 향상시킴으로써 학교가 사회 발전의 주요 기관이 되는 것이다. ② 이를 위해서 아버지 세대가 한 것보다 더 나은 방식으로 일할 수 있도록 학생들을 교육시키는 것이다. 이 과제는 단순히 학생을 더 능숙하게 일을 할 수 있는 사람으로 양성하는 것은 아니다. 실제로 일을 하는 것이 아니라, 되어야 하는 모습을 찾는 것이다. 아버지 세대가 일을 하면서 한 실수, 결함, 불완전함, 부적응 등을 제거하고 좀 더 조화롭고 좀 더 효과적으로 일할 수 있도록 학생들을 교육시켜야 한다.

교육은 바람직하지 못한 여러 가지 이런 결함들을 제거하는 데 목적을 두기 때문에 교육의 첫 번째 과제는 그런 결함들이 무엇인지를 찾아내는 것이다. 현재 이 과제는 쉽지 않고, 어떤 측면에서는 불가능해 보이기도 하다. **어떻게 해야 할지** 모호하기 때문이다. 대부분의 분야에서는 과학적인 연구가 충분하지 않다. 이렇게 탐구해 보지 않은 분야들은 관련 집단 내에서 이견이 큰 분야들이다. 고용주 협회가 작성한 직업상의 약점 목록은 노동조합이 작성한 것과는 다르다. 사회 및 시민 단체도 관점이 서로 다른 상이한 목록을 준비할 수 있다.

이런 관점에서 교육은 큰 어려움이 있다. 예를 들어, 문법이나 철자 교정은 경제나 분배에 영향을 미치지 않는다. 따라서 사람들은 학교 교육을 통해서 교정해야 할 문법이나 철자 목록에 대해서는 크게 신경을 쓰지 않는다. 사람들은 이런 목록이 완성되었다고 해도, 크게 관심을 갖지는 않을 것이다. 바람직하지 못한 직업 조건은 어떤 집단에게는 이익을 주고, 다른 집단에게는 해를 끼친다. 따라서 어떤 집단에게는 좋고 바람직하지만, 다른 집단에게는 좋지 않다. 둘 다 각자의 입장을 지킨다. 한쪽은 정당화하고, 다른 한쪽은 비판한다. 그러나 학교 교육에서는 두 집단 모두를 충족시키는 것을 가르쳐야 한다. 양측은 모두 적절한 교육을 요구한다.

지금 당장 할 수 있는 유일한 일은 양측이 모두 동의할 수 있는 실제 직업상의 결함 목록을 만드는 것이다. 이런 프로그램은 부분적일 뿐이다. 그러나 적절할 때에 해당 분야 전체를 아우를 수 있을 때까지는 기초가 될 것이다.

우리는 이런 목록들을 미국 노사관계 위원회(Commission on Industrial Relations)의 보고서에서 찾을 수 있다. 이 위원회는 전국 82개 노동조합, 36개 고용주 협회, 113개의 기업과 회사, 38개의 시민 단체, 50개의 공공 기관의 대표자들의 증언을 확보했다. 서로의 목록들에 대해서는 상호 합의하지 않았다. 그렇다고 교육이 모두가 합의할 때까지 마냥 기다릴 수는 없다. 우리는 적어도 다수의 시민이 합의한 목록을 확보해야 한다. 〈표 7-1〉 목록들이 고용주, 고용인 그리고 사회복지사로 구성된 위원회에서 합의한 목록이다.

〈표 7-1〉 미국 노사관계 위원회에서 합의한 교육 목록

직업상의 결함

- 노동자들의 비효율성
- 일을 지시하고 집행하는 기관 및 관리자의 비효율성
- 표준의 취약
- 노동과 자본의 역할에 대한 오해와 오판; 상호 신뢰 부족; 계층 편견
- 노동자가 사회적·경제적 장애를 교정하는 데 힘보다 더 강력한 지성의 진가를 알아보지 못하는 것
- 다수 또는 대부분의 이익집단과 관련된 다양한 직업 분야에 대한 지식에 접근하기가 어려움
- 노동 분쟁에서의 폭력: 폐쇄, 파업, 블랙리스트, 거부권 행사, 선동자, 첩자, 무장 강도, 방해 공작, '태업' 등의 방법 사용하기
- 노사 간 민주적 관계 부족: 노사 봉건주의의 현존
- 반대 의견과 그 의견을 표방하는 조직 및 그로 인한 불가피한 계층 간의 전쟁
- 피고용인과 고용주 양쪽의 사회적 기여 및 사회적 양심의 부족
- 고도로 전문화된 산업에서 느리고 기계적인 단순함이 주는 치명적인 영향
- 다수의 산업체에서 비위생적이고 위험한 환경, 직업상의 질병이 유행한 점
- 노동자가 항상 느끼는 비고용에 대한 불안감
- 그들이 일하고 있는 조건 및 규약에 대한 노동자의 의견 부족
- 대규모 공장 또는 다른 조직을 삼키는 개인의 책임감 부재
- 노동의 조건, 월급, 노사 관계, 일반 대중과 직업 집단의 관계를 고려하는 과학적 태도 부족
- 다양한 사회계층의 임금 또는 수입 확정에 대한, 받아들일 만한 기준 또는 원칙의 부족
- 노동; 권리; 의무적인 사회적 관계에 대한 일부 특정 직업군에 대한 일반적인 무지
- 대중 일부가 가지고 있는 직업에 대한 부적절하고 고도로 분절된 지식
- 특정 직업군의 복지와 일반적 성공에 대한 일반 대중의 무관심

- 직업상 어려움의 해결에 있어 지식이 사용되는 방식에 대한 일반 대중의 인식 부재
- 동일한 가치를 가진 직업에 대해 대중은 이를 각기 다르게 보는 점
- 정직과 절약 같은 미덕의 쇠락
- 개인의 경제적 권리가 어디까지인가와 같은 문제에 대한 판단 기준의 부족
- 둥근 구멍에 네모난 말뚝과 같은 또는 반대의 경우
- 삶에 대한 낮은 기준; 낮은 임금으로 인한 바람직하지 못한 삶의 조건
- 무력, 나태함, 게으름—대개의 증세
- 새로운 노동 조건에 효과적으로 맞추지 못하는 것
- 자동화된 노동으로 인한 인간의 기계화로, 힘의 전반적인 위축과 새로운 형태의 노동으로 변화하지 못하는 것

우리가 보다 나은 일에 대한 교육을 하기 위해서 직업상의 심각한 어려움이 무엇인가를 알아보고자 직업 조사 보고서들을 검토했을 때, 그것이 노동자의 기술적인 비효율성 이상을 넘어서지 못하고 있다는 것을 알고는 실망했다. 보고서들에서 제안하는 교육 프로그램은 지나치게 기술적 효율성에 치우쳐 있었다. 이런 기술적 효율성도 중요하지만, 기술적인 비효율성도 이런 결함 중 하나다. 그리고 교육의 관점에서 볼 때, 이들 중 어떤 것은 좀 더 광범위한 사회적 수준의 문제이고, 교육적으로는 좀 더 이해하기 힘든 것이며, 좀 더 대폭적인 정교한 교육적 처방이 필요하다.

이런 직업상의 결함 목록으로부터 우리는 일에 대한 교육 목표를 설정할 수 있다. 교육의 목적은 해당 약점을 지닌 남학생을 교육시키는 것이다. 직업 교육은 학생의 이런 능력, 기질, 지식, 기능, 태도, 가치의 개발을 추구한다. 이런 것과 다른 기술적이고 사회적인 결함을

거부하거나 방지하는 교육을 추구한다.

점점 학교는 사회 발전을 매개하는 기관으로 이해하고 있다. 어떤 사회생활 측면에서 결함이 나오면, 학교를 통해서 이를 방지하고 극복하도록 요구한다. 예를 들어, 농산품이 수요에 비해 부족하면, 기업가, 국회의원, 관련 인사들은 농업 교육을 주장한다. 수백만 달러의 재정이 필요할 것이고, 주립대학, 고등학교, 보습학교, 상설 기관 등에서는 농업을 가르치는 과목을 개설할 것이다. 장기, 단기, 임시 정책들을 제공할 것이다. 이를 지도하고 감독할 공공 기관도 생길 것이며, 교사들은 학교 교육이 사회 발전에 기여한다는 것에 이해할 것이다. 만약 공산품이 부족하고, 사업장에서는 산업 교육을 요청한다고 생각해 보자. 상업과 사무 일을 잘 수행하지 못하는 곳에서 상업 및 사무 교육을 요청한다. 취약한 환경, 질병, 영유아 사망률을 나타내는 통계가 나오면, 학교에서 건강 교육을 해야 한다고 요구한다. 많은 청년이 국방의 의무를 다하기에 신체의 상태가 좋지 않다는 결과가 나오면, 이를 준비하기 위해서 고등학교에서 군사 교육을 해야 한다고 한다. 특정한 세대가 비효율적으로 돈을 사용하거나 낭비하는 경향을 보이면, 학교에서 '절약'을 가르쳐야 한다고 요청한다. 다른 경우도 대부분 이와 비슷하다. 일의 세계는 학교의 지원을 요청하는 원천이고, 이는 학교를 사회 발전의 매개체로 생각하기 때문이다.

사회 발전을 위한 기관으로서 학교는 효율적이어야 한다. 그리고 요즘 여러 분야에 확산되고 있는 이 효율성은 과학적이라는 의미는 학교 교육이 효율적이기 위해서는 누군가가 어떤 형태의 사회가 바람직하다고 예측할 때까지, 더 많은 사람에게 이익인 것을 밝힐 때까

지 기다려야 하는 것은 아니다. 학교를 과학적으로 운영하기 위해서
는 **선견지명(정확한 선견지명)**도 필요하다. 이를 위해서는 모든 요인을
진실하고 균형감 있게 이해해야 한다. 특정 이익을 주장하는 쪽이나
반대하는 쪽의 의견을 왜곡하지 않고 이해해야 한다. 이는 과학적으
로 조사하고, 사람들의 요구를 분석해야 한다는 의미다. 이런 방식으
로 개인적인 요구가 아닌 사회적인 요구로 교육과정을 정해야 한다는
의미다. 이런 조사는 실제적이어야 할 것이며, 인간 생활의 일부만 보
아서도 안 될 것이다. 민주주의 사회에서 교육과정 개발자들은 인간
의 총체적인 안녕을 증진할 수 있도록 해야 한다. 사람들의 지위가 높
건 낮건, 부유하건 가난하건, 문맹이건 아니건 상관없이, 특정 계층에
쏠려서도 안 될 것이며, 모두를 편견 및 편협함 없이 공평하게 보아야
할 것이다.

8장

전문적인 직업 교육

과학의 시대에 맞춰 요즘 전문적인 직업 교육에 대한 요구가 증가하고 있다. 예를 들어, 효율적인 농부는 1에이커에서 감자를 100부셀 생산하는 것이 아니라 500부셀 생산하여 평균 이상을 재배하고 싶어 한다. 효율적인 목화 재배자는 1에이커에서 평균적으로 생산하는 것 이상을 재배하고 싶어 한다. 효율적인 벽돌공은 1시간에 평균 150개 나르는 벽돌을 350개 이상 옮기는 방법을 찾고자 한다. 강철을 자르는 기술자는 보통 사람이 하루에 평균 10개 자르는 것을 넘어서 40개, 60개 또는 100개까지 자르고 싶어 한다.

평균을 넘어서는 일은 불가능한 일이 아니다. 산업이 과학화되면서 모든 분야가 생산성을 높이고 있다. 이런 생산성은 연구나 실험을 통해서 증명되곤 한다. 생산성을 높이는 데 기계를 이용하기도 한다. 노동력을 줄여 주는 기계는 인간의 노동력을 늘리지 않고도 생산량을 2배, 4배 또는 수백 배로 늘린다. 요즘은 산업에 과학을 적용하여 더 많은 이익을 만들고 있다.

각 직업에서의 과제들을 분석하고, 각 과제의 요소들을 통제한다. 여기에 과학이 필요하다. 따라서 일하는 사람들은 과학적이어야 한다. 이런 점에서 과학은 의식이다. 사람들은 과학이라는 말을 이렇게 받아들여야 한다. 과학이란 사람들이 일을 과학적으로 생각하도록 하는 것이다. 가령, 사람들은 일을 하기 전에 최상의 결과를 미리 예견한다.

과학적 지성이 일차적 문제라면, 기술의 활용은 이차적 문제다. 예를 들어, 속기나 전보 같은 직업은 배워야 할 기술이 있다. 기술을 익히는 것은 지식을 습득하는 것보다 더 많은 시간과 노력이 든다. 그러나 일반적으로 교육의 과제는 기술 습득보다 이해의 발달에 둔다.

농부를 예로 들어 보자. 농부가 옥수수를 수확하려면 원료의 변질, 석회, 질산염, 인산염, 모래, 점토, 습도, 공기 오염, 잡초, 씨앗의 품질, 온도, 빛, 식물 해충 등 수많은 변인을 다루어야 한다. 각 상황에 가장 적절한 요소가 있다. 각 요소가 미치는 영향이 너무 약하거나 너무 강하면 수확량이 줄어든다. 농부는 여러 가지 요소를 통제하기 위해서 각 요소가 미치는 영향을 하나하나 살펴봐야 한다. 대부분의 요소는 눈에 띄지 않고 가시적으로 구별하기 힘들다. 이런 것은 농업을 전문으로 하는 사람이 봐야 보인다. 전문적인 농부는 그런 관점과 안목을 가지고 있다. 그는 1에이커에 60~100부셸의 수확을 하기 위해 이런 요소들을 잘 조절할 수 있지만, 그렇지 못한 농부는 25~40부셸의 수확밖에 하지 못한다. 이런 차이는 노동이나 기술의 차이만은 아니다. 그것은 최고의 조건과 그렇게 하는 데 필요한 지식과도 관련이 있다.

교육을 받는 농부는 이런 요소들을 검토해 볼 것이다. 주어진 상황을 바꿔 보고, 식물을 가까이서 관찰하며, 이런 과정을 수행하는 데 필요한 쟁기질, 써레, 경작, 수확, 저장 등의 기술들도 익혀야 한다. 연습도 일부 필요하지만, 연습이 중요한 문제는 아니다.

우리는 최대 생산성을 내는 데 과학을 충분히 활용하지 못했다. 예를 들어, 우리는 평상시에는 주로 일반적 지성, 기계 기술이나 배관 기술의 효율성 정도만 생각한다. 또한 평상시에는 눈치나 손기술 정도만 생각한다. 우리는 지적인 요소에 대해서 충분히 생각하지 않았다.

그러나 외과 의사의 의술은 매우 다르다고 생각한다. 물론 외과 의사는 뛰어난 기술을 가지고 있어야 한다. 그러한 기술이 의사의 손과 눈이 되기 위해서는 고도의 훈련이 필요하다. 하지만 손과 눈을 넘어서는 지식도 충분해야 한다. 외과 의사의 손과 눈은 거의 지적인 일에 가깝기 때문이다.

외과 의사의 기술이 효율적인 데는 균형과 관련성이라는 두 가지 요소가 작용하기 때문이다. 의료 기술이 어떻게 습득되는지에 대해서는 완전하게 파악하기 힘들다. 수술을 하는 데 기술도 필요하지만, 다른 측면에서는 의사로서 필요한 최소한의 기본적인 것들도 필요하다. 의사가 의료 행위를 하는 상황과 관련된 요소들도 있다. 치료 활동에 대해 잘 알지 못하면, 다른 차원에서 알아야 할 것들도 알기 어럽다. 의사에게 필요한 것은 손과 눈을 넘어서는 지식이다. 의사처럼 상업에 종사하는 사람은 일을 효율적으로 하는 문제에 대해서도 과학적으로 접근해야 한다.

오늘날에는 직업 세계에 작동하는 규칙들이 빠르게 변하고 있다. 노동자들은 어디서든 새로운 과제와 새로운 조건에 직면하고 있다. 직업교육을 받지 못한 노동자는 다음과 같은 특징이 있다. ① 아무 규칙이나 적용하고 맹목적으로 일한다. 노동만 하며, 일이 주로 비효율적이다. 때로는 거의 일을 할 수 없다. ② 당면하는 조건만 본다. 올바른 과학적 접근보다는 대부분 잘못된 과학적 접근을 하기도 한다. 그래서 예측을 잘못 하기도 하고, 일이 비효율적이기도 하고, 실패하기도 한다. ③ 상황에 따라 곤란을 겪기도 한다. 다양한 측면을 예측하지 못하기 때문이다.

노동자가 취할 수 있는 세 가지 중 하나는 대개 적절한 일이다. 그리고 무지한 그들에게 네 번째 가능성은 없다. 그들은 자기 자신을 절망적으로 준비되지 않은 사람으로 여기게 된다. 따라서 이런 사람은 다른 사람이 시키는 일만 할 수 있으며, 대개는 비효율적이다. 그는 봉건적 노예 상태로 일할 수밖에 없다. 그리고 그가 한 일은 결국 무지와 비효율의 결과를 초래한다. 그는 결코 일을 통해서 적절한 기회를 획득할 수 없고 결코 완전하고 독립적인 세계관과 능력을 가질 수 없다. 더 나아가서 일할 기회도 점점 줄어들 것이다. 일반적으로—이것은 해마다 더할 것인데—하나를 하면 하나를 얻는 것에 그칠 것이다. 그는 보다 나은 인간적인 삶을 위한 그 어떤 적절한 것도 결코 얻을 수 없을 것이다. 그의 무지는 그에게서 일과 삶 모두를 차단할 것이다.

반면, 직업 교육을 받은 사람은 새로운 직업에 처해도 당황하지 않는다. 예측할 수 있고, 익히지 못할 것이 없기 때문이다. 이유는 간단하다. 그 사람이 당면한 새로운 상황이 늘 새로운 요소만을 요구하는 것이 아니기 때문이다. 그에게는 친숙한 요소들이 있다. 새로운 상황에서는 그것들이 지금까지와는 다르게 조합하고 배치될 뿐이다. 그는 간단하게 새로운 방식으로 각 요소들을 확인하면서 과학적으로 접근할 것이다. 그는 일을 하면서 자신을 어른이라고 느낄 것이다. 그가 일을 효율적으로 하면, 결과적으로 자신과 가족에게 어떤 기회가 생길 것이다.

이와 관련된 또 다른 문제는 유년기 교육은 인생에 필요한 지성을 고려해야 한다. 그러나 아직은 이 문제에 대한 과학적 접근이 많이 발견되지 않는다. 따라서 대부분의 분야에서 필요로 하는 과학을 가르쳐야 한다는 것이다. 그러나 지난 몇 년 동안 직업 세계에서 필요로 하는 것들이 발견되어 왔다. 만약 이것들이 뒤처진 것이 아니라면 또한 시기상조로 폐기해야 할 것이 아니라면, 계속해서 발견하고 발명해야 할 것이다. 교육받지 못한 사람이 발전한다는 것은 불가능하다. 마찬가지로 과학을 제대로 습득하지 못하면 발달을 위한 기초를 다지지 못하고, 과학에 대해 관심을 갖지도 못한다. 그러나 과학을 교육받은 사람은 발전하며, 과학적인 것을 유지하여 스스로 과학의 가치를 이해할 수 있다. 계속해서 전문 학술지를 읽으며, 노력하고 실제로 사용해 본다. 학교에서는 밝혀지지 않은 것을 가르치지는 못하지만, 문제해결에 도움을 주는 조건들을 제공할 수는 있다.

9장

집단 노동 시대의 직업 교육

개인 자영업자 및 노동자들이 서로 협업하지 않아도 되는 노동의 시대는 빠르게 지나가고 있다. 예를 들어, 공장, 백화점, 공공 서비스, 철도, 학교, 병원, 교회, 건설 회사, 광산 등 함께 하는 일이 늘어나고 있다. 협력하는 노동 집단에서의 노동 생산성은 개별 노동자의 노동 생산성보다 높다. 집단 노동으로 더 큰 제품, 더 나은 제품, 더 저렴한 제품을 생산하고 있다. 효율성이 더 높기 때문에, 집단 노동 현상은 모든 직업 분야로 확산될 것이다. 따라서 직업 교육은 개인의 노동 전문성이 아닌 집단 노동에 대한 이해를 도모해야 한다.

우리는 이런 교육에 대한 한두 개의 예를 들 수 있다. 옛날에 구두를 만드는 사람은 온전히 혼자서 구두를 만드는 전 과정을 감당했다. 가죽을 준비하고, 신발 및 각 부분을 디자인하고, 조각을 잘라 바느질하여 마감하고, 판매까지 혼자서 했다. 이런 일을 효율적으로 하기 위해서 그는 필요한 모든 기술을 익혀야 했다. 그러나 지금은 밑창을 자르는 사람, 구두의 윗부분을 자르는 사람, 상단 뚜껑을 바느질하는 사람, 바느질을 준비하는 사람, 안창을 자르는 사람이 있고, 상자에 완성된 구두를 넣는 사람 등 구두를 산 사람이 구두를 손에 넣기 전까지 약 12명의 사람이 구두를 생산하는 각 라인에서 작업한다.

공장에서는 이 모든 일을 감독하는 매니저가 있다. 옛날에 구두를 만드는 사람처럼 감독하는 사람은 기술적인 정보를 알려 주고, 구두 생산 과정에서 필요한 모든 판단을 하고, 이 모든 과정이 진행되도록 사람과 기계가 동시에 일한다. 예전과의 차이라면 도구를 사용하여 노동에 참여하는 모든 사람이 한꺼번에 사용할 수 있는 기계가 고안된 것이다. 생산 라인을 따라 남자들은 큰 제화 기계를 작동시키면서 사람이 손으로 하는 일은 간단히 휠이나 지레 역할을 하는 것이다. 사람보다 기계의 역할이 점점 늘고 있다. 매니저가 하는 일이 있는 것처럼, 어떤 사람은 기계에 가죽을 집어넣는 일을 한다. 그리고 완성된 생산품을 받아서 마치 배달할 신문을 묶어 내듯이, 다른 쪽에 선적을 위해 준비된 상자에 넣는다. 사실 그는 이 일을 온전히 하는 것도 아니다. 그의 일을 돕는 기계가 있기 때문이다. 라인을 따라 듬성듬성서 있는 사람들은 더 저렴하고 더 기술적인 기계를 발명할 때까지만 자신의 역할을 한다. 결국에는 기계가 이 모든 것을 다 할 수도 있을 것이다.

이 같은 노동 체계가 생산 현장에서는 흔하지만, 교사들이 하는 일처럼 전문적인 분야에서도 이런 시스템에 주목해야 한다. 공장에서 하는 전체 작업의 한 부분처럼, 우리는 대도시에서 각자에게 주어진 일을 전문적으로 하는 사람들이다. 이런 라인의 첫 번째에 있는 교사는 유치원에서 필요한 자료를 받아 첫 번째 과정을 수행한다. 이후에 그녀는 I-B 초등학교 교사에게 아이들을 보낸다. 그녀는 I-A 초등학교 교사에게도 아이들을 보낸다. 모두가 주어진 시간 동안 교육을 한다. 이렇게 조금씩 완성하는 형태로 아이들은 다음 전문가에게로 간다. 교육은 세부적으로 전문화되고, 이 과정은 많은 사람의 손을 거쳐서 완성된다.

신발 공장에서처럼 지금 여기 하나의 제품이 완성되고, 처음부터 끝까지 모든 노동이 하나의 제품을 완성하는 데 기여한다. 각 과정에서 교사가 한 일은 교육 전체에서 보면 한 부분이지만, 모든 과정을 수행해서 결국 궁극적인 목표에 도달한다는 것은 크게 다르지 않다. 누군가가 최종 도달점에 대한 비전을 가져야 하고 다른 이들은 그를 따라야 한다. 그 사람은 반드시 전체를 생각하면서 모든 단계를 보아야 한다. 따라서 교육감과 교장은 교육과정을 설계하고, 책, 자료 및 교구를 선정하고, 방법을 알려 준다. 말하자면 관리자는 전체를 생각해야 하고, 교사는 관리자의 손과 목소리가 된다.

이런 경향은 공장, 학교, 철도, 병원, 백화점, 종교 기관 등, 조직이 발달하는 곳은 어디든 현재 뚜렷이 증가하고 있다. 이끌고 생각하고 계획을 세우는 5~10%에게는 전문 기술 교육이 필요해 보인다. 그것은 일상적인 노동에 필요한 교육이 아니라 전체를 더 나은 것으로 만드는 데 필요한 교육이다.

이 봉건적 이론(소수의 사람을 중심으로 하는)은 민주주의로 인해 더 빠른 속도로 확산되고 있다. 이 기본 개념을 이해하기 위해서 두 가지 예를 보자. 원래 독립적인 판매자의 역할을 하던 신발 공장의 매니저가 아니라, **집단 전체**가 그 역할을 한다. 이제는 교육감 또는 교장이 학교에서 수 세기 전 교사가 했던 **집단 전체** 관련 일을 한다. 그러나 특정한 일에 어떤 것을 반영해야 하는가를 생각해야 하는 사람은 매니저, 교육감 또는 기관장이지만, 관련된 집단 전체 사람들도 그 일을 알아야 한다. 매니저나 교육감은 리더십을 발휘한다. 그들은 제너럴리스트generalist다. 반면, 노동자 개개인은 스페셜리스트^{1}specialist다. 그들은 전체 지식을 가진 사람이어야 한다. 모두가 집단 노동에 대해 알아야 하는 경우, 제너럴리스트도 스페셜리스트가 가진 지식을 가져야 한다. 제너럴리스트가 가진 지식의 합은 스페셜리스트가 가진 지식보다 더 크기 때문에, 이렇게 합해진 지식을 보유한 기관이 더 효과적인 기관이다. 그리고 노동자들이 노예에서 자유인으로 바뀌고자 하는 마음과 생각을 갖고 책임감을 가질 때, 그들은 새로운 영혼을 갖게 된다. 그들은 인간이 되고 사람이 된다. 사람으로 행동하고, 일의 효율성이 빠르게 상승한다.

[그림 9-1]은 학교 조직 내의 관계를 보여 주는데, 이것은 모든 조직에서 볼 수 있는 전형적인 관계다. 제너럴리스트든 스페셜리스트

---

1 역자 주: 제너럴리스트란 전반적인 소양 및 교양을 두루 갖춘 사람이라면, 스페셜리스트는 자기분야에 해당하는 특정 기술 · 지식을 갖춘 사람이다.

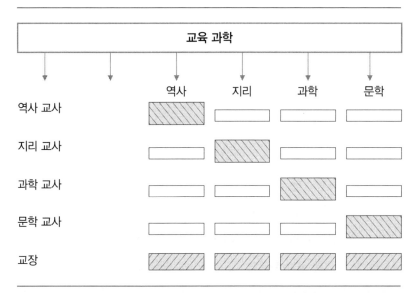

[그림 9–1] 집단 노동 운영에서 사용되는 과학과 스페셜리스트, 제너럴리스트와의 관계

든 모든 단계를 제어하는 것이 과학이다. 둘 다 과학을 알아야 한다. 그러나 책을 통해서 추상적으로 아는 과학이 아닌 실제에 도움이 되는 과학을 알아야 한다. 과학은 실천가들이 구체적으로 접촉하는 것처럼 일을 하는 실제 상황을 통해서 알게 된다. 어떤 것은 제너럴리스트가 더 알아야 하고, 어떤 것은 스페셜리스트가 더 명확하게 알 수도 있다. [그림 9–1]에서 막대의 폭이 보여 주는 것처럼, 제너럴리스트는 모든 관계를 동등하고 균형 잡힌 시각으로 본다. 그는 전체를 해석하고 조정하는 역할을 한다. 모든 일은 다른 부분과 관련이 있다. 스페셜리스트가 전체를 보지 않고 자기가 맡은 일 하나만 본다면 자신의 책무를 다 안다고 볼 수 없다. 그는 전체 일의 한 부분만 하지만, 전체 일도 바르게 볼 줄 알아야 한다. 막대의 폭에서 볼 수 있듯이, 스페셜

리스트는 자신의 분야를 더 잘 이해한다. 그러나 스페셜리스트는 또한 부분뿐만 아니라 전체도 이해해야만 한다. 교사 개개인은 가능한한 스스로 조정자가 되어야 한다. 그렇지 않으면 집단 노동의 효율성이 낮아진다. 교장이 항상 모든 교사를 조정할 수는 없다. 모든 교사가 스스로의 과업을 주재하고 지시하려면 교육과학을 알아야 한다. 따라서 교사는 한 분야의 스페셜리스트이면서 분야 전체를 아우르는 제너럴리스트다. 한 분야의 스페셜리스트가 되기 위해서 자신이 속한 분야 전체를 보는 제너럴리스트의 기술을 습득해야 하는 것은 아니다. 그는 **모든 것을 생각은 해야 하지만 모든 것을 해야 할 필요는 없다. 생각할 수 있도록 하기 위해서, 그는 자신이 속한 집단에서 하는 일을 교육을 통해서 알아야 한다. 그리고 자신의 분야에 필요한 기술을 숙련하고, 자신의 분야에서 요구하는 과제를 계속해서 연습해야 한다.**

이번에는 오케스트라를 예로 들어 설명해 보자. 지휘자는 전체를 생각해야 하고, 음악전체의 흐름에 따라야 하며, 특정 부분에서는 정확하게 지시를 해야 하는 지휘에 대해서는 스페셜리스트다. 동시에 그는 각 악기를 이해해야 하는 제너럴리스트다. 예를 들어, 케틀 드러머는 자신의 악기를 제대로 다루면서, 정확한 세기로, 정확한 순간에 드럼을 쳐야 한다. 지휘자는 드러머가 이것을 하도록 도와줄 필요가 있다. 그들은 혼자서는 이 세 가지 일을 정확하게 할 수가 없다. 드러머는 음악 전체를 의식하면서 자신의 파트에서 정확하게 연주할 수 있도록 교육받아야 한다. 그러나 **연주라는 면에서만 보면**, 그는 하나의 악기를 능숙하게 연주해야 하는 스페셜리스트다.

이 두 가지 예시는 스페셜리스트가 각자의 분야를 효율적으로 조정

해야 하는 제너럴리스트도 되어야 함을 말해 준다. 이 두 역할을 모든
사람이 다 해야 하는 것은 아니다. 공장, 철로, 백화점에 이런 요구를
모두 하는 것은 분명 아니다. 그러나 어떤 조직에서보다 학교에서는
교육 전체를 보는 전문성뿐만 아니라 각각의 전문성을 올바르게 이해
할 수 있도록 교육해야 한다. 이런 경향이 커지고 있는데, 산업 및 상
업 분야들은 모두가 상호 의존적이고, 다양한 방식으로 미묘하게 영
향을 주고받고 있다. 각각의 부분을 정확하게 고려하기 위해서는 각
부분을 알아야 할 뿐만 아니라 전체도 생각해야 한다. 우리가 말하는
과학의 발달은 모든 것을 고려하는 것이며, 학교나 오케스트라의 경
우처럼 요즘 모든 집단 노동 사례에서도 드러나고 있다.

지금까지 교육과정이 풀어야 할 문제에 대해 충분히 설명했다. 사
고라는 측면에서, 교육은 모든 분야의 사람들이 자기가 맡은 일을 하
면서 생각하도록 가르쳐야 한다. 이것은 일의 모든 측면과 관련된 지
적인 것과 체계적으로 관찰하는 것뿐만 아니라, 그 분야의 모든 부분
에서 **일**을 할 기회를 갖도록 해야 한다는 의미다. 일을 한다는 것은
일의 성격에 따라 다르지만 일종의 책임을 진다는 것을 의미한다. 때
로 어떤 사람은 금방 배워서 일을 하고, 특별히 숙련된 기술이 필요
없을 수도 있다. 이 경우에도 그 사람은 충분히 책임을 진다. 다른 경
우에, 긴 준비를 필요로 하는 전문적인 기술을 포함하면서, 어떤 사람
은 제너럴리스트로서 통찰 및 인식을 얻도록 하기 위해서 책임감 있
고 숙련된 기술을 발휘하는 데 도움이 필요하다.

공교육은 특정한 분야에서 제너럴리스트가 되도록 하는—각각에
대해 준전문가 수준에 머물도록 하는—교육을 해야 한다. 지금까지

교육은 어떤 일을 온전히 완벽하게 하도록 교육해 왔다. 일반적으로 궁극적인 전문화는 개인이 직업을 구할 때에야 가능하다. 전체를 이해할 때 사람들은 자신의 전문성을 빨리 습득할 것이다. 이런 교육은 보통 학교에서 이루어질 수 없다. 그것은 어떤 분야에 고용되어 일을 할 때 가능할 것이다.

직업 교육은 주로 노동자가 될 사람뿐만 아니라 관리자가 될 사람에게 일에 대한 **올바른 태도와 정신**을 가르치는 것이다. 일반적으로 기술에 대한 지적 능력은 이런 정신이나 태도를 기본으로 한다. 전문 교육을 받은 사람 중 제너럴리스트로서 관리자는 실제로 전체 직업세계에서 극히 소수에 지나지 않는다. 그러나 전체를 알고 전체를 고려하는 것은 스스로 전체를 다룬다고 **느끼게** 한다. 단지 완벽하게 교육을 시켜서 전문가를 만들 수 있다. 이런 사람이 전체 집단의 과업에 대해 명확한 비전을 가지고 있지만 하찮은 일을 한다고 해 보자. 그가 모든 것이 서로 의존하고 있다는 것을 알고, 그가 일하는 방식이 주목을 받고 지지를 받으면, 그는 자신이 하는 일을 넘어서는 능력과 책임감도 갖게 된다. 그는 마음속으로 스스로를 제너럴리스트를 통달한 스페셜리스트라고 생각할지도 모른다. 한 사람의 게으른 **노예로서 스페셜리스트**와 의욕이 넘치는 **주체로서 스페셜리스트**의 중요한 차이는 전체를 조망하는 지적 비전을 가지고 있는가 여부다. 그런 사람은 사소한 작업에서도 작은 것에서도 자신의 특성과 책임을 느낀다. 다르게 말하면, 둘 다 집단 노동에 대한 그의 비전이 그 자신의 노동에 대한 비전으로 바뀌게 되면서 크게 확대된다.

미국 신발 회사 기계공을 교육시키는 매사추세츠 주 비벌리에 있는 시간제 학교는 대규모 공장에서 사용하는 모든 종류의 설비를 갖추고 있는 실습실을 가지고 있다. 학생들이 교육을 받을 때, 그들은 그 공장에서 해야 할 모든 일에 능숙해질 때까지 이 기계에서 저 기계로 옮겨 가며 교육을 받는다. 학교와 공장 두 곳에서, 그들은 실습실에서 수행하는 일을 충분히 이해하도록 직공을 양성한다. 이런 교육을 산업학교에서 시도했다. 견습 계약을 하고, 학생들은 모든 일을 숙달할 때까지 교육을 받는다.

　과학적 관리로 불리는 이른바 '테일러 시스템Taylor system'은 관리 전문가가 '기획실planning-room'에서 모든 생각을 한다. 하루 종일 의사 결정은 그곳에서 일하는 사람들이 각자 한다. 지시 사항은 타이핑되어 노동자에게 전달된다. 이후에는 어떤 생각, 판단, 의사 결정도 하지 않는다. 사람들은 순서에 따라 할 일을 할 뿐이다.

　공장 매니저들은 지금까지 고안한 것 중에서 이 시스템을 가장 완벽하다고 생각한다. 이는 과학에 기반을 두는데, 아직 보편화되지는 않았다. 이 시스템을 시도하는 곳에서는 거부하는 경우도 많다. 그것은 대개 작동하지 않는데, 우리가 말했듯이 대부분의 노동은 너무 복잡해서 기획실에서 모든 것을 완벽하게 예측할 수 없다. 따라서 필요한 모든 협력 규정을 만들 수도 없다. 그것은 사람들의 생각과 주도권을 벗어나 있다. 지시 사항이 부족하거나 애매할 때, 추가 지시가 있을 때까지 일을 중단해야 한다. 일하는 사람마다 지시 사항이 다르면, 그것은 사람들이 문제를 해결하는 데 필요한 힘이 되어 주지 못한다. '테일러 시스템' 관련 실패들은 불충분한 정보 및 시도로 인해 발생하는 것으로 보인다. 시스템은 매니저와 노동자가 모두 과학적으로 일해야 한다는 점을 주장하지만, 실상 과학은 관리 분야에 국한된 것으로 보고, 실제로 일하는 노동자들은 이를 잘 모른다. 노동자들은 과학을 지시로만 알고 있다. 그러나 이런 시스템은 실제적이고 불가피한 과학적 관리로 가는 중간 단계쯤 와 있다. 과학은 기획실에도 있고, 노동자의 의식에도 있어야 한다.

인적 요소

최근에 광범위한 산업 분야에서 **인적 요소**가 중요하다는 인식을 하고 있다. 개인 자영업에서는 사람을 관리할 필요가 없다. 개인들에게 이것은 문제가 아니다. 이런 일은 집단 노동을 하는 조직에서, 스페셜리스트들의 감독관인 제너럴리스트가 있는 조직에서 생긴다. 오케스트라의 지휘자처럼 연주를 생각해야 하는 곳에서 생기는 문제다.

조직이 큰 집단에서는 교육을 통해서 사람들이 인적 요소를 충분히 고려할 수 있도록 해야 하고 인식해 왔다. 예를 들어, 학교에서 학생은 궁극적으로 일의 세계에서 노동을 할 사람이다. 공장에 비유하면 교사는 감독관이다. 교사의 일은 가르치는 일을 하는 것이 아니라, 학생들로 하여금 배우도록 만드는 일이다. 그래서 **교사는 학생들을 알아야 한다.** 학생의 다양한 정신 능력, 관심, 적성과 능력, 건강 상태, 사회경제적 환경을 알아야 한다. 교사는 관심을 불러일으키는 방법, 그렇게 해서 동기를 유발하는 방법, 각자의 특성에 맞춰 일에 적응하고 조건화하는 방법, 신체적 활력을 풍부히 하고 유지하는 방법, 학생들을 자극하여 공동체에 영향을 미치는 방법을 알아야 한다.

요즘 산업과 상업 분야는 과학적 관리를 주도하고 있다. 인적 요소는 혁명과 발견의 한 요소로 인정되었다. 공장의 감독관들은 노동자들의 심리, 적성, 관심, 영향, 동기부여 등을 알아야 한다. 그래야만 사람들에게 자극을 주어서 생산성을 높일 수 있다. 주먹구구식은 더 이상 안 된다. **추진력은 노동자의 의지 속에 살아 있는 것이다.** 감독관은 일의 조건, 임금, 공장의 위생, 안락함, 승진 기회, 사회적 인식 등을 조정해서 노동자의 내적 추진력이 자연스럽게 발휘되고, 노동자 스스로 하도록 해야 한다. 교사가 학생을 통찰하듯이, 감독관은 노동자를 통찰해야 한다. 그는 실용 심리학, 실용 사회학, 산업 위생에 능숙해질 필요가 있다. 동시에 **인간**에 대한 연구에도 알아야 할 필요가 있다.

감독, 관리 등 사람들에 대한 관계에서 단일 요소로서 가장 큰 협력 요소는 일반적인 이해, 전체를 생각하는 것, 상대에 대한 신뢰다. 모든 것이 과학과 관련이 있고, 모든 것이 경제와 관련이 있다. 집단 노동에서 중요한 일, 전문화, 상호 신뢰, 상호 이해가 필요하다. 노동과 자본의 대립 구도에서 필요한 것은 양쪽의 목소리를 듣는 것이다. 최근 산업 분야에서 잘 알려진 것 중 하나가 다음과 같이 보고되었다.

자본과 노동이 올바른 관계를 맺지 못한다면, 미국의 미래는 없다. 만약 사람들이 각자의 이익과 다른 사람의 이익이 불가분하게 관련되어 있다는 것을 알지 못하면, 그리고 각자를 상호 인정하고 존중하지 않으면, 노동자도 자본도 모두 파멸될 것이다.

사람은 다른 사람과 협력하지 않고는 살 수 없다. 이런 사실을 알아야
하는 것이 미국이 당면한 문제다. 회사원은 회사를 공격하지 않아야 한
다는 것을 이해해야 한다. 모든 사람이 파트너이지 적이 아님을 이해해
야 한다……

이제 파트너가 되고, 효율적으로 협력하고, 다른 사람을 존중하고
상호 인정하는 것과 같은 일이 시사하는 바는 모두가 같은 사실에 접
근해야 하고, 모두가 그런 사실을 바르게 알고 해석하고 판단하도록
교육받아야 한다는 것이다. 여전히 일반 산업 세계에서는 이런 생각
을 하지 않는다. 이런 것이 이루어질 때, 실제로 번영하고 번영이 계
속될 것이다. 산업 분야의 지도자들이 지금 학교에 요구하는 것은 노
동 현장의 기술적 약점을 교정하는 정도다. 따라서 학교는 인적 요소
측면의 약점을 극복할 수 있는 교육을 제공해야 한다. 둘 다 상호 이
해가 필요하다. 양쪽 모두는 똑같이 의도적인 목적을 가지고 공동체
의 생각, 관점, 가치를 부여하는 교육이 필요하다.

10장

직업 교육의
사회적 측면

요즈음 '직업의 효율성'이라는 말을 자주 듣는다. 이 말에는 두 가지 의미가 있다. 하나는 협소한 의미로, '물질적인 생산성'을 의미한다. 이 경우 효율성의 정도는 경제적으로 판단한다.

다른 하나는 '직업의 효율성'을 의미한다. 이 용어는 보통 인간의 복지를 촉진시킨다는 의미다. 이 경우 효율성의 정도는 인간에게 제공하는 서비스의 양으로 측정한다. 물질적 효율성이 효율성의 협소한 의미라면, 인간적 효율성은 효율성의 넓은 의미다. 즉, 인간적 효율성이란 물건을 사용함으로써 나타나는 것이다. 후자는 목적이 아닌 수단이다. 대체로 효율성을 이렇게 보아야 한다. 비록 직업 교육을

통해서 직업 세계의 기술 지식이나 기능들을 가르치면서 생산이 증가
하였지만, 이것이 인간에게 유익하지 않으며 악용된다면 어떤 식으로
든 그것을 직업의 효율성으로 간주하기는 어렵다. 인간의 관점에서
이것은 오히려 비효율적이다.

이런 **사회적 요소들**을 효율적으로 관리하는 것은 기술을 효율적으로
관리하는 것만큼이나 필수적이다. 일반적으로 사회는 인간에게 최대
한 유익하게 하기 위해 경제 기제를 조정한다. 이 과업은 기관차를 운
전하거나 옥수수 농사를 짓는 것보다 훨씬 더 복잡하다. 기술 교육이
이런 인간적인 관점에서 필요한 것이라면, 우리의 막대한 경제 기제
를 효율적으로 조정할 수 있도록 기술 교육을 더욱 일반화해야 한다.

노동의 분업은 문제를 일으킨다. 이 문제들을 이해하기 위해서, 요
즘같이 문명화된 나라에서 사용하는 물건을 분업 없이 생산한다고 가
정해 보자. 이런 노동 상황에서 직업 교육은 각 직업에 대한 기술, 지
식, 정보, 기능을 가르칠 것이다. 여기서는 사회적인 측면이 없기 때
문에 직업이 가진 사회적 성격 또한 교육을 할 필요가 없을 것이다.
또한 여기서는 생산이 전적으로 개인적이고, 분배라는 것이 존재하지
않는다. 노동자는 그가 생산한 것만큼 대가를 받고 각자 벌어들인 것
만 소유한다. 이런 경제 활동은 사회 활동이 아니며, 결과적으로는 사
회 활동으로서 직업 교육을 할 필요가 없다.

그러나 노동이 분화되면 서로 의존해야 한다. 여러 사람이 하나의
물건을 생산한다. 이것은 자신만을 위한 물건이 아닌 모두를 위한 물
건이다. 결과적으로 개인은 이렇게 생산한 물건을 사용한다. 표면적
으로 노동의 분화는 전체가 유기적이고 상호 의존적이다. 분화가 나

타나면 개인은 사라진다. 노동이 분화되는 정도에 따라, 그 노동의 성과를 효과적으로 분배해야 한다. 분배 없이는 노동 분화의 목적은 의미가 없다.

분화된 분야에서는 협동하는 방법, 사회적 명령에 복종하는 방법 등 하나의 공통 결과를 위해 전체에 관한 일반적 이해가 요구된다. 사회 구성원들은 전체 직업 상황에 대한 정보를 필요로 한다. 즉, 사람들은 모든 전문 노동자 계층의 노동 조건, 정확한 표준, 각 직업들의 생산성, 사회 활동의 경제성 등을 알아야 한다. 이런 정보들을 통해서 사람들은 사회적 태도와 가치를 알게 된다. 학교에서 사회, 역사, 지리학, 문학, 경제 등을 공부하면서 이런 정보와 태도를 학습한다는 사실을 잘 인식하지 못했고, 따라서 시도되지 않았다. 결국은 직업 교육의 사회적 성격에 대한 교육이 필요하다는 것을 의미한다.

사실 서비스를 받는 사람이 서비스를 하는 사람(노동자)을 감독한다는 개념은 산업 자체만큼이나 오래된 개념이다. 얼핏 보면 사람들은 물건을 소비하거나 거부한다. 찾는 물건이 아니면 다른 곳으로 가는 식이다. 그러나 산업은 점점 커지고 복잡해졌다. 가격을 정하고, 장소를 지정하면서 경쟁을 제거한다. 요즘은 자신이 원하는 것을 찾으려고 다른 곳으로 간다. 물건의 생산 과정이나 생산된 물건들이 점점 복잡해서, 사람들은 더 이상 상품의 품질이나 가격의 공정성을 판단할 수가 없다. 사람들은 다른 곳으로 가야 할지 말지조차 알기가 힘들다. 좋은 물건과 나쁜 물건을 구분하기가 힘들고, 문제의 해결 여부도 알기가 어렵다. 경제 활동이 단순했던 시대의 직업 교육 내용은 점점 쓸모가 없어지고 있다. 새로운 조건이 새로운 방법을 요구한다.

공공 서비스는 모두 공무원, 시의회, 미국 상공회(Interstate Commerce Commission) 등의 관리 감독을 받는다. 이런 공공 기관들은 서비스의 질, 양, 비용 등을 계속 유지·관리한다. 시간이 지날수록 이런 관리 기관이 늘어나고 강조되고 있다. 방만한 운영이나 개별적인 것들이 감소하고 있다. 이런 관리 감독은 해가 갈수록 더 많은 직업으로 확장되고 있다. 한동안 철도, 택배 회사, 통신, 전화, 도시전철, 가스, 전기, 하수도 배관, 목수, 화재 관련 분야에서는 이러한 관리 감독을 당연하게 받아들였다. 최근에는 이러한 관리 감독이 음식, 제약 회사, 우유 공장, 이삿짐 사업, 음식 관련 분야로 확산되고 있다.

공공 서비스는 더 전문화되고 있다. 사회적 서비스를 제공하는 분야와 사적 이익을 추구하는 분야를 구분하기 어려워지고 있다. 궁극적으로 관리 감독이 서비스 분야와 서비스 분야가 아닌 분야 모두로 확대되고 있다. 이런 방향에서 사회적 운동이 강화되었으며, 산업 분야와 일반 공동체 모두에 현명하고 공정한 영향을 미치고 있다.

관리 감독이 미치는 영향이 좋든 나쁘든 간에 공공의 관리 감독에 대한 계몽은 교육에 의존해야 한다는 공감대가 형성되고 있다. 지금은 불충분하지만 지역사회는 모든 사람의 관심을 유지하는 데 비용을 들이고 있고, 서비스의 질을 높이고 있다. 다른 한편으로 관리 감독이 무디면, 산업 분야의 서비스가 약화되거나 파괴된다. 그리하여 산업과 지역사회 모두에 해를 끼친다. 예를 들어, 철도 회사에 질 높은 서비스와 동시에 비용이 싼 운임을 요구하면, 관리 감독을 통해서 개선하려고 했던 서비스가 훼손되거나 파괴될 수도 있다.

관리 감독은 지역사회의 주민들이 해야 한다. 필요하다면 그것을 법이나 행정부서에 위임할 수도 있다. 그러나 이런 관리 감독 책임을 위임하기 전에 대표자가 그것을 수행할 수 있는지를 먼저 생각해야 한다. 또 그것을 수행하였는지 살펴보고 확인해야 한다. 그리고 여론은 지역사회에 대한 올바른 태도와 가치에 대한 정보를 제공해야 한다. 이러한 지역사회의 일은 정부를 통해서 부분적으로 관리할 수도 있지만, 위원회를 구성해서 직접 관리해야 한다. 사회 구성원들이 기대하는 것이 무엇인지, 공적인 것이 무엇인지, 그들이 실수한 것이 무엇인지를 알아야 한다. 이것이 '사회의식social conscience'이다. 이것이 관리 감독이고, 사회의 규제다. 어떤 사람은 그것을 '양심grammar conscience'과 유사한 개념으로 본다. 양심은 법적 장치를 필요로 하지 않는다. 옳은 것을 아는 것, 누가 어떤 일탈을 할 때 즉각적으로 알고 조용히 비판하는 것이다. 필요한 지식을 충분히 갖추는 것이다. 공적인 의견을 통해서 직업을 직간접적으로 관리 감독하는 것도 직업에 대한 공적인 지식이다. 교육은 필요한 계몽, 사회적 태도, 직업 의식을 길러주어야 한다.

초창기에 관리 감독을 수용하거나 거절하는 방법은 일종의 민주적 방식이었다. 모든 사람이 생산품, 생산 과정, 사회적인 관계들을 관리 감독해야 한다는 것을 알았다. 이런 지식을 기초로 생산품을 받아들이거나 거부하면서 모두가 지속적이고 자율적으로 관리 감독하였다. 이를 위해서 특별히 교육이 필요하지 않았다. 이런 지식을 체계적으로 습득하지도 않았다. 근본적인 측면에서 산업이 민주화된 시대였다. 노동은 개인적인 것이었고, 각자는 모두에게 기여했으며, 모두는 각자를 관리 감독했다. 이는 현재 사람들에게는 옛날 방식이다. 예전에는 교육하지 않아도 알았지만, 새로운 시대의 효율적인 새로운 방식에 대해서는 교육이 필요하다. 계몽이 필요한 시대다. 예전처럼 지금은 모든 생산품, 생산 과정, 직업 관계를 이해해야 하는 것은 아니다. 그렇다고 지식이 우연히 획득되는 것도 아니다. 예전에는 학교가 도와주지 않아도 잘 알 수 있었던 것이 있었고, 지금은 비체계적으로 자연히 습득할 수 없는 것이 있다. 학교의 과업은 항상 복잡한 상황에 직면할 때 생긴다. 지난 수십 년 동안 이런 방식으로 경제 개혁을 교육의 과업으로 삼아 왔다.

사람들은 새로운 연구를 하면서 이런 교육적인 과업들을 깨달았다. 『미국 산업 연구회Industrial Studies of the United States』 『산업 지리Commercial Geography』 『산업 역사Industrial History』 『다양한 물품의 생산자들Makers of Many Things』 『캐나다와 미국 그리고 아르헨티나에서의 밀의 자람Wheat-Growing in Canada, United States, and the Argentine』 『어떻게 지구에서 먹고 입고 자고 있는가How the World is Fed, Clothed, and Housed』 『농부와 친구들The Farmer and his Friends』 『밀에 관한 책The Book of Wheat』 『면에 관한 책Book of Cotton』 『옥수수에 관한 책Book of Corn』 『설탕의 이야기The Story of Sugar』 『석유의 이야기Story of Oil』 『가죽 생산Leather Manufacture』과 같은 책들을 어렵지 않게 발견할 수 있다. 이런 책들은 직업 교육의 필요성을 제시하고 있고, 민주주의 사회에서는 직업에 대한 적응이 기본이다.

〈표 10-1〉은 어느 조사 보고서에 실린 직업 목록인데, 9개의 직업 분야로 분류되어 있다.

〈표 10-1〉 직업 분야

직업 분야	남자	여자
농업, 임업, 축산업	10,851,702	1,807,501
제조 및 기계 산업	8,837,901	1,802,980
무역	3,146,582	468,088
교통	2,531,075	106,596
가정 및 개인 서비스	1,241,328	25,000,000
사무 직종	1,143,829	593,224
광물 추출	963,730	1,094
전문적인 서비스	929,684	735,885
공공 서비스(분류되지 않은 다른 것들)	445,733	13,558

  지리에서는 세계를 몇 개의 대륙으로 나눈다. 그리고 몇 개의 대륙을 다시 여러 나라로 나누고, 각 나라의 상황을 차례로 제시한다. 비슷한 방식으로 직업의 세계를 이해하기 위해서, 직업을 이렇게 9개의 분야로 나눌 수 있다. 9개의 분야는 다시 수십 개의 하위 분야로 나눌 수 있다. 그리고 중요한 것들을 정해서 연구를 제시할 수 있다. 지리에서처럼 관련된 부문을 묶고, 동시에 동종의 여러 직업을 연구할 수도 있다. 이렇게 유형별로 하나의 직업을 집중 연구해서 몇 개의 비슷한 직업의 상황을 파악할 수 있다. 차례차례 한 측면씩 고려해 봄으로써 동시에 전체 직업 분야를 조망할 수도 있다. 예를 들어, 임금, 노동시간, 계절에 따른 변화, 이익, 바람직한 직업 위생, 바람직한 사회적 상황 등이 있다. 문제는 이런 식으로 접근하는 것이 얼핏 보는 것처럼 그렇게 만만치 않다는 것이다.

  직업을 관리 감독하기 위해서 사람들이 알아야 할 것은 무엇인가?

다음의 일곱 가지를 언급해 볼 수 있다.

- 사람들은 각 직업이 무엇을 요구하는지를 알아야 한다.
- 직업이 어떤 욕구를 만족시키는지를 정확하게 알아야 한다.
- 어떤 직업이 실제로 필요한 서비스를 제공하는지 알아야 한다.
- 필요한 서비스를 제공하기 위해서 각 직업은 어떤 설비 및 시설을 요구하는지 알아야 한다.
- 지역사회는 실제로 필요한 설비를 어느 정도까지 제공하는지 알아야 한다.
- 직업이 제공하는 서비스에 대한 사회적 효과성, 경제성, 효율성을 이해하는 데 필요한 정보를 알아야 한다.
- 집단 간 상호 의존성을 충분히 이해해야 한다. 관리 감독이 필요하다는 것을 공감하게 하는 것이 상호의존성, 멤버십이다.

이 모두와 관련된 것들을 기억하라거나 교육의 과제로 삼아서 암기하라는 것은 당연히 아니다. 사람은 그런 기억 능력을 갖고 있지 않다. 그리고 이런 교육은 거의 불가능하다.

직업을 관리 감독하기 위해서 일반적으로 알아야 할 것과 전문가들이 알고 싶어 하는 것은 비슷하다. 이것은 관리 감독의 문제와 궁극적으로 관련이 있기 때문에 전문 직업 교육에서 중요하다.

분업해서 일하는 사람들은 일반적으로 사람들이 자신의 직업에 대해서 알고 있는 것보다 다음과 같은 더 구체적인 지식과 태도가 필요하다.

- 일하는 사람에 대한 지식이 필요하다.
- 직업이 제공하는 서비스의 특징을 알 수 있는 구체적인 지식이 필요하다.
- 실제로 어느 정도의 서비스를 제공하는지를 알아야 한다.
- 효율적인 서비스를 제공하기 위해서 필요한 것을 알아야 한다.
- 필요한 서비스를 제공하는 데 필요한 설비를 알아야 한다.
- 지역 주민이 적절하다고 생각하는 과정과 결과에 대한 지식은 적절하다고 생각할 때 받아들이고, 적절하지 않을 때는 수정한다.
- 집단과 전체 사회가 상호 의존한다는 것을 충분히 이해해야 한다. 이런 것을 이해하는 것은 일반적으로 따르겠다는 의지와 관리 감독을 하겠다는 의지의 근간이 된다. 이는 분업해서 일하는 사람에게 사적 이익과 공적 이익이 같다는 것을 보여 준다.

일반 사람이나 전문가가 모두 이런 정보 지식을 가지고 있을 때, 그 지적 기반을 토대로, 이 어려운 분야에서 효율적으로 사회를 통제할 수 있다. 모두가 권리와 의무를 가지고 있다. 모든 이익집단의 권리와 의무를 명확하게 정의해야 한다. 서로 상반된 주장을 조절해야 한다는 점도 이해해야 한다. 우리가 여기서 논의한 바와 같이 전문가 집단 간에는 의견 차이가 불가피하다는 점도 기억해야 한다. 사회적 긴장과 부담, 항상성, 새로운 적응은 심리학적, 생물학적 또는 사회학적 삶의 본질이다. 지성은 이들을 강요할 수는 없지만 제어할 수는 있다. 그것들이 강해질수록 삶의 지표도 커지는 동시에 사회 교육의 필요성도 커진다.

계몽은 진정한 산업 민주화를 가져다준다. 그 요인들에 대한 검토는 가장 좋은 경제적 기제의 형태로 많은 논쟁의 결실을 보여 준다. 공교육, 우체국, 화재, 도로 건설 및 보수 관련 직업은 공기업으로 여기고 관리 감독을 해 왔다. 반면, 대부분의 산업 분야는 사기업으로 여겨서 자발적으로 관리 감독하도록 해 왔고 이것이 가장 좋은 방법이라고 믿었다. 그러나 사실 일 자체가 **서비스**다. 두 가지 형태의 사회적 관리 감독을 해야 하기 때문에 그에 맞는 교육이 필요하다. 사회가 효율적으로 관리 감독하는 방식은 공기업인가 사기업인가에 따라 달라진다. 즉, 소수의 주주 기업인지 지역사회 전체가 참여하는 다수의 주주 기업인지에 따라 관리 감독 방식은 다르다. 관리하는 방식에 따라서 기업은 좋아질 수도 있고 나빠질 수도 있다. 계몽적인 사회적 관리 감독을 통해 효율적인 서비스를 할 수 있다. 그러나 계몽적인 관리 감독을 하지 않으면, 효율적인 서비스는 불가능하다. 중요한 것은 기제가 아닌 지성이다.

교육이 시작되기 전에 다양한 직업 정보가 있어야 한다. 지금은 필요한 수많은 사실에 접근하기가 어렵다. 공공 복지와 연관된 공공성보다 개인의 이익에 관심을 갖기 마련이다. 우리는 아직 국가에서 민주주의만큼 가치 있는 것을 갖지 못했다. 그러나 빛이 모든 곳을 비추듯, 직업도 모든 것에 영향을 미친다. 공공 기관에서는 기관의 목적을 위해서 수많은 정보를 모은다. 산업은 실제로 공공 서비스를 제공하는 만큼 정보가 공개된다. 그리고 해마다 공공 서비스를 제공하는 곳이 증가하기 때문에 정보공개도 늘고 있다. 산업 분야에서 특히 이러한 정보 공유를 막으려 할 때, 공공성은 더 커지고 더 필요해진다.

교육받은 사업가는 사회적 상호 의존성을 이해한다. 최근 미국 철강 회사 대표인 E. H. Gary는 비즈니스 컨벤션 연설에서 성경을 인용해서 건전한 비즈니스 태도와 관련해 "우리 중에 누구도 자기만을 위해 사는 자도 없고, 자신만을 위해 죽는 자도 없다."고 말했다. 그가 한 다른 말도 보면, "지난 십 년 동안 비즈니스에 대한 태도는 많이 변했다. 정보를 공개하는 데 관심을 갖게 되었다. 요즘은 누군가가 회사의 사업과 그 결과를 알고 싶어 할지도 모르기 때문에 법적으로 요구하지 않아도 자발적으로 기록을 해 놓는다." 그는 직업 세계와 대중 모두에게 이익을 주는 정보 기관을 제안했다. "현재 공기업은 공적 및 사적 이익에 영향을 미치며 개인이나 기관과 기꺼이 타협하고 있다." 이런 경향은 명백하다. 정보에 대한 접근은 점점 쉬워지고 있다. 이런 정보를 사용해서 대중 교육이 점점 가능해지고 있다.

조사는 정보를 찾게 해 준다. 그러나 가르칠 자료를 조직하는 것은 교육자가 할 일이다. 사실을 배우도록 가르치는 암기 방법만으로는 (우리는 익숙하지만) 충분하지 않다. 학교를 발전시킬 수 있는 좀 더 좋은 방법을 생각해 보자.

직업은 **일하는 사람들의 집단**으로 비춰지고 그렇게 해 왔다. 사람들은 일을 하면서, 놀면서, 관찰하면서, 잘 쓰인 역사, 지리, 문학, 전기를 읽으면서 실제로 집단 노동을 배운다. 집단에 관한 추상적인 언어를 통해서 배우는 것이 아니라, 실제로 이런저런 것을 해 봄으로써 진정으로 이해한다. 일을 하면서 정보를 축적, 흡수하고 옳은 평가와 태도에 흥미를 갖게 된다. 우리가 예전보다 많은 정보를 추구해서가 아니라 더 큰 목적을 추구하기 때문에 교육을 해야 한다. 따라서 더 효율적으로 교육해야 한다.

구체적인
활동하기

／

James 교수는 그의 에세이 『인류의 어떤 무지함에 관하여On a Certain Blindness in Human Beings』에서 인간이 다른 사람들의 경험을 이해하고 깨달으려면 그도 이런 경험을 통해서 공감해야 가능하다고 밝힌 바 있다. 방관자는 실제 삶에 대해 무지하다. 삶은 살면서 아는 것이다. '다른 사람이 하는 일을 정확하게 가장 잘 이해하려면' 그들이 한 일을 실감하고 공감해야 한다. 그럴려면 무엇보다 그들이 한 일을 해 보아야 한다.

남학생들은 학교에서 목공 작업woodworking을 한다. 그들에게 사물함을 만드는 사람이나 목수가 되라는 것이 아니라, 나무를 가공하는 직업에서 사용하는 나무의 단단함, 나무로 완성품을 만들기 위해서는 힘들고 고된 노동이 필요하다는 것 등을 이해하라는 것이다. 목공 작업은 직업 세계를 있는 그대로 경험하게 해 준다. 목공작업의 목적은 노동을 올바르게 보도록 함으로써 세계로 나가는 경험의 창을 열어 주기 위한 것이다.

이런 이유로 학교는 학생들에게 금속 가공, 가죽 가공, 인쇄, 제본, 수공예, 요리, 재봉, 자수, 모자 만들기, 학교 정원 가꾸기, 천 짜기, 양탄자 만들기, 염색, 그림, 니스 칠하기, 도안하기, 도자기 만들기, 가금류 기르기, 세탁하기, 은행 일 보기, 물건 사고팔기, 회계 등 실제로 하는 많은 활동을 해 보게 한다. 남학생과 여학생에게 일할 때 사용하는 노동과 재료의 본질 때문에 이런 활동들은 **현실감**a sense of reality을 준다. 이런 현실감을 발달시키는 것은 특히 도시 아이들에게 더 절박하다. 대부분의 사람이 농사를 지었던 농경 문화 시대에는 남학생도들에서 괭이를 사용해서 농사를 지었다. 도끼와 톱을 사용하여 가족을 위한 땔감을 마련했고, 담장을 올리고 헛간을 고쳤다. 남자아이들은 덥든 춥든 폭풍우가 치든 그 어떤 날씨에서도 건초를 비축하고, 옥수수를 까고, 소 젖을 짰다. 이런 활동을 통해서 남자아이들은 남자로 사는 데 필요한 것들을 확보했고, 재료의 성질을 이해했으며, 실제 경제 활동에 필요한 기본을 익혔다. 여자아이들도 바느질, 요리, 수선, 설거지, 세탁, 집안일, 통조림 만들기와 저장하기, 사육조류 기르기, 정원 일 등 남자아이들과 동등하게 일했다. 이런 것들이 여자아이들을 위한 학교Great School였다.

하지만 오늘날 도시에 사는 아이들에게는 삽, 괭이, 도끼, 톱, 석탄양동이 같은 것들이 없다. 그들은 실제 직업 세계의 일들을 수행할 기회가 없다. 그래서 그들은 현실감각을 습득하지 못한다. 스포츠를 제외하고는 격렬하게 고군분투할 일이 없다. 세상이 그들 눈앞에 있지만, 마치 영화 스크린으로 보는 그림 같을 뿐이다. 길을 가다가 땅을 파는 성인 남자를 보긴 하지만, 무거운 연장을 가지고 실제로 노동을 해 보지 않기 때문에 일에 대한 책임을 느끼지 못하고, 눈앞에서 일어나는 일들을 실감하거나 감상하거나 이해하는 데 기초가 되는 기본 경험이 적다. 상황을 더 깊이 이해하려면, 눈이 아니라 경험을 통해 공감하는 감각을 길러야 한다. 외적으로만 보면서 노동 그 자체를 알 수 없다. 태어날 때부터 맹인이었던 사람이 색을 알 수 없듯이, 그는 실세계actual realities에 대해 무지할 수밖에 없다.

실제 활동practical activities의 목적이 여러 직업 세계로 열린 경험의 창을 여는 것이기에, 여건이 되는 한 활동의 범위는 분명 폭넓어야 한다.

소나무, 참나무, 포플러, 가문비나무, 전나무, 독 당근, 자작나무, 단풍나무, 호두, 물푸레나무, 삼나무, 마호가니와 같은 나무를 가지고 일을 해 봐야 제철식물과 제철이 아닌 식물, 직선과 곡선, 단단함과 부드러움, 변재와 심재, 거친 작업과 정교한 작업 등을 알게 된다. 이런 일은 자연스럽게 페인트, 오일, 염색, 셸락, 알코올, 경석, 사포, 다른 마감재와도 연결된다.

철, 강철, 구리, 황동, 주석, 알루미늄, 니켈, 은, 합금, 철사, 판금, 단조, 주조와 같은 금속을 가지고 일해 보면 학생들은 광석과 화합물의 형태에 정통하게 될 것이다. 그리고 그들은 형태를 변형시키고, 정제하고, 주조물로 물건을 만들고, 실용적인 물건 모양을 만들어 낼 것이다.

학생들은 전기 벨, 배선, 토스터, 솥, 다리미, 전기 조명, 전화, 전신, 시계 컨트롤, 전기 도금, 전지, 데모, 모터 제작 등 실제로 전기를 사용하는 일도 해 봐야 한다.

또한 인쇄, 조성, 조판, 인쇄물, 구리 플레이트 만들기, 응용 미술 및 디자인, 제본, 표지 장식, 지폐의 인쇄, 조리법, 프로그램, 초대장, 유리와 같은 재료를 사용하는 일도 해 봐야 한다. 이런 일들은 골판지 만들기, 상자 만들기, 기록부 패드, 책상 패드와 밀접하게 관련이 있다.

가죽을 사용하는 일도 있다. 가방, 지갑, 포트폴리오, 장부 지갑, 구슬로 장식된 덮개, 벨트, 작은 가방, 슈트케이스, 트렁크, 손잡이, 마구, 실내 장식 만들기 등이다. 인조 가죽을 비롯해 여러 종류의 가죽을 사용할 수 있어야 한다. 중요한 가죽은 가능한 모두 사용해 보아야 한다. 다양한 종류의 손질, 마무리, 방부제 등을 사용해 보아야 한다.

학생들은 점토와 지질 부산물, 파리의 석고, 시멘트, 도자기, 유리를 사용하는 일도 한다. 원재료를 가지고 벽돌과 타일, 석회와 시멘트 만들기, 도자기 만들기, 시멘트 블록 건설, 제작, 시멘트 산책길 만들기와 보수, 벽돌 쌓기, 타일 붙이기 등을 실제로 한다. 학교의 화단을 보수하는 것은 이런 종류의 일을 실제 해 볼 수 있는 좋은 기회가 된다.

모직, 면, 린넨, 실크, 대마, 황마, 마닐라 섬유 등의 직물 분야도 있다. 가능한 한 학생들은 원재료들을 사용해야 한다. 이처럼 원재료를 사용하는 경험을 통해서 실생활에 쓰이는 물건들을 이해한다. 양모를 갖고 세척, 빗질, 카딩, 방적, 염색, 직물, 주름 잡기, 전단, 축소, 누르기 등을 한다. 린넨은 학교 정원에서도 기를 수 있다. 학생들 스스로 실을 잣고, 짜고, 표백하여 옷감을 만들 수 있다. 다른 일은 옷감을 바느질해서 옷을 만드는 것이다. 옷 디자인, 옷감 재단, 수 놓기, 모자, 레이스, 커튼, 옷걸이, 카펫, 양탄자 만들기 등을 할 수 있다.

이와 밀접하게 관련된 일은 밀짚, 라피아 야자나무, 지팡이, 등나무 등을 사용하여 매트, 모자, 바구니, 쟁반, 다양한 종류의 케이스, 의자, 의자의 등받이, 등나무 가구 만들기다.

음식과 관련된 일은 식재료로 요리하기, 통조림 만들기, 보존하기, 성냥 만들기, 설탕 만들기, 기름 만들기, 절이기, 버터 만들기, 치즈 만들기, 연유 만들기 등을 포함한다. 이 일과 관련하여 비누 만들기나 세정제 만드는 일도 가능하다.

물건을 만들고 변형해 보는 활동뿐만 아니라, 학생들은 실제로 농장이나 정원에서 원재료들을 재배하는 경험과 기회를 가져야 한다. 그들은 옥수수, 감자, 야채, 과일을 길러 보면서 노동의 본질을 배울 수 있다. 토양 준비, 거름, 씨앗 테스트, 기르기, 재배, 해충퇴치, 배수, 관개, 수확, 계절에 적응, 저장, 마케팅 등의 일이 가능하다. 가금류, 가축, 젖소, 꿀벌과 함께 일할 수 있는 기회가 주어질 것이고, 농업 관련 행정일도 알 수 있을 것이다.

구매 및 판매, 경쟁, 판촉, 부기, 회계, 돈, 금융, 저축은행, 보험과 같은 상업 활동을 하는 것도 교육 활동이다. 학교는 이와 같은 활동을 하기 위해 많은 자료를 구비해야 한다. 지금의 학교에서는 이런 활동을 거의 하고 있지 않기 때문에, 좀 더 많이 해야 한다. 이런 활동을 위해서 학생들은 부기, 회계를 알아야 한다. 그들은 은행을 이용할 것이고, 돈을 관리해야 할 것이다. 따라서 학생들이 상업 활동을 할 수 있는 여건을 만들어야 한다. 현재 몇몇 학교에서는 가정이나 학교의 간이식당, 물품 저장고에서 일을 하게 하거나 가게에서 계약을 하고 일을 하게 한다.

"이런 활동들을 모두 해야 하는가?" 교사는 당황해서 물을지도 모른다. 긍정적으로는 대부분의 직업 관련 일이 우리의 지역사회에서 할 수 있는 것임을 직시해 보자. 지역사회의 직업과 생산품에 관한 이 책의 목적은 무엇인가? 분명히 이 책은 직업 세계의 여러 직업을 이해시키기 위해 시작했다. 하지만 학생이 여러 직업의 의미를 이해하는 데 필요한 경험의 기초가 없다면, 어떻게 할 것인가? 예를 들어, 만약 학생들이 직접 면화를 길러 보거나 처리해 본 적이 없이 책만 읽었다면 어떻게 남부의 면화 사업을 이해할 수 있겠는가? 만약 학생들이 씨앗부터 실 만들기까지의 일을 실제로 해 본 적이 없다면, 책만 읽어서 어떻게 조면 작업을 온전히 이해할 수 있겠는가? 만약 학생들이 목화씨를 직접 만져 본 적이 없다면, 겨자씨와 호두씨를 구분할 수 없다면, 어떻게 목화씨 오일, 목화씨 케이크를 가공한다는 생각을 할 수 있겠는가? 만약 학생들이 카딩[1], 방적, 옷감 짜기, 염색 등을 해 본 적이 없다면, 면화 직물 산업을 이해할 수 있겠는가? 재료를 다루는 과정에서의 실제 경험이 없다면, 학생들은 직업을 설명하는 글을 읽더라도 모호할 것이다. 학생들이 경험을 통해 이런저런 생각을 해 보게 되면, 비록 모호하고 흐릿하지만 그들은 비전을 갖게 될 것이다.

초등학교와 중등학교에서의 노작 교육manual training은 교육이 지향하는 궁극적인 목적이다. 그것은 기술이나 물건을 만드는 것이 아니라 재료, 과정, 직업의 세계에서 나오는 산물을 이해하는 활동이다. 이것이 직업에 관한 향토지리home-geography의 구체적인 예다. 주변에서 하는 노동과 생산품을 관찰하면서, 우리는 직업적 측면에서의 향토지리 전체를 이해하게 된다.

학교에서 하는 구체적인 활동들의 주요 부분은 놀이play(구성 놀이, 조작 놀이, 참여 놀이 등)일 것이다. 그러나 이런 활동들의 일부는 학교 교육이 계속되면서 일 수준이 되어야 한다. 실제 일의 분위기, 실제로 일을 하면서 획득하는 일의 정신을 체감하지 못하면, 학생은 일의 세

---

1 역자 주: 면화 양털을 잣기 전의 공정

계를 충분히 이해하지 못한다. 학생들이 하는 활동은 훌륭하고 다양할 수 있으나 깊이가 부족하다. 후기 교육의 단계에서는 가게 놀이에서의 노작 교육 그 이상의 것이 요구된다. 교육의 목적이 일의 세계를 이해하는 것이기 때문에, 이 단계에서 어느 정도 수준의 탐구가 이어지는 것이 중요하다. 이 때문에 일정 정도의 기술, 경제성이 있는 팔만한 물건의 생산, 실제 가게 분위기와 같은 활동이 필요하다. 학생들은 실제로 해 보면서, 시간제 일을 하면서 일 수준에 도달할 수 있을 것이다.

관찰하기

경험의 기초를 마련하고 나면, 학생들은 좀 더 빠르게 세상을 경험하기 시작한다. 이런 경험을 통해서 학생들은 재료를 상상하고 이해하며 흥미를 갖게 된다. 학생들이 일을 이해하기 위해서 방문과 관찰을 해야 한다. 도시에서는 기회가 많다. 학생들은 일하고 있는 많은 사람을 찾아가서 관찰할 수 있다. 우연히 관찰하게 하는 것은 안 된다. 학급별로, 그룹별로, 체계적으로 관찰해야 한다.

직업을 관찰하는 것은 직업 관련 독서를 준비하는 과정이기도 하다. 관찰은 상상력, 풍부한 감상과 흥미를 제공한다. 학생들은 학교 실습실에서 재료, 과정, 생산품에 대한 기초 경험을 맛보게 할 수도 있다. 그러나 학교의 실습실은 직업 세계를 축소한 것이고, 원시적이고, 단편적이고, 모형이므로 왜곡의 가능성이 있다. 실제 섬유 공장이라면 학생들은 섬유 자료실에서 섬유, 염료, 방적 및 직조 기계, 여러 가지 종류의 섬유 등에 대한 꽤 정확한 지식을 얻을 것이다. 그러나 학교의 실습실은 기계나 설비를 갖춘 섬유 공장과는 다르다. 실제 섬유 공장은 염색 염료 및 시설, 수많은 회전 기계 및 기계 직기, 바쁜 생산 소음 등으로 가득하다. 만약 학생들이 학교 실습실에서 제공하는 빈약한 상상만을 가지고 책을 읽는다면, 그들의 사회 준비성은 빈약할 수밖에 없다. 그래서 학교에서 왜 영화를 많이 보여 주는지 알게 된다. 영화로 실세계에서 일어나는 구체적인 과정, 상태를 눈으로 보라는 것이다.

만약 학생들이 부분적으로나마 책임을 가지고 참여한다면, 관찰은 더 구체적일 것이다. 영화에서처럼 눈으로 보는 것만으로는 학생에게 책임, 가치, 관계와 같은 것을 제공할 수 없다. 그래서 학생이 농장이나 상점에서 일하는 것은 단순히 이런 장소를 방문하는 것보다 더 중요한 의미를 가진다. 학급별로, 그룹별로 방문해서 관찰하는 것은 짧은 시간 동안 가치 있고 감각적인 이해나 상상력을 제공할 수 있다. 그럼에도 불구하고 우리는 관찰이 지닌 한계도 알아야 한다. 그래서 가능한 한 직업에 실제로 참여해서 노동을 해 보아야 한다. 교육에서 요구하는 것은 간단명료하다. 학교에서 하기 어려운 활동을 할 때 행정이나 관리의 어려움이 있다. 현재 시간제로라도 직업 세계에 참여하는 학교 교육은 직업 전문 학교들에 한정되어 있다. 우리는 조만간 일반 학교에서도 이런 활동을 목격할 수 있기를 기대한다. 가정에서 하는 일을 학교가 인정해 주거나 학교 외부에서 하는 활동을 권장하는 모습에서도 징후들이 나타나고 있다.

직업 세계에서 만들어 내는 생산품을 연구하는 것도 관찰의 한 종류다. 어떤 직업에서는 사람들의 요구를 충족시키는 물건을 살피기도 한다. 모든 직업 분야는 자유롭게 재료를 선택하고, 생산을 거쳐서 물건을 만든다. 따라서 사람들은 일반적으로 제품에 사용한 재료, 생산 과정, 생산품들을 세세하게 알 필요는 없지만, **소비자로서 좋은 물건을 평가할 줄 아는 능력은 필요하다.** 학교에서 학생을 가르칠 때 가구, 가전, 도구, 의류, 커튼 등을 만드는 데 필요한 수많은 기술이 필요한 것은 아니다. 학생들에게 실습실 교육을 하는 것은 이처럼 소비자로서 물건을 판단하는 능력을 갖추도록 하는 데 유용하기 때문이다. 그래서 학교 실습실에서 경험하는 물건을 너무 제한해서, 그들이 시장에 나오는 물건들을 충분히 판단하지 못할 정도로 그것이 원시적이거나 모자라서는 안 될 것이다. 물건을 볼 줄 아는 방법은 수없이 많다.

따라서 전체 학교 교육 프로그램은 학생들이 직업 세계에서 나오는 제품을 체계적으로, 충분히 연구하도록 해야 한다. 의자를 만들기 위해서는 그들이 여러 가지 종류의 의자를 검토하고 논의해 보아야 한다. 그들은 비용, 디자인, 유용성, 제작 원리 등을 조망할 수 있어야 한다. 예를 들어 커튼의 경우, 학생들은 일반적인 원칙에 준해서 여러 가지 종류의 커튼을 관찰하면서 자신의 판단을 수정하거나 완성할 수 있다.

이렇게 하는 데는 한계가 있지만, 학생은 물건들을 계속 만들어 보아야 하고, 여러 종류의 물건의 우수성과 결함을 판단해 보아야 한다. 우리는 여기서 이전에는 학교에서 일을 할 필요가 없었지만 지금은 일을 하는 것 외에는 다른 적절한 방법이 없다는 것을 알게 된다.

교육에 대한 평가는 시간이 많이 지난 후에야 가능하다. 우리는 재료, 품질, 가격을 이해하지 못한 사람들이 자신의 이익을 위해서 우리를 기만하고 있다는 것을 충분히 알고 있다. **직업 세계의 비효율성은 물건을 생산하는 사람들이 극복해야 하는 것이며, 소비자의 판단으로 극복해야 하는 것이다.**

그러나 직업 세계에서 생산한 제품들을 전시하는 데 드는 많은 비용을 어떻게 학교가 감당할 수 있겠는가? 더구나 그것들을 어디에 보관할 것인가? 금지 물품들은 어떻게 해야 하는가? 부패하기 쉬운 것은 어떻게 관리해야 하는가? 계속 변화하는 것을 지금의 것과 어떻게 조정할 것인가? 전시하자마자 무용지물이 되는 것이 얼마나 많은가? 오래되고 비싼 물건들은 어떻게 할 것인가?

지금까지 우리는 이런 질문들만 하다가 교육을 포기해 왔다. 즉, 교육에 필요한 모든 것을 학교 공장에서 조달해야 한다고 전제했던 것이다. 사실 물건들은 효율적·경제적으로 관찰될 수 있는 곳에서 관찰되어야 한다. 이런 곳으로는 지역사회의 제품을 만드는 곳, 유통하는 곳, 저장하는 곳, 판매하기 위해 전시해 놓은 곳, 집이나 길, 가게 등이 있다. 지역사회에서는 이런 것들을 계속 전시해 놓고 있다. 학생들은 이처럼 제품을 효율적·경제적으로 관찰할 수 있는 자연스러운 환경에서 자연스러운 관계들을 관찰할 수 있어야 한다.

독서하기

/

전 세계 모든 나라에 여러 직업들이 있다. 이러한 직업들을 경험할 수 있는 방법은 책을 읽는 것이다. 주로 인물이 등장하는 이야기책을 읽어야 한다. 특정 직업에 대해 관심이 있어서 책을 읽는 것은 시공간의 한계를 극복하고, 어떤 사람의 직업에 그림자처럼 참여하면서 독자로서 직업 세계에 대한 상상력을 키우는 것이다. 이렇게 지적·정서적으로 공감하는 경험을 의도적으로 해 보는 것은 실제로 관찰하는 것과 크게 다르지 않다. 예를 들어, 누군가 『소년과 바다Captains Courageous』를 읽는다고 하자. 이 책을 읽는 동안, 그의 의식은 물고기가 되어 뉴펀들랜드의 어부에게 가게 될 것이다. 『벌목자The Lumberman』를 읽는 사람은 초기 미시건의 황야로 이동해서, 강을 따라 벌목을 하는 벌목꾼이 되는 상상을 할 것이다. 이 사람은 미국의 식민지 시대부터 현재까지의 교통의 역사를 읽을 것이다. 어떤 사람은 이 시간 동안 초기 이민자가 되어 그들의 짐을 원시적인 방법으로 옮기며 여행을 할 것이다. 나중에는 로버트 풀턴이 되어 강을 탐색하면서 증기를 이용하게 될 것이다. 또 육로에 증기를 이용하는 실험에도 참여할 것이다. 이렇게 책을 통한 가상 체험이 구체적이고 생생하고 충분하다면 역사를 재구성할 수 있을 것이다. 그리고 여러 나라에서 초기부터 지금까지 일어난 사건에 참여하게 될 것이다. 이야기를 통해서 누군가가 실제로 한 경험을 알아보는 것은 직접 관찰을 통해 아는 것보다 그 반경이 더 넓다.

책에는 역사, 지리, 문학, 생물학, 여행, 현재의 사건, 발명품 등에 관한 다양한 이야기가 있다.

역사책을 읽는 것은 매우 중요하다. 역사책을 통해서 얻는 지식도 지금의 직업에 대한 지식을 넓혀 준다. 역사는 현재의 본질을 보여 주는 가장 좋은 방법이다. 역사는 그것이 만들어지는 데 영향을 미친 것들을 보여 줌으로써 상황의 구성 요소들을 드러낸다. 예를 들어, 지금의 철도가 만들어지는 데 영향을 미친 예전의 것들에 대한 광범위한 이해 없이, 지금의 철도 상황을 이해하기는 어렵다. 철강 산업, 목재 산업, 자본과 노동의 관계, 노동조합의 성장 등도 마찬가지다. 역사는 사실을 보여줄 뿐만 아니라, 현재에 동화될 수 있는 방법을 보여 준다. 누군가는 책에 나오는 인간의 노동에 대해 공감을 하게 된다. 그런 가상 참여imaginative participation는 실제 참여real participation보다 많은 것을 담아내기도 하고, 통상 생각하는 것보다 더 본질적인 고민을 하도록 한다.

공교육은 이 장에서 다루고 있는 이런 교육을 거의 의식하지 못해 왔는데, 이는 놀랄 일도 아니다. 학교에서는 역사 교육을 직업 세계의 본질과 성장을 보여 주는 방식으로 하지 않았다. 역사 교과서는 너무 단편적이고 일반적이고 모호하며, 저자들의 목적과 의도를 언급하지 않는다. 예를 들어, 초등학교에서 널리 사용하는 미국 역사 교과서 12개, 고등학교 역사 교과서 8개를 보면, 직업 관련 주제를 다룬 지면의 수가 너무 적다. 〈표 10-2〉에는 해당 지면 수가 제시되어 있다.

누군가 직업 관련 주제를 다룬 평균 지면 수가 충분하다고 생각한다면, 그는 일에 대한 교육을 너무 가볍게 생각하는 것이다. 그 사람에게 유명한 은행 및 은행원 목록(5쪽 분량)을 보여 주고, 미국 은행의

〈표 10-2〉 역사 교과서에서 직업을 다루고 있는 지면의 양

구분	초등학교	고등학교
발명	5.3	3.3
관세 및 자유무역	3.7	8.9
철도	2.7	5.2
운하	2.5	2.7
제조업	2.5	2.0
외국 상업	2.3	1.6
광산	2.3	0.5
은행 및 금융	2.0	4.8
자본과 노동의 관계	1.8	4.1
농업	1.4	1.6
도로 및 수송	1.2	0.7
전신	1.1	0.3
국내 상거래	1.0	2.4
노동조합	0.6	1.9
저축 은행	0.6	0.2
신문과 잡지	0.5	0.7
우편 서비스	0.5	1.6
어부	0.4	0.4
전화	0.4	0.2
임금	0.2	1.0
특허 및 저작권	0	0
아동 노동	0	0.3
산업에서의 여성	0	0.2
실업	0	3.0
생활비	0	0.2

성장을 그림으로 나타내 보라고 해 보자. 그리고 어떤 판단을 하라고 요구해 보자. 이와 비슷하게 누군가에게 철도의 발달과 철도 세계의 저명한 지도자에 관한 3~5쪽 분량의 자료를 보여 주고, 그에게 철도 노동조합의 현재 발달을 설명하도록 요구해 보자. 어떤 대답이 나올지 상상할 수 있을 것이다.

직업 관련 주제를 매우 명확하고 충분하게 다루도록 지면을 더 할당해야 한다고 요구할 수도 있다. 예를 들어, 철도 상황은 짧게는 200쪽 또는 300쪽에 걸쳐 서술하는 것도 쉽지 않다. 이것은 철도의 발달을 구체적으로 생생하게 회상하도록 해야 하기 때문이다. 초기 철도의 발명과 실험에서 시작하여 현재의 시스템에 이르기까지 철도의 확장을 추적해야 한다. 이런 이야기에서는 철도원의 경험을 충분히 표현해 줘야 하는데, 이처럼 이야기에 '인물'이 주로 등장할 때 독자는 간접 경험을 할 수 있다. 동시에 철도가 사회에 미친 영향, 다른 지역에 제공하는 서비스의 종류와 양, 조직 방법, 자금, 관리 감독, 임금, 작업 조건 등의 기본적인 관계도 보여 주어야 한다. 이 이야기를 통해 독자가 국가의 서비스를 이해할 수 있도록 하기 위해 철도가 어떻게 개척되었는지, 어떻게 문명의 문을 열었는지, 어떻게 지구촌 구석구석에 문명을 가져다주었는지, 어떻게 고립지역을 없앴는지, 어떻게 국가의 복지를 향상시켰는지를 서술해야 한다. 그 이야기가 너무 생생하고 공감적이어서 독자가 진심으로 그 줄거리에 빠져들 수 있도록 해야 한다. 이런 이야기는 기억보다는 삶을 통해 얻을 수 있는 상황 정보들을 제공한다.

여러 직업이 세계 곳곳 나라 곳곳에 존재한다. 누군가의 관심으로 그가 자신의 분야에 영향을 미치면 세계는 상호 의존적이어서 전 세계의 산업에 영향을 미친다. 예를 들어, 밀 가격은 그 지역의 밀 생산량에 의해서가 아니라 밀과 관련된 세계적인 상황에 의해 결정된다. 그것을 정확하게 이해하기 위해서는 밀에 대한 지리학적인 이해를 가능하게 하는, 해마다 변하는 장을 읽어야 한다. 다른 중요한 직업들도 이와 마찬가지로 관련 내용들을 읽는 것이 필요하다. 최근 책들은 이런 목적을 위한 훌륭한 자료를 제공하고 있다.

지면의 한계로 이 책에서는 문학, 여행, 역사, 현재 사건, 대중적 기술, 발명품 등이 제공하는 직업에 대한 설명은 다루지 않는다. 그러나 직업 교육을 위한 교육과정은 풍부하다.

일반화하기

/

앞에서 우리는 구체적인 경험을 강조했다. 이런 구체적인 경험은 토론, 문제 해결, 추상화, 관계, 일반화를 위한 소재들이다. 상점, 바느질실, 부엌, 정원에서 일을 하는 것은 디자인에 대한 일반적 이해, 물리과학, 생명과학, 수학, 경제 관계 등을 이해하는 데 필요한 소재다. 역사, 지리학, 여행, 현재 사건 등은 시대가 다르고 공간이 다른 곳에서 일어나는 일들을 단순하고 구체적으로 설명하는 데 그치지는 않을 것이다. 이런 경험은 일반화를 위한 준비가 된다. 학생들은 인간 생활에 작용하는 거대한 영향력을—어떻게 인간의 복지를 향상시키는지, 어떻게 다른 이들을 금지하고 파괴하는지, 그러한 영향들이 어

떻게 인간의 선함을 통제해 왔는지—이해하게 된다. 이런 것들은 모
두 사회적 관리 감독을 효율적으로 발달시키는 데 요구되는 사회·경
제적 원리를 이해하도록 해 준다.

The Curriculm

3부
—

시민 교육

—

11장 좋은 시민이란

12장 대집단 의식의 계발

13장 도덕 및 종교 교육

11장

좋은 시민이란

좋은 시민good citizen의 본질을 밝혀야 시민의식citizenship을 교육할 수 있다. 교육의 과제는 그런 시민성을 개발하는 것이다. 의사를 양성하는 교육에서 '처방'을 대략적이고 모호하게 정의할 수 없듯이, '좋은 시민' 교육의 목적을 모호하게 일반적으로 정의할 수 없다.

시민이 해야 할 역할이 있다. 우리는 그 역할을 수행하는 능력을 개발해야 한다. 먼저, 우리는 그 역할이 어떤 것인지를 알아야 한다. 시민은 어떤 사회적 태도, 가치, 판단 기준을 가져야 하는데, 우리가 이들을 정확하게 정의하지 않으면 그것을 효율적으로 가르칠 수 없다. 시민은 지식을 가져야 한다. 그러나 우리는 무엇을, 얼마나, 어떻게에

초점을 두기 전에, 시민이 이 지식을 어떻게 그리고 어디에 사용하는지를 알아야 한다.

목표를 명확히 해야 하는 건 당연하다. 그러나 교육학 분야에서 교육의 기초가 될 목록을 완비하는 데는 오랜 시간이 걸릴 것이다. 그 이유는 좋은 시민의 특성이나 시민으로서의 사고와 행동 방식을 합의하기가 어렵기 때문이다. 시민 교육을 당연히 해야 한다는 것에 대해서는 동의하지만, 구체적인 합의를 하기는 쉽지 않다.

원시사회에서
좋은 시민

우리가 좋은 시민의 본질을 이해하려면, 사회가 오늘날처럼 복잡하고 미묘해지기 이전에 조상들이 살았던 소규모 원시 부족 시대 상황으로 돌아가서 생각해 볼 필요가 있다. 초창기 인류는 수많은 소규모의 부족이었다. 이웃하는 부족끼리도 교류가 거의 없었다. 식량과 생필품이 심각하게 부족했고, 부족을 확장하려고 했기 때문에, 대부분의 부족은 이웃 부족에 대해 호전적이었다. 따라서 항상 전쟁 중이거나 휴전 중인 상태였다.

부족을 유지하기 위해서는 상당한 사회적 결속이 요구되었다. 자연의 가혹함 그리고 적들과의 잦은 전쟁에서 살아남으려면 부족민들은 서로 협력해야만 했다. 사람들은 같은 부족 사람들을 공정하고 정직하게 대해야 했고, 도움을 필요로 하는 부족 사람들을 도와주어야 했다. 부족에 충성해야 했고, 부족장의 권위에 복종해야 했다. 부족 안에서는 반사회적인 일을 삼가해야 했고, 부족 전체의 복지 증진에 노력해야 했다. 이런 결속력이 약한 부족은 결속력이 더 강한 이웃 부족에 복속되거나 멸망했다. 그래서 부족 내의 집단 결속력과 사회적 덕목이 절대적이었고 이는 생존을 위한 본능이 되었다. 집단 결속력은 성격상 사회적 서비스의 원형이다.

다른 한편으로 이렇게 혹독한 조건에서 부족이 살아남기 위해서 부족 사람들 개개인은 모두 적과의 전쟁을 항상 준비하고 있어야 했다. 따라서 이방인을 대하는 태도는 반사회적, 적대적, 파괴적이었다. 그들은 이방인을 기만하고, 속이고, 배반하고, 공격해야 했다. 이방인의 재산을 약탈하고, 그들을 노예로 삼거나, 그 부족을 무너뜨려야 했다. 이방인을 대하는 반사회적인 태도는 부족 사람들에게는 사회적인 태도였다. 싸우지 않은 부족은 멸망했고, 뿔뿔이 흩어졌으며, 복속되었다. 이처럼 적에게 대항하는 것은 중요했고, 싸우는 것은 인간의 본능이 되었다. 이런 식으로 적에 대한 반사회적 태도와 행동이 형성되었고, 적에게 적대적인 것이 그 성격상 자기 부족을 위해서는 사회적 서비스였다.

원시인은 자신과 타인과의 관계에서 이 같은 이중적인 행동, 태도, 덕목을 갖게 되었다. 좋은 시민이란 자기 부족 사람들에게는 사회적으로 대하고, 다른 부족 사람들에게는 반사회적으로 대하는 것을 의미했다. 반면, 나쁜 시민은 자기 부족 사람들에게는 호전적이고, 다른 부족 사람들에게는 친절한 사람이었다.

〈표 11-1〉 원시 부족사회에서 좋은 시민의 덕목

자기 집단에 대한 덕목	다른 집단에 대한 덕목
상호 협조, 사회 서비스	해치기, 파괴
공정하게 대하기	부당하게 대하기, 배반하기
신뢰, 정직	속임수, 기만
충성, 복종	호전적, 반대
겸손, 겸허	오만함
집단에 대한 복종	저항, 협상 거절
공손	무례
자기절제	참을 필요 없음
친절함, 자비	무자비

　이는 서로에게 상반되는 덕목들이다. 원시 부족사회에서 좋은 시민의 덕목은 두 가지로 비춰졌고, 상대에 따라 다르게 비춰졌다. 부족 사람이 한 행위는 반대쪽에서는 적절치 못한 것이었다. 그래서 상대에 따라 유죄가 되기도 하고 무죄가 되기도 하였다. 자기 집단 사람들에게 반사회적 태도를 취하는 것은 대상을 잘못 선택한 것이기 때문에 범죄가 되었다. 이러한 태도는 다른 집단의 사람들에게는 사회적 덕목이 되는데, 이는 적에게 도움 되는 것이므로 자신의 부족사회에서는 반역죄 같은 중죄를 저지르는 것이 되었다. 다른 부족의 사람들에게 한 행위가 도덕적인가 그렇지 않은가는 행위 자체의 성격이 아닌 대상에 따라 달랐다. 예를 들어, 당시에는 여아를 살해하는 것이 사회적으로 허용되었지만, 자기 부족의 사람을 죽이는 것은 범죄였다. 인간의 행위 자체는 도덕적인 것으로도, 비도덕적인 것으로도 볼 수 있다. 선과 악은 행위 자체의 문제가 아니라, 그 행위가 그 사회에

서 적절한가 여부에 달려 있다. 즉, 선과 악은 상대적인 것이지 절대
적인 것이 아니었다.

현대사회에서
좋은 시민
/

　원시시대에는 오랜 시간 계속된 부족 간 전쟁으로 약한 부족이 사
라지면서 부족 수 자체는 줄었지만, 더 강한 부족의 인구와 그들의 땅
은 넓어졌다. 강한 부족이 약한 부족을 복속시키거나 멸망시켜서 세
계적으로 40~50개의 독립국가로 살아남게 되었다. 그러나 집단은
커졌지만, 사회적 태도에 대한 이중적인 잣대는 없어지지 않았다. 이
런 이중적인 잣대는 각 나라가 독립국가로 존재하는 한 완전히 없어
지지 않을 것이다. 나라가 커져도 원시시대만큼이나 내적 결속이 필
요하고, 사회적인 덕목이 여전히 존재한다. 이방인으로 여기는 다른
나라 사람들에게는 반사회적으로 대할 것을 요구하기도 한다. 예전
의 부족과 마찬가지로 국가들 사이에 적대감이 존재하지만 그것이 항
상 표면으로 드러나는 것은 아니다. 현대의 전쟁은 돈이 많이 들고 더
파괴적이기 때문에 대부분의 국가는 긴 휴전 상태에 있다.
　다른 집단에 대한 호전성은 잠재되어 있기에 약간의 선동에도 쉽
게 드러난다. 그래서 문명사회에서도 전쟁의 불씨는 여전히 존재한
다. 독립국가들은 여전히 하나의 기준으로 두 가지 상반된 행위로 보
고 있고, 그것이 정당하고 합법적이고 도덕적이라고 본다. 국제화 시

대에도 여전히 집단 안에서 적용하는 기준과 집단 밖에서 적용되는 기준이 작동하고 있고, 소속감이 존재하는 한 반사회적 태도는 존재하기 마련이다. 다른 나라 국민을 살해하는 것은 도덕의 문제이지 범죄는 아니다. 비난할 것이 아닌 문제나 명예의 문제로 비치기도 한다. 현재 국가는 가장 높은 비용을 들여 체제를 갖춘, 세상에서 가장 큰 규모의 가장 완벽한 조직이다.

국가는 반사회적 태도를 합법화해 왔다. 국가는 법, 전통, 대중의 의견, 군사 기술, 조직, 교육, 무기 그리고 타 국가를 멸망시키기 위한 기기들을 개발해 왔다. 또한 신문, 학교, 교회, 공적인 성명을 통해서 모든 국민이 반사회적인 일에 의무감을 느끼고, 그 힘과 가능성을 온전히 의식하도록 해 왔다.

국가의 입장에서 좋은 시민이란 필요할 때 즉시 다른 나라와 싸울 준비가 되어 있고 또 기꺼이 싸우는 사람 그리고 자국민을 위해서 피를 흘릴 수 있는 사람이다. 또한 호전적인 타국에 대해 단호하게 등을 돌릴 수 있는 생각과 감정을 가지고 행동하는 사람이다.

우리에게 살인과 파괴는 사회 서비스의 불가피한 한 부분이며, 따라서 이를 좋은 시민으로 보는 상황에 반대할 수도 없다. 그러나 이런 상황은 우리가 원하는 사회일 수도 있고 그렇지 않은 사회일 수도 있다. 세상은 여전히 순진하고 순수하다. 문명화는 아직도 멀었다. 납득하기 힘든 형태의 이런 사회 서비스를 외면할 수도 회피할 수도 없다. 하지만 우리는 국가의 존속과 복지를 유지하는 데 이익이 되는 이런 형태의 사회 서비스가 더 이상 필요하지 않도록 교육해야 한다.

우리가 말하는 애국심은 좋은 시민의 특성 중 하나다. 그러나 현재와 같은 분열된 상태에서 애국심은 두 가지 종류인데, 둘 다 국가의 복지를 위해 필수적이지만 둘은 서로 판이하다. 여기서는 둘 중 이방인과의 관계 형성에 주목하겠다. 타 국민을 억압하거나, 다치게 하거나 또는 필요하다면 파괴하는 것은 자신의 국가 입장에서 하는 행위다. 그것은 반사회적 정신을 각성시킨다. 또한 그것은 인류가 서로 떨어져서 살아가는 한 존재할 수밖에 없는 마음 상태이며, 이런 사회에서 자연스러운 마음상태다.

그러나 우리가 고려해 볼 만한 다른 측면을 한번 살펴보자. 국가는 외부와의 관계를 위해서 세계를 분할하는 것을 합법화할 뿐만 아니라, 한편으로는 인류가 협력할 수 있는 열망을 가지고 좀더 안정적인 국가를 만들어야 한다. 국가의 복지를 증진하기 위해, 선진국이 되면 될수록 인도주의 국가를 추구해야 한다(비록 이방인의 피로 만들었더라도). 국가는 학교와 교회를 건립하고, 국가라는 틀 내에서 지성과 선 의지를 추구한다. 병자들을 위해 병원을 짓고, 약자를 정부 차원에서 체계적으로 보호하고, 노인과 장애인을 위한 연금을 제공하고, 부상을 입은 노동자에게 보상을 하고, 아동과 여자를 착취로부터 보호하고, 8시간의 노동시간을 지키는 법을 만들고, 집과 직장에서는 위생을 강화하는 복지를 추구한다. 그리고 국가는 공업, 상업, 교통, 광업, 농업, 전문직 등이 제공하는 사회 서비스를 여러 가지 방식으로 진흥시켜 왔다. 이런 식으로 사회 서비스가 성장해 왔다. 그리고 언론, 학교, 교회는 부지런히 사람들이 내부의 사회화, 즉 사회의식에 민감해지도록 노력해 왔다.

이것은 다른 유형의 애국심(집단에 기여하고자 하는 정신)을 불러온

다. 그것은 국가가 보편적 복지에 최대한 기여함으로써 국가에 공헌
하도록 하는 것이다. 또한 적을 미워하는 대신에 국민을 사랑하게 하
는 것이다. 지금까지 이런 유형의 애국심을 명확하게 인지하지 못했
기 때문에 좀 더 강조할 필요가 있다. 이런 애국심은 다른 것과 함께
작동한다. 그러나 애국심은 다른 사람들에게는 반사회적이다. 이방
인에게 반사회적인 행위는 국가를 위해서 자신을 희생하고, 목숨까지
바치는 것이다. 왜 자신을 희생하는 것이 동등하지 못한가? 왜 국가
를 위한다는 가치가 동일하지 않는가? 시민 교육civic training은 애국심
에 대한 우리의 생각을 완성시키는 것이다. 그리고 시민 교육도 애국
심도 둘 다 필요하다면 둘 다 발전시켜야 한다.

기능 구분
/

국가는 영토를 넓힘에 따라 기능을 기준으로 상업, 제조업, 농업,
종교, 정치, 전문직 등 더 작은 집단을 구분하여 나눈다. 가장 작은 규
모의 집단이 개인이다.

소집단의 기능이 출현함으로써 자연스럽게 그리고 필연적으로 두
가지의 사회적인 행위 기준이 나타났다. 우리는 본능적으로 앞뒤 생
각 없이, 자기가 속한 사회집단(정당, 교회, 상업적 조직, 압력단체, 협
회, 클럽, 조합, 고용주 협회, 학교, 대학 등)의 일원으로서 사회적인 태
도를 취한다. 이런 방식으로 우리는 특별한 숙고 없이도 자신이 속한
집단 밖의 또는 경쟁적인 집단(반대 정당, 경쟁 관계에 있는 대학, 근접

한 고용주 협회 또는 파업 중인 노조 등)에 속한 사람들에 대해서는 자신이 속한 집단 사람들을 대하는 것과는 다른 태도를 취한다.

개인은 여러 집단에 중복 소속되어 있고, 이런 집단 모두를 포함하는 도시, 지역, 국가에 소속되어 있다. 그는 각 집단에 대한 소속감을 가지고 있다. 이렇게 여러 집단에 소속해서 활동하면 반사회적 태도를 부분적으로 억제할 수 있는 경향이 있다. 우리는 소집단에 대한 소속감이 강해질수록, 두 가지 행위 기준을 적용하며, 두 기준을 모두 동일하게 보려는 경향성을 도덕적이라고 한다는 점에 주목해야 한다. 인류는 시작할 때부터 이런 생각을 해 왔다. 둘 다 본능적이고, 본능 뒤에는 강력한 전통이 있다. 결국 한편으로는 친구를 대할 때, 다른 한편으로는 외부인을 대할 때, 이 둘 다 똑같이 옳으며 필요하다고 간주하는 것을 고려하게 되었다.

노동조합을 예로 들어 보자. 조합원은 모두 서로 돕는다. 그들은 고용 안정, 자리 존속, 근로 시간, 월급, 공장 보호, 위생 조건 등에 대해 서로 돕는다. 병가 또는 해고 시, 필요한 지원을 한다. 조합원 간에는 양의 탈을 쓴 늑대의 경우를 제외하고는 전반적으로 공정하게 거래하고, 정직하고, 신뢰와 충성, 복종, 조합의 안녕에 필요한 규칙을 지킨다. 사람이 거칠고 무지할 수 있지만, 사회적인 덕목들도 모든 계층의 사람들에게 확산된다. 그러나 외부 집단에게는 엄격하고, 적대적인 고용주와의 관계에서는 반사회적으로 행동한다. 복지에 긍정적일 때만 가끔 휴전하는데, 이것이 평화는 아니다. 조합이 노동 조합원을 넘어서 고용주에게 기회를 제공할 때 조합원들은 결속한다. 그들은 조합의 잘못된 경영이나 연장 근무에 대해 '대항'한다. 그러나 갈등이 있을 때는 외부 집단에 대한 태도가 명확해진다. 조합은 종종 고용주가 소유한 기계나 물품을 파괴하거나 망가뜨린다. 노조 파업은 대부분 실제로 무기를 든 전쟁이다. 그들은 자신들의 요구를 들어줄 때까지 일하지 않고, 다른 사람들도 일하지 못하게 한다. 설득이 통하지 않을 때는 강제한다. 조합은 두 계급 간의 전쟁이라는 말로 무력 행사를 정당화한다. 그들은 전쟁이라는 말을 비유로 쓰는 것이 아니다. 이는 인류가 오랫동안 지켜온 외부 집단에 대한 행위 기준으로부터 생성된 집단 투쟁이다. 그것은 모든 종류의 전쟁을 정당화하는 것과 동일하다. 만약 전쟁 중인 이런 상황에서 두 가지 상반적인 행위 기준을 고려해야하는 시민성을 이해하기는 힘들 것이다. 인간은 소집단으로 나뉘어 서로 대립하면서부터 항상 이렇게 행동해 왔다. 사회는 구분되어 있는데, 두 가지 기준 중 하나를 없애는 것은 사회를 파괴하거나 훼손한다. 사람들이 외부 집단에 대한 태도를 제거하고 싶어도, 분화된 사회는 이를 허용하지 않는다.

이는 사람이 악해서가 아니다. 분화된 산업 구조때문이다. 인간이 천성적으로 악하고 파괴를 즐기기 때문에 파괴적이라고 말하는 것은 맞지 않다. 사람들은 대개 자신을 비난하는 사람에게 더 거친데, 그것은 그들이 교육을 받지 않아서이지, 정직하지 않아서나 진실하지 않아서가 아니다. 사회분화가 비도덕적이라고도 하기 힘들다. 사람들은 적에게 적용하던 동일한 기준을 사용하고 있다. 싸우기 위해서는 최소한 둘이 필요하다. 그리고 이 싸움이 한쪽에게 악이라면, 다른 쪽에게는 선이라는 것을 기억해야 한다. 노동조합의 투쟁은 고용주에 대한 불굴의 저항이다.

이 예시를 반대로 생각해 보자. 고용주도 사회적 윤리에 대해 두 개의 기준을 적용하고 있다. 그들도 똑같이 가혹하고 야만적인 방식으로 이 기준을 따르며 살고 있다. 그들은 서로에게 최선을 다해서 사회적 덕목을 드러내고 있다. 그들은 집단의 복지 향상을 계획하고, 해를 끼치는 것에 대해서는 저항한다. 그들은 서로 조언을 하며, 각자의 방식으로 기회를 마련한다. 또한 사용 가능한 정보를 전달한다. 그들은 외부인에게 허락하는 것보다 더 자애롭게 서로에 대한 믿음을 쌓아간다. 가격을 정하고, 경쟁을 제거하고, '신사적으로' 무역 협조를 하고, 서로에게 영향을 미친다. 사실 서비스 영역에서는 사회적 기준을 지속적이고 집요하게 고수한다. 그리고 비즈니스 영역에서는 흔들리지 않고, 모든 의혹으로부터 자유롭고, 신뢰할 수 있는 정직을 원할 때 책임감 있는 지도자를 찾곤 한다. 그러나 이것은 이중 윤리 체계의 한 측면만을 의미한다. 이에 맞서는 집단이 노동자와 소비자 단체다. 적대적인 집단(그들이 적대적이라고 인식한다는 점에서)에게 반사회적인 기준이 강해지고, 그런 식으로 행동한다. 최근까지도 그들이 얼마나 노동자들에게 상처를 주고 그들을 파괴했는지에 대해 신경을 거의 쓰지 않았다. 그들은 노동자들의 요구가 있을 때까지 보호 장비를 갖추거나 공장을 위생적으로 관리하지 않았다. 노동 시간을 감축하지 않았고, 노동시간이 노동자에게 어떤 영향을 주는지를 고려하지 않은 채 12시간에서 16시간까지 일을 시켰다. 또한 자본의 환원, 가격, 생산 비용, 이익 등에 대해 거짓말을 해 왔으며, 다른 방식으로 자신들의 권리를 지키려고 했고, 반대하는 노동자들을 막을 방법을 찾았다. 노동 운동을 하는, 특히 강하게 투쟁하는 사람들을 해고시키기 위해서 블랙리스트를 작성해 왔다. 고용주는 자신에게 적용하는 사회적 기준과는 다른 기준을 노동자에게 적용하고 있는 것이다. 이런 집단 간 대립이 존재하는 곳에서 두 가지 기준은 필연적이다. 우리가 지금까지 노동 복지를 반사회적이라고 인식해 온 것은 두 가지 윤리적 기준을 적용하는 것임을 직시해야 한다. 사회 분화의 측면에서 보면 그것은 본능적인 것이다.

관리자 집단에게 현재 상황에서 그들이 하고 있는 일을 그만두도록 하고, 반대편에 있는 노동자와 소비자 집단의 요구를 들어주라고 해 보라. 이렇게 하는 것은 그들에게 경제적으로 자살을 하라는 것밖에 안 된다. 단지 노동일 뿐인 '거대 사업'은 잔인하고 죄악이 된다. 사실 우리 사회의 문제인 '거대한 부'의 문제는 사회분화의 결과가 아니다. 그것은 분화 자체의 문제다.

이런 예는 소집단의 수만큼이나 많다. 부패한 정치를 예로 들어 보자. 이런 회색 늑대 집단에는 어마어마한 사회적 결속이 존재한다. 모든 곳에 존재하는 사회적 덕목을 찾을 수 있다. 그들은 수장에게 충성한다. 집단 내에서는 서로의 일, 정치 관련 일, 정치적 약속, 공금 사용 등을 위해 서로서로 돕는다. 이 집단을 계속적으로 지원하고 끊임없이 친절한 사람은 지도자에게 칭찬을 들을 것이다. 이런 행동을 하면서 다른 집단의 복지에 얼마나 손상을 주었는가는 문제 삼지 않는다. 그들은 외부인이며, 따라서 그런 행동은 합법적이다.

대집단의 존재와 관계를 거부하면서 사회적인 시각과 의식이 소집단에 한정되어 있는 사람은 두 가지 행위 기준을 그대로 고수할 것이다. 그는 친구에게는 좋을지 모르지만, 바람직한 시민은 못 된다.

사회적인 시각과 의식이 확장되면서 대집단에 대한 소속감을 갖게 됨에 따라, 반사회적 태도와 기준은 옅어지고 사라지는 경향이 있다. 이런 것이 현대사회의 좋은 시민의 자질이다.

이런 생각의 연장선에서 비즈니스 집단, 정당, 기독교 조직, 의료와 돌봄 집단 사이의 대립에 주목해 보자. 각 집단은 자기 집단과 외부 집단에 대해 이중의 윤리체계를 가지고 있다. 이중적인 윤리체계 때문에 시민 교육이 필요하다. 시민 교육을 통해서 우리는 소집단적 태도와 전통이 오랫동안 제도화되어 왔다는 것을 알아야 한다. 만약 시민 교육이 활성화되면, 학생들은 실제를 통해서 경험할 필요가 있다. 하지만 이런 교육이 쉽지 않다는 것은 분명하다. 소집단은 모두 다른 소집단과 대립하고 있고, 대집단도 마찬가지다. 소집단 간뿐만 아니라, 대집단 간의 투쟁도 집단만의 목적 추구도 거절하도록 하는 것이 윤리다. 이를 위해서는 교육이 필요하다. 그리고 교육을 성실히 하면서 외부 집단에게도 동일한 윤리를 적용해야 한다는 것을 이해시켜야 한다.

집단 간
상호 의존

이제 네 번째 단계의 이야기를 할 차례다. 국가와 역할별로 소집단을 구별하는 것은 집단 간 상호 의존성을 보려는 것이다. 새로운 그리고 더 상위의 집단 결속력을 설명하려는 것이다. 각 집단은 모두 서로 의존적이다. 분화된 집단 간 관계나 구성원 개인 간 관계는 동일하다. 이런 인식을 통해 집단에의 소속감은 집단 구성원 모두의 것이 되고, 외부 집단에 대한 적대감도 완화된다. 사람들은 시민으로서 행동을 받아들이고, 외부 집단에 적용한 기준을 없애면서, 좋은 시민이 될 수 있다. 이런 수준으로 사회가 발달하면 개인은 좋은 시민 의식을 부분적으로 성취한다. 이것도 여전히 힘들지만, 최근의 속도로 보아서 우리가 바라는 대로 사람들이 시민이 되는 것을 사회적 의무로 여길 수 있을 것 같다. 이 문제는 근본적으로 개인의 태도와 가치 문제이기 때문에 곧 교육의 문제다. 그리고 가장 시급한 문제(가장 어려운 문제)는 교육과정을 구축하는 일이다. 이 같은 집단 의식을 지속적으로 만들어서 유지할 수 있는 교육과정을 구축해야 할 것이다.

12장

대집단
의식의 계발

시민 교육은 대집단 의식을 계발하는 것이다. 만약 인간이 대집단에서의 사회관계를 이해하고 서로에 대해 그리고 사회 전체에 대해 알맞은 태도를 갖춘다면, 이는 자연히 적절한 행위로 이어질 것이다. 교육을 통해서 대집단 의식의 정서적 측면과 인지적 측면을 계발할 수 있다.

먼저 한 가지 물어보자. 사람들은 대집단이든 소집단이든 **소속감**을 어떻게 계발하는가? 유일한 방법은 **집단이 추구하는 목표를 달성하기 위해 노력하면서 집단의 일부가 되어 생각하고 느끼고 행동하는 것**이다. 사람은 공동의 목표, 관점, 판단을 위해서 **행동**할 때 집단 안에서 조화를 이룰 수 있다.

'애교심'이라고 부르는 집단 의식을 생각해 보자. 대학을 가지 않은 고등학생은 매일 뉴스에서 접하는 특정 대학교의 운동부 경기에 거의 관심을 갖지 않을 것이다. 그러나 그가 대학에 들어가서 이 경기에 참여하기 시작하면 상황은 달라진다. 자신이 속한 대학의 운동팀과 함께하며 대학 발전을 위해서 노력하면 할수록, 그에게는 관심과 소속감이 생기고, 대학의 발전에 헌신할 의지가 점점 더 강해진다. '애교심'은 **행위**의 결과물이다. 이러한 행위는 운동이라기보다는 공동의 목표를 위한 행동이다.

자신을 한 집단의 구성원이라고 인식하는 것만으로는 부족하다. 활동에 적극적으로 참여하지 않는 구성원은 집단에 대해서도 관조적이며 동화되지 않는다. 애교심은 이런 분위기에서는 계발되지도 않고 계발할 수도 없다. 교회나 정당 활동에서 수동적인 구성원은 집단이 추구하는 공동의 목표를 위한 어떤 일도 적극적으로 하지 않으며, 집단의 일원이라는 소속감도 덜 느낀다. 결합되지 않고 달궈지지 않은 차가운 쇠와 같다. 그는 집단으로부터 동떨어져 있거나 분리되어서 따로 있는 상태다. 사람은 행동함으로써 사회적인 삶을 살며, 행동을 통해서만 관계를 알아차릴 수 있다.

전쟁을 찬성하는 이유 중 하나는 구성원을 단결시키는 데 전쟁만한 것이 없기 때문이다. 전쟁은 가장 강렬하고 이런 감정을 최고조로 이끄는 집단 행동이다(본능과 가까운 것이다). 문명사회는 이런 전쟁을 대신할 만한 강력한 집단 행동을 찾아야 하는데, 이것이 국가의 결속력을 강화하는 것이며, 가장 효과적이고 지속적인 방법이다. 그 대

체물이 가진 힘이 꼭 전쟁만큼일 필요는 없다. 그 힘이 약해도, 지속
적인 행동으로 보완할 수 있기 때문이다.

언어를 통한
경험의 재구성
/

　사람들이 소속되어 있는 정치 집단은 정당, 국가 등이다. 개인적인
직업 또는 종교에도 소속되어 있다. 사람들은 자신이 속한 집단의 활
동에 모두 참여할 수는 없고 일부 활동에만 참여한다. 따라서 개인은
이런 시공간적 제한을 극복할 방법을 필요로 한다. 그래서 우리는 간
접적인 방법, 즉 보기나 읽기를 통한 간접 참여에 주목할 필요가 있
다.

　앞에서 든 예로 돌아가 보자. 대학생은 애교심을 발달시키기 위해
관찰 등을 통해 최소한으로만 참여할 수도 있다. 좀 동떨어지긴 해도,
학교 신문을 읽으면서 최근에 일어난 일에 참여할 수도 있다. 신문을
읽는 동안 그는 시공을 초월해서 읽는 그 순간만큼은 집단 구성원으
로 존재한다. 그는 집단 안에서 일어나는 일에 그림자처럼 참여한다.
그는 기대하고 희망하고 느끼고, 특히 그 일에 대해 누군가와 이야기
할 때 실제로 능동적이고 사회적이다. 이런 의미에서 그는 집단의 구
성원으로서의 태도, 가치, 결속력을 형성하게 된다.

　사실 대부분의 대학생은 대학에서 하는 활동에 실제로 잘 참여하지
않는다. 그들은 읽기나 대화를 통해서 소식을 접하곤 한다. 개인이 소

속되어 있는 국가, 정당, 종교의 경우에도 개인은 신문에 훨씬 더 의존한다. 다른 집단의 경우도 마찬가지다. 규모가 큰 집단에 참여하는 방식은 일반적으로 일부 작은 활동에 참여하는 것이다. 개인은 일부 활동에만 참여하기 때문에 읽기를 통해서 전체를 보고, 자신을 전체 집단의 일원으로 느낀다.

우리는 이런 생각에서 한발 더 나아가야 한다. 개인의 집단 활동 참여는 1%의 직접 참여와 99%의 간접 참여일 수도 있고, 때로는 100% 모두 간접 참여일 수도 있다. 예를 들어, 그리스와 페르시아 전쟁에 대한 이야기를 보자. 이는 지금의 언론이 정당, 교회, 국가의 일을 주관적으로 재구성함으로써 간접적으로 참여하는 것처럼, 밀티아데스 Miltiades와 레오니다스Leonidas의 군대가 전쟁을 한 경험을 재구성한다. 이런 식으로 우리도 활동에 참여할 수 있다. 언어를 통해서 먼 과거를 한 시간 전의 과거와 동일하게, 지구 반대편에서 일어난 일을 지척에서 일어난 일처럼 재구성할 수 있다.

언어는 사회적 안목을 갖도록 하는 자료다. 감각의 눈을 가지고, 사람들은 집단 행동을 지켜볼 수 있다. 그러나 언어는 모든 집단에게 터놓고 이야기하게 한다. 인간의 경험을 보고, 알고, 재생한다. 만약 모든 곳에서 일어나는 일을 기록만 한다면, 그 어떤 것이든 알 수 있다. 따라서 시민 교육은 읽기를 통해서 간접 경험의 기회를 주어야 한다.

대집단
의식 갖기

/

사람들은 어떻게 대집단 구성원으로 함께 행동할 수 있는가? 그리고 아동과 청소년이 이런 대집단 의식을 갖도록 어떻게 참여시킬 것인가?

이는 국가에서 시작해 보자. 왜냐하면 여러 측면에서 국가를 지방 혹은 지역보다 훨씬 단순화할 수 있기 때문이다. 몇 세대를 거치는 동안, 국가는 가문과는 다른 정체성을 형성했다. 정치적으로 존재하기 위해서 외국의 침략에 대항하고, 필요한 최소한의 결속력을 다져 왔다. 대부분의 국가가 그랬다. 그리고 지금의 국가는 사활을 걸고 몸부림치고 있다. 물질적으로 풍요롭기 위해서 국가는 세계 시장에서 다른 국가와 경쟁하고 있다. 국가 내부의 분리와 분열을 방지하기 위해서 주 정부 및 압력 집단에 대항하고, 국가 전체의 이익을 위해서 때로 내부의 작은 집단의 이익을 포기하도록 만든다. 경우에 따라서는 약자를 포섭하고, 힘 있는 압력 단체를 강력하게 통제한다. 이런 일을 항상 한다. 국가의 영토 내에 있는 사람, 동식물에게 질병을 야기하는 것들과 싸운다. 이런 투쟁은 점점 강해지고 있고, 절대로 멈출 수 없다. 홍수, 가뭄, 위험한 암초와 해안, 국가가 관리하는 숲, 여러 장소에서 국가는 자연에 맞서 싸우고 있다. 최근 국가는 국가적인 무지함, 유약함, 비효율성 등의 여러 시련에 대처하고 있다.

역사를 어떻게 가르쳐야 국가에 도움이 될 것인가에 대해 교사에게 물어보면, 대부분의 교사는 "전쟁에 대한 내용을 버리거나 줄여야겠

죠."라고 답한다. 그러나 앞에서 설명한 것처럼, 국가가 하는 대부분의 활동은 경쟁이나 **갈등**이라고 할 수 있다. 개인이든 국가든 삶에서 중요한 것은 장애를 극복하는 것이다. 삶에서 중요한 것은 대부분 이런 투쟁이고, 그 대상은 사람이나 동물의 질병, 무지, 겨울, 기근, 자연의 강력한 힘일 수 있다. 그러나 이런 것들이 존재하는 한, 사람들은 이런 싸움을 해야 하고 거기서 살아남아야 한다. 이것을 배울 수 있는 최선의 방법은 모의 전투다.

국가가 이런 전쟁에 적극적으로 참여하는 것은 그것이 결속력을 위해서 가장 강력하고 가장 의도적인 것이기 때문이다. 따라서 청소년을 이런 집단 활동에 참여시키면, 그들은 빠르고 효과적으로 국가 의식을 갖는다. 이런 이유로 청소년들에게 식민지 전쟁, 독립 전쟁, 영국, 스페인, 멕시코와 미국 원주민 부족과의 전쟁을 가르친다. 이 같은 싸움을 설명하게 하고, 청소년들에게 뜨거운 피를 갖게 하고, 기백이 넘치게 하고, 강렬하게 성심을 다해서 의욕을 불러일으켜서 국가에 대한 소속감을 갖게 한다. '국가가 없는 사람'이란 국가를 위해서 싸워 본 적이 없는 사람이다. 이런 집단 경험을 재구성하도록 하려면 역사를 가장 우선시해야 한다. 추상적으로 상황이나 원인을 파악하거나 분석하여 사건을 덤덤하게 시대별로 기록하는 것이어서는 안 된다. 역사를 가르치는 목표는 삶을 통해서 삶을 배우는 것이어야 한다. 만약 시간을 거슬러 사람들의 집단적인 삶을 적절한 방식으로 되살려낸다면, 그것은 학습으로서 부족함이 없을 것이다.

이런 경험의 재구성을 위해서는 그런 투쟁에 참여한 사람들의 특정한 견해로부터 시작해야 한다. 이 투쟁에 다시 참여하면서 학생은 한쪽 또는 다른 한쪽의 견해를 체험해야 한다. 만약 학생이 중립적으로 행동하면 그는 이 싸움을 다시 체험하지 못하게 된다. 그는 단지 구경꾼일 뿐이다. 그는 열정적으로 참여하거나 열의를 보이지 않을 것이며, 효과적으로 국가를 의식하지 못할 것이다. 그에게는 국가가 없는 상태일 것이다. 학생이 참가할 한쪽 또는 다른 한쪽의 견해를 정해야 하는 일은 직감적으로 봐도 교사가 해야 할 일이다. 그러나 목표를 제시하되 방법은 의도적이어야 하는데, 역사 교과서는 명확하게 밝혀진 내용, 양쪽의 의견을 지나치게 객관적으로 제시한다. 우리가 제안하는 바는 역사적 사실을 무시하라는 것이 아니다. 단지 모든 관점과 경험은 지엽적이고 부분적이라는 사실을 인식하라는 것이다. 말하자면, 전투의 한쪽 편에 속하는 참여자는 자신의 입장에서 전체를 볼 수도 있고, 반대편의 입장에서 다른 시각, 다른 목표, 다른 감정을 경험할 수도 있다. 양쪽 모두가 아닌 어느 한쪽의 경험을 공감한다는 점에서 부분적이다. 그러나 양쪽 모두를 경험하는 방법은 아직 찾지 못했다.

참여자가 재구성할 수 있는 경험은 부분적일 수밖에 없다. 관점이 뒤틀린 불완전한 견해, 한쪽에 공감하고 다른 한쪽에 반감을 가지는 것이 현실적으로 존재한다. 학생들은 적절한 경험을 재구성해야 한다. 그렇지 않으면 원래의 조건을 정확하게 재생산하지 못하기 때문이다.

어느 한쪽에 동조하는 경험에서 비롯된 과장되고 편협한 민족주의를 방지하는 것은 사실 여러 나라를 냉정하고 비인간적인 과학적 시각으로 보기 때문이 아니다. 그것은 오히려 시간을 초월해서 **양쪽의**

관점에서 제시된 경험을 되살리는 것이다. 말하자면 학생이 상상 여행을 하고, 영국 군대에 참여하고, 무의식중에 영국 군인들의 가치와 영감을 경험하고, 모든 일을 영국 군인의 입장에서 봄으로써 영국의 관점에서 제시된 독립 전쟁을 되살리도록 하는 것이다. 이런 것은 그 시대에 있었던 실제 경험을 일부 하는 것과 같다. 학생이 산타아나 부대에 소속된 사람으로서 멕시코 전쟁의 역사를 읽음으로써 멕시코 사람의 눈으로 전쟁을 보도록 하는 것이다. 이것은 미국의 관점에서 보는 것도 마찬가지다.

이는 민족주의를 경험시킬 수 있을 뿐만 아니라, 과장된 경험을 교정할 수도 있다. 이 두 과정을 경험하게 하는 것은 사회적으로 관대한 의식을 갖도록 하는 것으로, 민족주의보다 더 광범위하며, 모든 측면을 똑같이 중요하게 보도록 하는 것이다.

그러나 이런 갈등을 체험하는 프로그램에서 전쟁만 다루어서는 안 된다. 세계 시장에서 국가가 경제적으로 투쟁하는 것은 청소년들에게 보다 포괄적인 경험을 제공한다. 이런 경쟁은 지금도 있고, 백 년 전 또는 더 오래전부터 있었다. 학생에게 미국이 남미, 중국, 러시아, 호주, 필리핀 등의 시장에서 한 경쟁, 외국의 생산물로부터 자국의 내수 시장을 지켜내려고 했던 노력을 담은 혼이 깃든 역사를 읽게 하라. 지난 20년 동안 해 온 이런 경제 활동을 포괄적으로 제공하여 현재의 경제적 관점을 만들게 하라. 그리고 학생은 이런 식의 경제 활동에 참여하는 경험을 해야 하고, 군사 전쟁은 나중에 경험해야 한다.

뒤틀린 사회적 인식을 교정하기 위해서는 영국, 프랑스, 일본 상인의 관점에서 생생하게 설명한 것도 읽어야 한다.

더 큰 규모의 프로그램은 강력한 내부의 관점을 통제하는 여러 집단(철도 회사, 제조업, 광산업 그리고 상인, 재정, 자본주의, 노동자, 시민운동 등)의 갈등도 관련시켜야 한다. 예를 들어, 고등학생 정도라면 철도의 역사를 읽을 수 있다. 이를 통해 과거 철도는 자기 집단의 이익을 도모했다는 것을 알아챌 수 있을 것이다. 여기서는 철도의 대중화를 성공시킨 방식, 철도의 포식적인 공격에 저항한 방식, 대중의 반격 등과 같이 이야기를 확장시켜서 제시해야 한다. 다른 것과 마찬가지로 철도의 역사를 덤덤하게 연대기적으로 발생한 사실만 제시할 것이 아니라, 생생한 혼이 깃든 집단 투쟁의 이야기로 재구성해야 한다. 그리고 대집단의 견해나 관점에서 관찰해야 할 필요가 있다. 개별 집단과는 달리, 좀 더 광범위한 사회의식을 발달시키기 위해서는 학생들이 투쟁의 원인을 폭넓게 이해하도록 이야기를 재구성해 보고 이를 다시 경험하도록 해야 한다. 이렇게 함으로써 역사가 현재 어떤 형태로 나타나든, 사회의식을 형성하도록 할 수 있다. 철도의 투쟁 역사를 경험함으로써 학생은 지역사회를 경험할 수 있다.

"그러나 철도는 사라지지 않았고, 사회 서비스를 하고 있다."라고 누군가가 말했다. 이 문제를 한 측면에서만 보아서는 안 된다. 10장에서 우리는 정의로운 사람이 되도록 교육시키는 일부 교육의 계획을 설명했다. 이러한 맥락에서 철도 발달의 역사를 노동자의 시각에서 기록한 설명도 읽도록 해야 한다. 이런 방식은 다른 관점을 교정하기도 한다. 이런 사례를 읽고 학생은 그중 하나의 관점을 취하도록 요청받기도 한다. 어느 한쪽의 관점을 취하지 않는 것은 행위를 하지 않는 것과 같다. 또한 대집단 혹은 개별 집단 어느 쪽의 경험도 하지 않는 것과 같다. 대집단의 태도와 가치를 이해하려면, 학생은 자신의 견해를 가지고 대집단과 격렬하게 투쟁해야 한다. 그러나 뒤틀린 관점을 교정하려면, 그는 다른 때에 이런 간접적인 방식으로 동일한 열의와 관심을 가지고 대집단에 대항하는 개별 집단과 투쟁해야 한다. 이것은 담장 위에 올라앉아 심드렁하게 양쪽을 모두 관찰하는 것이 아니라, 먼저 한쪽, 그 다음엔 다른 쪽의 관점이 되어 두 관점을 경험해서 양쪽 모두를 배우는 것이다.

그 문제를 시각적인 은유로 설명해 보자. 사람은 풍경을 볼 때 이미지를 왜곡한다. 그에게 가까이 있는 것은 크고 명확하고 분명하게 보이지만, 멀리 있는 것은 작고 불분명하고 비현실적으로 보인다. 그는 위치를 바꿔서 사물을 봐야 한다. 다른 것과 마찬가지로 양쪽의 관점을 가지고 관찰해야 진짜 가치를 볼 수 있다. 그러나 인간의 시각에서는 그렇게 할 수 없다. 인간의 시각은 항상 부분적이며, 그가 본 위치를 변경해야 교정을 할 수 있다. 우리는 어떤 그림이 특정 관점에서 보는 착각이기 때문에 진실과는 거리가 있다고 말하는 것이 아니다. 반대로, 이런 관점을 무시할 경우 진실과 거리가 있다고 말하는 것이다.

경험은 성격상 편파적이고, 교육 경험의 재구성에도 이런 편파성이 존재할 수 있다는 말을 하고 싶다. 이런 논의는 정의, 공정, 균형 잡힌 판단에 대해서도 마찬가지다. 우리는 지금 우리가 선천적으로 가지고 있고, 두 가지 모두 교정해야 하고, 똑같이 개발해야 하며, 똑같이 피해야 하는 것으로서 두 가지 형태의 편견을 다루고 있다. 경험은 모든 측면을 명확히 하고, 전체적으로 보게 하고, 과학적으로 일반화하는 데 필요한 구체성에 기초해야 한다. 모든 측면을 경험해야만 제대로 일반화할 수 있다. 경험은 문제를 해결해 주지 않고, 일반화라는 것도 공허한 말장난인 경우도 있지만, 현실적이고 생생한 접촉이 될 수도 있다. 경험은 학생에게 사고하도록 요청하기 전에 사고할 자료를 제공한다.

마지막으로, 또 다른 유형의 갈등이 존재하는데, 소위 자연의 잔혹하고 예고 없는 힘에 끊임없이 강력하게 대항하는 전쟁이다. 이것은 특정 직업 영역의 활동에서 일어나는 전쟁이기도 하다. 교육에서는 이런 집단에 대해 쓴 이야기를 도구로 사용할 수 있다. 등대, 인명 구조, 국가의 삼림 서비스, 기상청, 격리와 건강보험, 홍수 통제, 하천, 해충과의 전쟁 등 대부분의 이야기가 모두 국가에 대해 설명한 것과 같다. 학생들이 이런 이야기를 포괄적으로 읽게 되면 국가나 환경에 대한 관점을 심화하는 경험을 하게 된다. 그리고 이런 경험의 폭이 넓고 강할수록 학생들의 대집단 의식은 더 강해질 것이다.

대집단
공동체 의식
/

예를 들어, 한 도시에서 좋은 시민은 다른 지역에서도 좋은 시민이다. 이는 소위 개별 의식이 아니라 일반적인 의식이다.

이제 교육은 이런 의식을 개발하기 위해 일반적인 방식을 사용해야 하는데, 참여 경험이 가장 기본이다. 학생은 그 (대)집단의 일원으로 행동할 줄 알아야 한다. 그가 대집단의 관점에서 목표를 보고, 반대 세력과 투쟁하려면 대집단 의식을 갖고 이를 이해해야 한다.

우리가 주장하는 것은 잘 교육받은 성인이 지역에서 좋은 시민으로 살 수 있다는 것이다. 그렇다면 학생을 대상으로 하는 최상의 시민 교육이란 **성인과 함께 이런 활동에 참여**하도록 하는 것이다. 다음의 임시 목록을 통해서 우리는 시민(노인, 젊은이, 성인과 청소년)이 해야 할 일을 몇 가지 제시한다.

- 도시를 청결하게 유지하기
- 도시를 위생적으로 만들기
- 도시를 아름답게 만들기
- 도시의 나무, 관목, 잔디밭 관리하기
- 연기의 유해함 방지하기
- 파리와 모기 방지하기
- 나무와 식물에 대한 해충 박멸하기
- 해충의 천적인 새 관리하기
- 오물, 재, 쓰레기 처리하기
- 깨끗하고 순수한 물 공급하기
- 모든 거리와 골목을 적당히 포장하기
- 모든 거리와 골목을 청소하여 깨끗하게 하기
- 도시를 순환하는 안전하고 빠른 교통수단 제공하기
- 거리 교통 통제하기
- 아동에게 놀이 기회 제공하기

- 성인 오락 시설 제공하기
- 학교 식물을 제공하고 유지하기
- 아동 교육하기
- 위생적인 우유 공급하기
- 모든 음식 생산과 공급이 위생적인지 살피기
- 화재로부터 도시 보호하기
- 생명과 재산 보호하기
- 약자/장애우 돌보기
- 모든 공공시설, 시장, 공장, 가게, 교역, 오락 시설 등의 공공복지 규율 지키기
- 적절한 비용으로 협력해서 활동하기
- 서비스 유지하기
- 각각의 서비스 조건 점검하기
- 성과 점검하기
- 모든 개별 집단이 정의로운지 관찰하기
- 지역 또는 일반 공동체에 필요한 것 지속적으로 점검하기

이 목록이 완벽한 것은 아니다. 다만 지역사회에서 지금 협력해서 수행하고 있거나 수행해야 할 일들이다. 이러한 일 중 일부는 모든 시민이 수행해야 하고, 일부는 전문가나 전문집단이 해야 한다. 시민이 해야 하는 일은 이런 종류의 일을 감독하는 것이며, 이를 효과적으로 하도록 만드는 것이다. 일부는 시민이 직접 수행하고, 일부는 위임할 수도 있다.

이런 일을 직접 하든 위임하든 시민은 자신의 지역사회를 감독한다. 그러나 시민으로서의 역할이 아직 잘 규명되지 못했다는 점을 고백해야 할 것 같다. 시민은 앞에서 언급한 일을 모두 하고 있으나, 그것을 하는 더 나은 방법을 배우거나 연습한 적이 없다. 그래서 그 일을 잘 수행하지 못하고 있다. 요즘 우리는 노동 기술의 비효율성에 대한 이야기를 많이 하고 또 듣고 있지만, 그가 시민으로서 어떤 역할을 해야 하는지 그리고 그것이 효율적인지의 여부를 알기가 어렵다. 노동에 대한 것은 경험적인 것이기는 하지만 무엇을 해야 하는지에 대한 기술이나 지식은 많이 알려져 있다. 그러나 시민의 역할이 무엇인지에 대해서는 모호하고, 효율적인 시민이 되는 것에 대한 지식이나 그 방법에 대해서는 알려진 것이 별로 없다.

학생을 안전하게 교육시키기 위해서 성인은 학생과 이런 일을 같이 해야 할 필요가 있다. 그러나 학생처럼 성인도 시민 교육이 필요하기 때문에 교육의 문제는 좀 더 복잡하다. 시간제 활동은 직업 분야에서는 훌륭한 교육 장치이며, 시민 교육에서도 이런 방식의 교육이 필요하다. 그러나 학생이 성인과 함께 활동하기 좋은 시기나 학생이 의도적으로 성인과 함께 활동하고 싶어 하는 시기를 찾기는 쉽지 않다. 남자나 여자 모두 투표를 해서 이런 일을 정할 수 있다고 보는 것 같다. 그러나 이는 투표로 결정할 사안은 아닌 것 같다.

지역의 교육 위원회에서는 학생이 참여할 시민 교육 활동을 일부 할 필요가 있다는 의견을 명확히 밝히고 있다. 교육 위원회에서는 다음과 같이 진술하고 있다.

시민으로서 학생은 실제로 지역사회의 행사 요원이다. 지역사회의 다양한 삶에서 학생은 성인만큼이나 중요하다. 학생은 친구뿐만 아니라 가정과 더 큰 지역에서 대중적인 견해를 형성하는 데 도움을 줄 수 있다. 따라서 학생이 미래뿐만 아니라 현재에도 책임감을 갖도록 지도하는 것이 교사의 임무다. 만약 한 시민이 시민으로서 해야 할 일에 대한 책임감을 갖고 있다면, 그는 행동해야 할 것이다. 따라서 교사는 학생이 자신의 신념을 말로, 행동으로 표현할 수 있도록 지원해야 한다. 가능하다면 학생에게 학교와 지역사회에서 시민이 될 기회를 제공해야 한다.

학교에서 일하는 사람들은 도시나 지역사회의 시민에게 요구되는 기술을 지도해야 하고, 실천을 할 수 있도록 지도해야 할 것이다. 농업이나 다른 직업 분야에서 이론과 실제를 개선하기 위해 교육을 하듯이 시민 교육도 그렇게 해야 한다. 시민 교육은 청소년과 성인 모두에게 필요하다.

이를 위해 우선, 도시 사람은 그들이 시민이 되는 데 필요한 것이 무엇인지를 알아야 한다. 그들은 20, 40 또는 60피트 폭의 보행 도로가 필요한가? 같은 폭의 도로가 필요한가, 다른 것이 필요한가? 어떤 곳에 어느 정도의 도로가 필요한가? 도로 1마일을 비추기 위한 밝기로 1,000촉광이 필요한가? 또는 2,000촉광? 5,000촉광인가? 도시의 상수 시스템은 매일 1인당 25갤런을 제공해야 하는가? 또는 100갤런을 제공해야 하는가? 300갤런을 제공해야 하는가? 그들의 아이가 사용할 운동장은 아이 1명당 25, 50 또는 100입방피트 중 어느 것이어야 하는가? 건강 서비스에서 매해 1명당 25센트, 5불 또는 얼마가 필요한가? 소방서 또는 경찰서를 유지하는 데 있어 500명당 1명의 소방관과 경찰관이 필요한가? 혹은 1,000명, 2,000명 또는 5,000명당 1명이 필요한가? 더 많은 사람이 필요하다면 그 이유는 무엇인가? 사람이 더 적어도 된다면 왜 그런가? 도시에서 고등학교 교사는 학생 15명, 25명 또는 35명당 1명이 필요한가? 1,000군데마다 1명의 음식 조사관을 파견하려면 총 몇 명이 필요한가? 학생 1,000명당 몇 명의 학교 의사와 양호 교사가 필요한가? 인구 1만 명 당 몇 개의 시민 센터가 필요하며, 지역사회 모임은 몇 시간으로 계획하는 것이 바람직한가? 공공 병원을 갖추려면 몇 개의 병상이 필요한가? 이처럼 도시의 시민은 한 도시에 무엇이 얼마나 필요한지를 명확하게 알아야 시민으로서의 역할을 할 수 있다.

그렇다면, 사람들이 필요로 하는 것들을 어떻게 알아낼 수 있는가? 좀 더 정확하게 기준을 정할 때까지 근사치를 구할 수 있어야 한다. 물 공급 문제를 예로 들어 보자. 〈표 12-1〉은 1912년 몇 개의 대도시에서 한 사람이 하루 사용한 물의 양을 갤런으로 나타낸 것이다.

이 연구를 통해서는 해야 할 일을 나열하는 것 정도밖에 할 수 없다. 〈표 12-1〉은 필요한 물의 양을 보여 주지 않는다. 그러나 이것은 시작할 수 있는 몇 가지 아이디어를 제공한다. 1912년을 기준으로 볼 때, 거의 모든 도시는 상당히 청결하고 위생적이다. 그러나 1인당 물 사용량은 필라델피아가 약 200갤런, 버펄로가 약 300갤런일 때, 뉴욕은 100갤런이었음을 알 수 있다. 뉴욕의 물 사용 수치가 클리블랜드와 세인트루이스 같은 다른 대도시의 것과 비슷한 것을 보면, 적어도 1인당 100갤런은 미국 대도시 사람이 필요로 하는 물의 양일 것이다. 따라서 목록에서 상위 4개 도시는 물을 낭비하고 있을

〈표 12-1〉 1912년 미국과 유럽 도시의 1인당 하루 물 소비량

도시	물 소비량(갤런)
버펄로	310
시카고	225
피츠버그	218
필라델피아	208
보스턴	130
볼티모어	115
세인트루이스	107
클리블랜드	102
뉴욕	100
파리	63
함부르크	42
런던	40
리버풀	38
암스테르담	35
코펜하겐	27
드레스덴	25
베를린	20

가능성이 있다.

도시가 필요한 것의 양을 결정하고 나면, 배우고 있는 시민, 성인, 학생을 위한 다음 질문은 '돈을 얼마나 지불해야 하는가?'다.

〈표 12-2〉 1912년 가족이 지불하는 1,000입방피트의 가스 요금

도시	가스 요금(달러)
잭슨빌	1.25
찰스턴, 사우스캐롤라이나	1.20
레딩	1.10
해리스버그	1.10
필라델피아	1.00
오마하	1.00
버펄로	1.00
로체스터	.95
리치먼드	.90
워싱턴	.85
피츠버그	.80
뉴욕	.80
시카고	.80
보스턴	.75
클리블랜드	.75
덜루스	.75
톨레도	.70
세인트루이스	.60
밀워키	.60
그랜드래피즈	.50
디트로이트	.50

　학생이든 성인이든 시민 집단에게 〈표 12-2〉를 보여 주면, 살펴볼 필요가 있는 무언가가 있음을 알아챌 수 있을 것이다. 도시마다 상황은 다르고, 가시적인 비용도 다르다. 그러나 이런 이유로 여기 제시한

요금이 신빙성이 없다고 할 수 있는가? 디트로이트가 50센트를 내는
데, 왜 버펄로는 그 두 배를 내는가? 만약 밀워키가 석탄 생산지로부
터 멀리 떨어진 도시라서 60센트를 지불해야 한다면, 왜 레딩과 같은
석탄 생산 지역 가까이 있는 도시는 밀워키보다 두 배나 더 지불해야
하는가?

　이러한 표를 통해, 각 도시에서는 다른 도시에 대한 사실들과 비교
해 봄으로써 자기 도시를 위한 다음과 같은 사실을 알게 된다.

- 배달된 가스 단위당 시설에 투자된 금액
- 사용된 양에서의 이율, 배당금 그리고 세금
- 사용된 양에서의 시설 유지 비용
- 단위당 작동비
- 대량 소비자용 금액
- 소량 소비자용 금액

　짐작컨대 우리가 시민 교육을 해야 한다고 말한 의미를 이제 알았
을 것이다. 민주주의 사회에서 시민이 해야 할 주요한 역할은 감독하
는 것이다. 해야 할 대부분의 일은 전문 고용인에게 위임할 것이다.
그러나 시민을 위해서 수행한 일을 검사하고 그것이 만족스러운지를
최종적으로 판단하는 역할은 누구에게도 위임할 수 없다. 그것은 시
민이 직접 해야 하는 것이다. 그러나 대부분의 시민은 실상을 잘 모른
다. 감독을 어디서 또 어떻게 해야 하는지 잘 모른다. 또 감독하는 일
을 기본이라고 생각하지도 않았을뿐더러 그것을 요구받지도 않았고,

그것이 중요한지 여부도 고민하지 않았다. 게다가 이것이 우리 앞에 당면했을 때도 감독을 하지 않았다. 시민으로서 감독하는 일을 해 봐야 그것의 가치를 알 수 있다.

시민은 시민 회의, 게시판, 공론을 통해서 그들이 해야 할 일련의 감독 일을 알아야 할 필요가 있다. 시민의 이 일에 대한 책임을 지는 기관에서는 시민이 감독해야 할 일에 대해 설명해야 한다. 이 사안을 시민 회의를 통해서 논의하고, 비교하고, 검토하고, 정당화할 필요도 있다. 이렇게 논의를 통해서 공적인 견해들을 모을 수 있고, 이렇게 하는 것이 바로 감독 일이다.

요즘 성인이라고 해서 초등학생이나 고등학생보다 사회를 감독하는 일을 더 잘한다고 할 수 없다. 실제로 성인은 감독을 해 볼 기회가 거의 없었다. 그리고 이런 성인은 학생보다 교사로부터 지적이고 사회적인 리더십을 거의 배우지 못했다. 성인도 학생만큼이나 리더십을 필요로 한다. 시민이 사회를 감독할 수 있는 능력을 발달시킬 때까지 이 일은, 당연히 교육이나 언론 분야에서 해야 한다. 그리고 이 분야들은 아마도 어느 정도까지는 사회를 감독하는 일을 계속 해야 할 것이다.

따라서 교사는 학생이 시민으로 해야 할 일을 수집하고 조직해야 한다. 시민으로서 해야 할 일은 성인과 청소년으로 구성된 지역 회의에서 제시할 수도 있다. 학생들은 자기가 사는 도시와 다른 도시를 비교해 보고, 다른 도시에서 하는 일을 표로 작성할 수 있다. 차트나 지도, 다이어그램으로 제시할 수도 있는데, 폭넓게 논의해서 나온 사실들을 잘 정리해 볼 필요가 있다. 학생은 자기가 사는 지역에 대해 체계적으로 조사하고, 시민으로서 해야 할 일과 관련된 일을 풍부하게 구축할 수 있을 것이다. 학생은 지역의 위생 상태, 거리 청소, 도로 포장, 쓰레기 처리, 파리 서식처, 가로수, 매연, 화재 방지, 지역을 순찰할 경찰의 분포 상황, 우유 공급, 물 공급 등을 조사할 수 있다.

이런 조사와 관련해서 공공 정신을 가진 시민을 대상으로 시민이 해야 할 일을 조사하는 것이 가장 실제적이다. 학생은 보건 지도, 여가 지도, 도로 포장 지도, 도로 청소 지도, 도로 조명 지도, 범죄 지도, 나무 지도, 파리와 모기 서식지 지도 등을 만들 수 있다. 이렇게 만든 지도를 전시하고, 모형으로 만들고, 다이어그램이나 그림으로 나타내고, 통계 차트로 만들 수도 있다.

학생은 객관적인 증거를 기반으로 한 대중의 의견을 적절하게 형성하고 영향을 주기 위한 실제적 목적으로 이 모든 것을 해야 한다. 이것은 시민의 감독·감찰 역할에서 가장 기본적인 것이다. 이런 일을 하는 데 있어서, 학생은 시민으로서 시간제로 일을 해 볼 수 있다. 이것은 가상의 일이 아니며, 실제로 할 수 있는 일이다. 시민은 시민이 해야 할 일에 대한 책임감을 지녀야 한다. 학생은 교사의 지도 아래 성인들과 함께 이런 일을 해야 한다. 이것은 실제로 해야 하는 것이지, 모의법정, 모의국회와 같은 시민 놀이가 아니다. 성인이 하듯이 학생도 시민이 해야 할 일을 수집하고, 표현하고, 판단해 보아야 한다.

그런데 사회를 감독하는 시민으로서 해야 할 이런 일은 하기 어려운가? 대개는 쉽지 않은데, 본래 어떤 분야에 대한 접근은 어렵기 마련이다. 특히 전문 분야를 감독하고 감찰하고자 할 때는 거부되기 쉽다. 그러나 현재 접근 가능한 일도 어마어마하게 많다. 그래서 우리는 다른 도시에서 하고 있는 일들을 서로 비교할 수 있는 자료나 표를 가지고 있어야 한다. 학교는 보통 자기 지역에 대한 정보나 자료를 갖고 있지만, 다른 지역의 정보나 자료는 확보하기가 어렵다. 예를 들어, 50개 지역에 결성되어 있는 교사 단체를 통해서 각 지역에 대한 믿을 만한 정보 자료를 수집하라. 그리고 자기 지역에 대한 자료를 다른 49개 지역에도 보내라. 그러면 모든 지역에서 50개 지역에 대한 실상을 알 수 있게 될 것이다. 학생은 실제로 이런 자료를 수집하는 일을 하게 될 것이다. 학생들은 자료를 보내고, 받고, 비교하는 표를 그릴 수 있다. 이보다 더 좋은 교육 경험은 없을 것이다. 이는 매년 지속적으로 이루어지는 일이기도 하다.

학교에서 하는 시민 교육은 지역사회를 발전시키는 것이어야 한다. 지역사회는 시민들이 지역사회의 일에 총체적으로 참여해서 만들어 간다. 그러므로 학교 교육이 지역사회와 연결되지 않고 고립되어 교과서에 있는 문제만 추구하면 할수록 학교 교육은 사회적 효과성을 잃게 된다.

학교에서 시민 교육을 할 수 있는 현실적인 다른 방법들도 있다. 학교(특히 고등학교)에서 가능한 지역사회에 대한 시민 토론회를 개최하는 것도 한 방법이다. 예를 들어, 고등학교 윤리나 사회 수업에서 도로 포장이라는 주제를 다룬다면, 이 일을 실제로 담당하고 있는 지역 위원회 의장, 지역 위원, 공공 기관장을 초청해서 공청회를 할 수 있다. 주제가 세금이면 시의회 재정 위원회 의장, 세금 징수원, 학교 재정 위원회 의장을 초대해서 세금과 관련된 문제를 논의할 수 있다. 지역사회 위생이 주제이면 보건 협회, 위생 정보를 전달해야 하는 해당 감찰관을 초대할 수 있다. 시민이 하는 일은 거의 대부분 위임 가능하다. 이런 일을 하도록 위임받은 사람은 자신이 수행하고 있는 업무 내용과 관련 사항을 대중에게 설명하고 홍보하는 것을 의무화해야 한다. 그리고 지역사회는 그의 업무가 성공적인지 효과적인지에 관심을 가져야 한다.

이러한 시민 교육을 고등학생에게만 하는 것은 아니다. 지역사회에 대한 정보는 지역에 사는 모든 사람에게 제공되어야 한다. 이런 점에서 학교는 지역사회로부터 아동 및 청소년을 분리시켜 왔다. 지역사회의 지도자에게 지역사회에 대한 이런 정보를 가장 먼저 제공해야 하는 것은 아니다. 이 일을 위임받은 담당 직원은 그들 상사에게만이 아니라 익숙하지는 않지만 학생들에게도 이런 정보를 제공해야 한다. 학생에게 이런 정보를 설명하는 방식도 지역 주민에게 설명하는 방식과 동일하다. 그들은 도시의 시민, 지도자, 동료, 이런 일을 하는 책임자에게 보고하듯이 학생들에게 설명해 주어야 한다. 이렇게 할때, 학생은 통상적인 방식으로 듣고 학습할 수 있다. 학생은 담당자가 성인들에게 설명하는 것을 경청하면서 꽤 많은 것을 배운다. 이런 것이 학생이 성인이 하는 일에 참여하는 일반적인 방식 중 하나다.

학생이 그들의 삶을 살 권리는 있지만, 성인이 질 책임을 학생에게도 부과하는 것을 옳지 않다고 생각할 수도 있다. 학생에게는 어두운 회색빛 성인 세계보다는 책임지지 않아도 되는 장밋빛 시간을 누릴 권리가 있다. 그러나 아동, 청소년, 성인, 노인 모두가 우리 세계에서 어우러져 함께 살아야 할 시민이다. 이 같은 시민으로서의 삶을 통해서 청소년은 가장 충만하고 최상의 삶을 찾을 수 있다. 학생에게도 다양한 역할을 할 권리가 있을 뿐만 아니라 그 일을 해야 하는 의무가 있다. 우리는 이에 대해서 우리 논의의 다른 부분에서도 충분히 강조했다. 따라서 학생은 유아 때부터 성인이 하는 활동에 적극적으로 참여해야 한다. 그렇게 하면서 무엇인가를 찾는 삶, 포기하지 않는 삶을 살 수 있다.

그 외의
시민 활동

/

학생이 시간제로 해야 할 중요한 일은 감찰 활동에 참여하는 것인데, 이는 성인의 주요한 시민 활동이기 때문이다. 그런데 아직 전문가에게 완전히 위임하지 못한 다른 지역사회 활동들이 있는데, 그중에 학생이 참여 가능한 것들이 있다.

즉, 학생들은 365일 내내 식목일처럼 나무를 심고 관리하는 일을 지원할 수 있다. 학생은 나무를 파종하고, 가뭄이나 해충 등으로부터 나무를 보호하면서, 자기 지역에 필요한 나무의 종류 등을 학습할 수 있다. 학생들은 묘목 심기나 나무를 보호하는 활동을 계획해서 할 수 있다.

학생의 교육을 위해서 식목일과 같은 '정화 주간'이 제도화되고 있다. 매년 봄에 이 주간은 시민 교육을 위한 좋은 기회가 되고 있는데, 학생들이 나무를 심고 관리하는 일은 일 년 내내 계속해야 한다.

시간이 지나면서 조건이 변하고, 일이 전문화되거나 지역사회가
커짐에 따라, 아이들은 과거에 맡아 왔던 가정에서의 사소한 가사일
대신에 지역사회에서 할 수 있는 봉사활동을 하기 시작했다. 요즘의
관련 전문 문헌에는 다음과 같은 다양한 지역사회 활동이 제시되어
있다.

- 도시 미화
- 새 보호 및 관리
- 파리 박멸 캠페인
- 모기 박멸 캠페인
- 잡초 없애기
- 공터 청소하기
- 초등학생과 유치원생 등하교 시간에 철도와 시내 전차 순찰하기
- 빈민 구제를 위한 아이스박스, 학교를 위한 탁자, 옷장, 책장, 작
  업대, 책상, 무대, 참고 서류, 교과서 등, 공원과 거리를 위한 새
  집, 거리용 쓰레기통, 학교와 공원 시스템을 위한 운동장 장비 및
  기기 등의 지역사회 시설 조성하기
- 공공 기물 수리하기
- 소방서가 배당되지 않은 마을에서 방화 활동하기
- 환자와 노인을 위해 꽃 키우고 배달하기
- 교실, 오락 시설 등의 위생 관리하기
- 학교 건물 꾸미기
- 보이스카우트, 캠프파이어 소녀단, 청소년 시민 연맹의 지역사회

업무하기

• 인도와 길의 눈을 치우고 얼음이 깔린 인도 위에 모래 또는 재 뿌리기

   지역 신문 중 하나는 '시민 의식과 학교'라는 제목하에 이런 문제를 다루고 있는데, 이를 인용하면 다음과 같다.

> 공립학교는 그들이 해야 할 일을 효율적으로 하고 있지 않다. 대부분의 학교에서는 지식을 강조하지만, 의지나 도덕에 대해서는 거의 아무것도 가르치지 않는다. 간단히 말해, 공립학교는 시민 의식을 실제로 효과적으로 가르칠 수 있어야 한다. … 이런 과제를 학교에 부과해야 한다. 학교는 시민 양성을 위한 수련장, 사회 활동을 연습하는 장소가 되어야 한다.

   앞서 언급한 것처럼 학생은 지역사회를 감찰하는 활동, 지역사회의 삶으로부터 고립되거나 격리되어서는 안 된다. 학생은 성인이 하는 중요한 일 중 일부를 위임받아서 하고 있다는 것을 보고 느낄 수 있어야 한다. 그렇지 않으면 학생이 하는 일은 무책임하고, 환상적인 것밖에 되지 않으며, 실세계에서 살아나지 않고, 사라져 버릴 것이다. 시민으로서의 책임은 아동에게만 있는 것도 아니고, 성인에게만 있는 것도 아니다.

   학생이 지역사회 활동에 참여하는 것은 시민 의식을 길러 주기 위함인데, 이것이 주 정부나 국가의 교육 목표가 될 수 있는가? 현대에 와서는 실제로 학생들이 성인과 함께하고 있다. 학생들은 자발적으로 육군, 해군, 공군, 적십자, 서비스 기구에 참여해서 성인들과 함께

활동하고 있다. 이런 활동을 통해 생성된 단결 의식과 서비스 정신 같은 것을 버릴 이유가 없다. 이런 실질적이고 진정으로 필요한 활동은 유지될 필요가 있다. 가상 활동으로 교육 목적을 달성할 수는 없을 것이다. 지난 시대에는 대규모 분야의 능동적 서비스가 전문직에서 이루어졌다. 그러나 산업사회가 되면서 점점 국가가 이런 서비스를 하는 경향이 있다. 국가는 이런 일을 만드는 것이 아니라(이미 그렇게 하고 있다), 사람들이 이런 일을 서비스로 생각하도록 만들어야 한다. 이것은 곧 교육의 문제다. 다시 말해, 학교에서 시민 교육을 해야 한다는 것이다.

James 교수는 학교가 일반적인 교육을 일정 기간 제공해야 한다는 견해를 다음과 같이 밝히고 있다.

> 내 생각에 만약 지금 군인을 징집하는 대신, 모든 학생에게 군인처럼 자연을 상대로 몇 년간 투쟁하게 한다면, 불평등의 문제를 해결할 수 있을 것이며, 국가는 더 많은 이득을 취할 것이다. 이처럼 학교는 인간으로 성장하도록 하는 곳이다. 지금과 같은 호사스러운 맹목적인 수업을 할 것이 아니라, 모든 학생에게 자신이 살고 있는 지구, 인간 생활에 실제로 관계하도록 하면, 그들이 이렇게 무능한 상태로 남아 있지는 않을 것이다. 석탄과 철광, 화물 열차, 12월의 어선, 접시 닦기, 세탁하기, 창문 닦기, 도로 건설하기와 터널 만들기, 주조 공장 화구, 마천루의 프레임 만들기 등 학생이 선택한 것에 따라 사회에 참여시켜야 한다. 인간은 태곳적부터 자연과의 전쟁에서 모종의 역할을 하면서 생활해 왔다. 이렇게 세상에 참여할 때 학생들은 지구를 더 자랑스러워 할 것이며, 더 가치 있게 여길 것이다. 그리고 학생들은 다음 세대의 더 나은 선조이자 교사가 될 것이다.

평화가 깨질 때를 우려해서 평화 시에도 군대를 유지하는 것처럼, 시
민 활동을 해야 한다. 우리는 냉담하지 않고 강하게, 잔인함이 아닌 권위
를 가지고, 즐겁게 해야 한다. …… 나는 전쟁을 '도덕적으로' 말했다.
전쟁은 지금까지 지역사회 구성원 전체를 교육시킬 수 있는 유일한 것이
었다. 학교가 이런 교육을 해 왔다.

이런 제안이 실제적이든 아니든 간에 그것은 어느 정도 복잡한 교
육 문제를 실제로 드러내고 있다. 우리는 이 문제를 실용적으로 해결
하고 결과를 내야 할 책임이 있다.

국제적인
상황
/

지금까지 우리는 지역 및 국가의 시민 문제를 논의했다. 사실 세계
는 국가라는 집단이다. 생산업, 농업, 제조업, 광업 등 어떤 분야든 세
계는 상호 의존적이다. 생산이라는 측면에서 우리는 진정으로 세계
공동체이고, 각 지역은 모두를 위한 생산을 한다. 가령 상품의 수요와
공급 과정에서 우리는 자연스럽게 세계 공동체를 형성하고 있다. 정
치적 상황이 어떻든 간에 우리는 이미 경제적으로 세계주의로 가고
있다. 예술의 측면에서도 우리는 세계 공동체다. 그리고 문학, 과학,
기술, 발명 등의 분야에서도 그렇다.

그러나 우리의 사회적·정치적 의식 수준은 최근까지 민족주의를
넘어서지 못하고 있다. 지구촌 구성원의 일원으로서 다른 민족을 보

면, 그들도 우리와 유사하고 동일한 권리를 가진 이웃이다. 그런데 우리는 그들을 이웃으로 보고, 세계 복지 증진을 위해서 협력하고, 공동으로 행동하는 태도를 국가에 대한 가벼운 반역으로 느껴 왔다.

현재 세계 대전은 민족 간의 상호 의존성을 드러내고 있다. 우리는 이제 어떤 국가도 홀로 살 수는 없다는 것을 안다. 우리는 주 정부가 연합해서 하나의 국가를 형성한 것과 같이, 세계의 여러 국가가 지구촌의 일원이고 각 나라는 다른 나라의 복지에 필요하다는 것을 인식하게 되었다. 다른 국가도 우리가 가진 동일한 권리를 가지고 있다고 본다. 또 국가가 가진 권리에 비례해서, 다른 국가에 대한 의무도 있다. 민족주의를 억제하지 않으면 세계에 유해할 것이라는 것도 알고 있다. 앞에서 우리는 민족주의 의식으로는 타 민족에 대해 공격적인 윤리가 불가피하다고 설명했다. 민족주의가 강한 부분에서 두 가지 사회적 행위 기준이 나타난다. 그런 경우에 국가는 자기의 권리를 크게, 의무는 작게 보는 경향이 있다. 이런 국가는 다른 국가에게 기생충 같은 존재다. 세계주의 의식을 갖추지 못해서 다른 국가를 무자비하게 약탈하고 침략한다. 우리는 이런 예를 충분히 보았다. 세계 대전은 이런 과장된 민족주의의 자연적이고 불가피한 결과다.

우리가 민족주의를 저주하는 것은 아니다. 우리는 또 다른 차원에서의 대집단 의식이 존재한다는 사실을 언급하고 있다. 지역사회 의식은 이기적인 의식을 치료한다. 전체 집단의 복지를 추구하는 것은 지역, 주 정부의 악행을 제거한다. 더 큰 집단 수준으로 올라가는 것, 이것이 집단 간 상호 서비스 정신을 광범위하게 제공하는 국가 의식이다. 이런 국가 의식은 모든 집단에 유익하다. 이런 국가 의식 없이는 국가 내부의 전쟁과 가치 혼돈으로 인해 집단 자체가 붕괴된다. 이런 측면에서 우리는 국가 의식을 더 완전하고 실용적으로 발전시켜야 한다.

우리는 국제적인 의식을 개발해야 한다. 현재의 국가 의식은 국가 내의 문제 해결을 위해서 필요하다. 그러나 이런 국가 의식이 세계의 나머지 국가가 취하는 대집단 의식에 의해 완화되지 않는다면, 다른 나라를 그리고 반작용으로 국가 자체를 위협하는 태도로 발달한다. 세계주의 의식은 일반적으로 세계 복지를 위해서 지구촌의 여러 국가가 현명하게 협력하는 것이다. 민족주의가 국가 내에서 발생하는 갈등적 감정을 완화시키는 것과 같이, 세계주의는 지구촌 집단 간에 발생하는 유사한 갈등을 누그러뜨린다.

여기서 우리가 말하는 것은 국제 경찰을 조직해야 한다는 것이 아니다. 어떤 시점이 오면 세계주의가 성장할 것이다. 세계주의는 모든 국가에 필수적이다. 교육은 세계주의 의식을 계발해야 한다. 최근 미국의 대통령에게 보고하는 문서에는 세계주의에 대한 관심이 확산되고 있다.

이제 교육 문제를 생각해 보자. 우리는 세계주의 의식을 어떻게 계발할 것인가? 우리는 이미 세계주의를 발전시키고 있다. 우리는 대집단 의식을 설명하면서 '독서의 역할'을 언급했다. 세계와 세계를 구성하는 국가를 위해서 아동, 청소년, 지구촌에 살고 있는 인간이 적극적으로 개입하는 것을 허용하는 읽기가 필요하다.

이 목적을 위해 역사, 전기, 여행, 지리, 문학에서도 읽기를 할 것이다. 읽기의 궁극적인 목적은 다양한 국가에 사는 사람들의 삶을 재구성하는 데 있다. 이런 생생한 삶이 독자의 마음을 뜨겁게 하고, 독자가 실존하는 시간과 장소를 넘어서서 그가 읽은 것을 경험하게 한다.

이런 관점에서 읽기가 요구된다. 학교에서는 현 시대의 국가와 민족을 이해할 수 있는 여러 가지 형태의 읽기 자료가 필요하다. 캐나다, 미국, 멕시코, 중앙아메리카, 서인도제도, 브라질, 아르헨티나, 칠레, 호주, 뉴질랜드, 일본, 중국, 인도, 터키, 러시아, 발칸 반도, 이탈리아, 스위스, 스페인, 프랑스, 벨기에, 네덜란드, 스칸디나비아, 영국, 아일랜드 스코틀랜드, 북아프리카, 이집트, 중앙아프리카, 남아프리카 등 국가의 문법학교나 고등학교에서 역사, 문학 시간에 그들이 지금까지 해 본 적이 없는 전기문들을 선택해서 읽도록 하는 것이다. 그러나 이 원리는 모든 대륙의 국가를 어느 정도 다루는 세계 지리 시간에 일부 사용해 왔다. 지리에 적용 가능한 이 원리를 역사와 문학에서도 동일하게 적용할 수 있다.

다른 유형의 독서도 가능하다. 개별 국가를 이해하고 공감하는 태도를 개발한 후에 학생들은 세계 전체 상황을 일관성 있게 볼 수 있도록 특정 국가의 역사가 아닌 세계 역사에 대해 읽어야 한다. 따라서 학생들은 세계 무역, 세계 산업, 교통 수단, 농업, 정치 기관, 재무, 위생, 여가 활동, 지방 정부 등의 역사를 읽을 것이다. 최근 10~20년의 역사는 이전 세기의 모든 역사를 합친 것만큼 방대하다. 그것은 필요한 모든 지리학적 및 경제학적 요소들을 소개한다. 문제 해결, 논의 등을 통해서 학생들은 일반적인 원리를 이해할 것이다.

새로운 프로그램이 필요하다는 것이 아니다. 현재의 프로그램으로 사회 의식을 목표로 바로잡거나, 이것을 더 개발하여 기반을 조성하자는 것이다. 사실 우리는 초등학교에서, 특히 지리 및 역사 시간에 세계를 이해할 기회를 더 제공해야 한다. 고등학교나 대학교는 더 전통적이고 전문적인 교육에 얽매여 있다. 그러나 일부 학교에서 드물지만 이러한 교육을 시작하고 있다. 최근에 산업 역사, 상업 역사, 산업과 상업 지리, 문명의 역사 강좌를 통해서 현대 문제를 좀 더 강조하고 있다.

"이런 프로그램은 거의 불가능합니다." "불가능한 과제는 적절한 해결책이 될 수 없습니다." 이런 반대는 적절한 방법을 찾는 것에 주목하게 한다. 이런 역사를 학습해야 한다고 우리가 여기서 말한 것이 인정될 것이다. 우리는 학생들이 특정한 종류의 경험을 필요로 하고, 이런 경험은 생생한 역사적 설명을 읽음으로써 일부 이루어질 수 있음을 말했다. 개별 국가의 역사는 빨리 읽어야 하는데, 이는 개인을 그 집단의 일원으로 만들고 개성을 갖추는 데 필요하다. 이런 내용을 담은 약 400쪽짜리 책을 10일 또는 15일 내에 읽고 끝내지 않으면, 이 경험은 활기가 없어지고 효과도 떨어질 것이다.

지식이 아닌 사회적 태도와 가치를 목표로 한다는 점을 염두에 두어야 한다. 중요한 것은 생생한 경험이지, 경험을 암기해야 하는 것은 아니다. 그리고 심지어 지식의 문제도 특정 사실의 기억이 아니라, 보편적인 사회 원리를 아는 것이 지식이다. 우리가 제안한 대로 읽기를 통해 경험을 하게 하고 문제 해결과 일반화를 위해 적절한 자료를 제공하라. 이런 것을 적절하게 성취하기 위해서는 단순한 사실이 아니라 정서적인 경험이 요구된다.

13장

도덕 및 종교 교육

도덕 교육은 항상 교육의 근본이었고 또 그래야 한다. 학교는 직간접적으로 도덕 교육을 해 왔다. 교회에서는 직접 교수하고, 설득하고, 경외시하도록 해 왔다. 실제로 교육은 실용적이고 사회적이며, 도덕 교육은 전통적인 학교 교육이었다.

태어나서 죽을 때까지 사람은 사회의 일원으로 사회 속에서 산다. 그래서 사람은 자연히 그리고 필연적으로 사회적 태도나 가치를 갖게 된다. 학교나 교회가 윤리를 가르쳐 온 방식은 경험을 통해서 가르치는 것에 비해 상대적으로 효과가 적어 보인다. 반면, 집단에서 사람들과 적극적 혹은 직간접적으로 접촉을 해 온 사람은 집단적인 태도,

가치, 반응을 자연스럽게 보이는 경향이 있다. 이 경우 교회나 학교는 보충 교육을 제공해서 강화한다. 하지만 도덕 교육은 직접 교수나 설득보다 살아 있는 경험을 제공하는 것이 더 좋다.

도덕 교육의 개념은 전미도덕교육위원회National Council Committee on Moral Education의 보고서에서 잘 표현하고 있다.

> 아동이나 청소년에게 삶의 특성이나 미덕을 가르쳐야 한다. 문법에서 명사나 동사를, 산수에서 분수를 가르치듯이 미덕도 가르쳐야 한다. 학생이 어떤 미덕을 갖추어야 하는지뿐만 아니라, 어떻게 그런 미덕을 발전시켜야 하는지도 알아야 한다. 이런 미덕 중에서 복종, 친절, 명예, 신뢰, 청결함, 활발함, 정직, 자신과 타인 존중, 유익함, 부지런함, 경제성, 추진력, 정의, 유용성, 애국심, 용기, 자기통제, 신중, 자비심, 정리정돈, 예의, 의연함, 영웅주의, 인내심, 동감, 의무감, 이타성, 동료애, 참을성, 자제, 희망, 투지, 순수함과 같은 것을 갖추도록 해야 할 것이다. 학생은 이런 미덕이 무엇을 의미하는지를 알아야 할 뿐만 아니라 그것을 습관화해야 한다.

교육이 해야 할 일은 학생에게 이런 미덕과 관련 있는 정보를 제공하고, 실천하도록 연습시키는 것이다. 이런 것은 도덕적인 것도 있지만, 도덕적이지 않은 것도 있다. 인내심의 경우를 보자. 인내심은 정치인, 도둑, 기계공, 농부, 주부, 정치적 사기꾼, 암살자, 선한 행동이나 악한 행동을 하는 사람들 모두에게 있다. 인내심 자체가 미덕은 아니다. 그것이 적절한 것일 때 도덕적인 것이 된다. 반면, 이런 미덕이 악한 방향으로 발휘되면 비극적인 결과를 초래할 수 있다. 따라서 인내심 자체는 도덕적인 것이 아니다. 선인가 악인가는 미덕 그 자체로 는 알 수 없다.

인내심 자체가 미덕이라면, 인내심이 선한 행동이든 악한 행동이든 모두에서 미덕이 될 수 있어야 한다. 이것은 말싸움에 그칠 공산이 크 다. 인내심은 선한 행동이나 악한 행동의 **특성**이 될 수는 있다. 악이 란 나쁜 행동이라기보다는 나쁜 것을 인내하는 것이다. 그리고 악하 다는 것은 그 순간의 악일 뿐이다.

복종, 용기, 근면, 충성과 같은 것도 보자. 우리는 이런 것들이 어떤 사회집단의 행동 특성이 될 수 있다는 것을 알고 있다. 그것들은 때로 는 선한 행동 특성이지만 때로는 악한 행동 특성도 된다.

엄밀하게 말하면, 우리가 '미덕'이라고 하는 것이 도덕은 아니다. 미덕은 인간의 행동과 관련해서 선하거나 악하다고 판단되어야 한 다. 선하고 도덕적인 행위는 인간의 복지에 기여한다. 효과적이면 효 과적일수록 더 유용하고, 더 나은 형태의 도덕이 된다. 이런 도덕은 지성을 싹트게 하고, 인간의 복지를 증진시킨다. 더 큰 집단에 동조하 고, 인류를 사랑하고, 집단적인 비전, 태도, 가치, 행동을 취하도록 하 는 경향이 있다. 어떤 것이든 간에 그것은 대집단 의식을 강화하고, 사회적 지성을 확장하고, 도덕성을 발달시킨다.

도덕적으로 악한 행동은 문제를 가중시킨다. 예를 들면, 인간 복지 가 요청하는 것이 무엇인지를 모르는 것이다. 두 번째는 소집단 의식 이다. 소집단 구성원은 행위를 판단하는 데 이중 잣대를 적용한다. 그 들에게 도덕적인 것은 ① 사회적 덕목을 실천하는 것, ② 일반적으로 반사회적 덕목을 실천해서 자신이 속한 집단의 복지만 증진시키는 것이다. 대개 효율적이거나 생산적이기보다는 기생적인 경향이 있기 때문에, 그런 행동은 결국 사회적으로 유익하지 않으며, 때로는 반사회적인 것으로 귀결된다. 교육은 이들 내부에서 대집단 의식, 가치, 공감에 영향을 미치는 정도를 지적으로 명확하게 평가하는 일을 해야 한다. 도덕 교육은 근면, 복종, 용기, 충성 등의 덕목을 개발하는 것이 아니다. 이런 덕목들은 대집단 의식과 소집단 의식 모두에 존재한다. 교육이 해야 할 중요한 과업은 이런 미덕들을 대집단 의식으로 바꾸는 것이다.

도덕 교육도 시민 교육과 비슷하다. 앞에서 설명한 인간화나 사회화가 사회적인 비전과 사회적인 공감을 촉진하는 한, 이 역시 도덕의 기반이 될 것이다. 이런 교육을 대신할 수 있는 것은 없다. 도덕 교육은 미덕에 대한 정보를 제공하는 것만으로는 부족하고, 특정한 미덕을 꾸준히 연습하는 것만으로도 부족하며, 더 깊은 접근이 필요하다. 도덕은 **자라는 것**이지 이식되는 것이 아니다.

이런 설명이 사실이라면, 도덕 교육이 있는데 왜 또 종교 교육을 해야 하는 걸까? 이 질문에 대해 우리는 종교가 도덕 교육의 뿌리이기 때문이라고 말해야 할 것 같다. 종교적 시각은 대집단 의식을 좀 더 증폭시킬 것이다. 뿐만 아니라 종교에 공감하는 것이 곧 사회에 공감하는 것이다. 우리는 지금 정도의 지구촌 의식에 머물러서는 안 된다. 우리는 시공간의 한계를 넘어 우주의 일원으로서 더 넓은 의식으로 나아가야 한다. 이는 모든 대상과 존재를 포함하는 질서에 소속감을 갖는 것이다. 그것은 자신과 지역 또는 국가나 세계뿐만 아니라 우리 이전의 세대와 이후의 세대를 포함하고 우리가 알거나 상상하는 지구

이외의 존재를 모두 포함한다. 개인은 인간의 감각 영역을 넘어서는 세계에 대해 다양한 의견을 가지고 있다. 사회과학이 상호 의존, 협력, 지역사회, 집단 의식을 요청한다면, 종교는 우리에게 형제애를 요청한다.

흔히 공립학교는 종교적 사고와 행동의 원천을 교육해서는 안 된다고 말한다. 우리가 설명한 것이 옳다면, 공립학교가 해야 할 가장 중요한 역할은 사회를 상호 의존하게 만들고, 인류가 서로 형제가 되도록 하는 데 기여하는 사회적 태도, 가치, 지식을 발달시키는 것이다. 종교 교육은 전체를 시도하는 것이 아니라, 전체적인 기반을 조성하는 것이다. 그리고 종교는 이런 교육을 시작하는 출발점이기도 하다.

The Curriculm

4부

건강 교육

14장 체육 교육의 기본 과제

15장 체육 교육

16장 체육 교육의 사회적 측면

14장

체육 교육의
기본 과제

사람의 몸은 여러 경로를 통해서 비워지고 여러 경로를 통해서 채워지는 **에너지의 저장소**다. 이런 비유는 오래전 데카르트가 사용한 것이지만, 현대 과학의 시각으로 봐도 손색이 없다.

사람은 여러 가지 경로로 에너지를 소모하면서 여러 유형의 결과물을 만들어 낸다. 첫째, 체온을 만들기 위해, 둘째, 호흡, 소화, 혈액순환 등 분비물을 배출하거나 조건반사를 하기 위해, 셋째, 몸 안에서 만들어지는 독소를 배출하고 중화하기 위해, 넷째, 생각하고, 느끼고, 흥분하는 등 신경을 쓰기 위해 에너지를 쓴다. 에너지 소모는 계속 일어나지만, 무엇을 하느냐에 따라 쓰는 에너지의 양은 다르다. 사람은 깨어 있는 시간 동안 거의 대부분 에너지를 사용한다.

우리는 영양분을 유입하는 여러 경로를 통해서 에너지를 축적한다. 이 과정은 항상 지속적이지만 똑같지는 않다. 에너지를 충전하는 시간은 주로 잠을 자는 동안이다. 잠자는 동안 에너지를 저장하지 않으면, 에너지의 양은 격감한다.

정상적인 조건에서 건강한 사람은 에너지를 거의 100% 저장한다. 사람은 매일 에너지를 유입하고 소모하는데, 에너지를 조금만 소모하면, 들어오는 에너지의 양도 준다. 만약 매일 에너지를 소모하는 양이 정상적인 범위를 벗어날 정도로 많으면, 에너지의 유입 양도 많아진다. 따라서 특별한 경우를 제외하고는 사람의 신체는 에너지의 축적과 소모를 위해 온전히 100% 작동한다. 이런 측면에서 사람의 몸 상태를 대략 [그림 14-1]처럼 나타낼 수 있다.

그러나 일, 놀이, 걱정, 신체 독성과의 격렬한 싸움, 정신적 흥분 등으로 인해 에너지의 유입보다 소모가 더 많은 날이 있는데, 이런 날은 활력이 떨어진다. 활력 수준이 100%가 아닌 70~50%가 될 것이다.

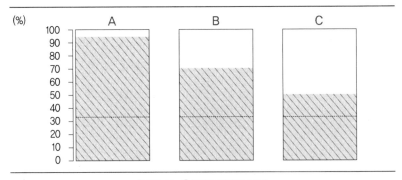

[그림 14-1] 개인의 활력 차이

활력 수준이 낮아지면 낮아질수록 몸은 약해진다.

낮은 활력 수준에서도 몸은 정상을 유지할 수 있다. 매일의 에너지 유입과 소모를 통해서 몸은 다시 평형을 유지한다. 이렇게 되면 활력 수준이 더 낮아지거나 더 높아지지 않는다. 신체 효율성이 50% 정도 의 생활을 하는 사람은 에너지의 유입과 소모가 낮다. 활력 수준이 계 속 떨어지면, 이는 생리적으로 고착되어 무기력해진다. 그러나 활력 이 떨어지는 원인을 찾아서 제거하고 에너지의 유입과 소모를 확실하 게 관리하면 활력 수준을 원래대로 끌어올릴 수 있다.

일의 효율성을 위해서
/

활력 수준을 50%로 유지하는가, 100%로 유지하는가는 큰 차이가 있다. 직업의 효율성은 일의 정확성, 속도, 인내 등과 관련된다. 이런 효율성은 활력이 충만할 때 가능하다. 반면, 불안해하고 활력이 낮은 사람은 짧은 시간 동안 많은 에너지를 써야 하고 많은 노력을 해야 한 다. 그는 하루, 한 달 등 시간이 갈수록 효율성을 유지하기 힘들고 회 복력이 약해진다. 에너지 소모는 큰 데, 에너지 보충은 에너지를 소모 하는 것만큼 빠르게 일어나지 않는다. 균형을 유지하려면 변화가 크 지 않아야 한다. 다시 말해서, 활력이 충분한 사람은 하루하루 시간 이 지나도 오랜 시간 동안 노력을 많이 하고 에너지를 많이 쓸 수 있 다. 에너지 사용이 급증해도 회복 역시 똑같이 즉각적이고 빠르다. 격 렬하게 움직이더라도 다음 날이 되면 활력을 이전 수준으로 회복할 수 있다. 그는 효과적으로, 참을성 있게, 빠르게 일한다. 또한 그는 정확하고, 그의 신경은 정상적이고, 통제 가능하며, 안정적이다. 하지만 활력이 낮은 사람은 움직임이 둔해지고, 불안해하며, 안정적이지 않고, 불확실하다. 또한 정신 활동의 범위가 좁고, 동시다발적으로 일하지 못하며, 일하면서 일어날 실수나 사고를 두루 살피지 못한다. 최근 직업 분야에서는 이런 사람을 선호하지 않는 편이다.

직업 분야에서 필요로 하는 사람은 그 일을 즐기는 사람이다. 준비된 사람은 일을 쉽게 하고, 확신을 가지고 하며, 정확하게 한다. 그리고 그리 힘들이지 않고도 바라는 결과를 낸다. 이런 사람은 '신경이 곤두서 있지' 않다. 그는 스스로의 힘으로 일을 하고, 일에 대한 신경과민을 일으키지 않는다.

따라서 직업의 효율성과 관련해서 교육이 해야 할 일은 바로 개인의 신체 활력 수준을 높이는 것이다.

도덕성을 위해서
/

개인 및 국민의 신체 조건은 도덕성 및 시민성과 밀접하게 관련되어 있다. 요즘같이 복잡한 시대에 도덕성은 한편으로 지역사회, 국가, 세계에서 사람들이 하는 일을 폭넓고 분명하게 보는 시각, 개인 및 집단에 대해 공감하는 것, 복지를 해하는 실수나 사고를 내지 않고 일을 수행하는 것의 기초가 된다. 도덕성은 다른 한편으로 반사회적 행동 또는 다른 부정적인 행동 성향을 억누르도록 한다.

사람의 신체 활력 상태는 이 두 측면과 모두 관련이 있다. 심리학은 우리에게 의식이 이 두 가지 상태로 존재한다는 사실을 알려 주고 있다. 관심은 의식에서 중요하다. 우리가 주로 의식하는 것은 중심부에 있는 생각이다. 그러나 의식이긴 하지만 의식하기 힘든 주변부에도 생각이나 느낌들이 있다. 신체 활력 수준이 높든 낮든 사람들은 의식 중심부에 있는 생각을 지니고 있다. 신체 활력 수준이 높은 사람과 낮은 사람의 차이는 주변부에 있는 생각에 대한 인식 정도다. 신체 활력 수준이 높은 사람은 주변부에 있는 생각도 풍부하고 폭넓게 한다. 그는 마음속으로 한 번에 많은 것을 떠올릴 수 있다. 결국 이런 사람은 정신 활동의 폭이 넓고 안목이 있는 사람이다. 사회적 관계는 한 번에 많은 것을 보고 더 넓게 인식하는 것과 관계가 있기 때문에, 그는 현대사회의 사회적 관계가 무엇을 요구하는지 알고 인식한다. 관계에 따라 현명하고 정당하게 행동하고, 관련된 일에 대해 최선을 다해 관심을 갖는다. 그는 도덕적으로 책임 있는 사람이다.

신체 활력 수준이 중간쯤인 사람의 주변 삶은 매우 좁다. 그는 마음속으로 한 번에 매우 적은 것들만 떠올린다. 그리고 미묘하고 복잡한 관계를 충분히 보지 못한다. 현대인이라면, 그는 사회에서의 자신의 위치, 권리, 책임을 알아야 한다. 그러나 그의 신체 상태가 이런 안목을 방해한다. 도덕적으로 그는 중간 정도의 책임감을 가지고 있다. 호의를 베풀어도, 그것을 인식하지 못하기 때문에 도덕적으로 행동하기가 좀 더 어렵다.

신체 활력 수준이 낮은 사람은 여러 가지 장애물이 더 많다. 그는 거의 주변을 보지 못한다. 그의 마음속에는 주요한 생각뿐이다. 그는 마음속으로 복잡한 사회적 관계를 보는 데 필요한 많은 것을 한 번에 떠올리지 못한다. 그 결과 그는 무책임하고 무능력해 보인다. 그는 어떻게 해야 할지 몰라서 많은 것을 놓치기 일쑤다. 또한 본능, 열정, 충동에 따라 행동한다. 그런 그의 행동은 좋지 않고, 죄악으로 비칠 때도 있다. 그러나 이런 것은 그의 신체 활력 상태가 낮기 때문이다. 비록 죄를 지었더라도 그는 병원 치료를 받아야 한다.

이전의 논의에서 우리는 올바른 도덕적 행동의 긍정적 추진력에 주목해 왔다. 또한 통제 문제도 있다. 신체 활력 수준이 높은 사람은 자신의 행동을 완벽하고 확실하게 통제한다. 에너지가 고갈되고 주변이 좁은 사람은 자신의 행동을 통제하는 힘이 약하고 통제하더라도 불확실하게 통제한다. 신체 활력 수준이 높은 사람과 낮은 사람이 같은 생각을 한다고 해 보자. 어떤 행동은 반사회적이고, 바람직하지 않으며, 범죄일 수도 있다. 신체 활력 수준이 높은 사람은 나쁜 행동을 생각할 때, 그것이 본능이라고 하더라도 그것이 낳을 결과를 동시에 생각한다. 그는 바람직하지 못한 것들을 보기 때문에 나쁜 행동이나 생각을 버린다.

시민성을 위해서

민주주의 국가는 개인에게 자신이 생각하는 대로 행동할 수 있는 자유를 많이 허용한다. 그러나 오늘날 민주주의는 상호 의존적이다. 즉, 민주주의와 기관 모두 정체성의 입장에서 판단해야 한다. 따라서 개인은 사회적인 체제 전체를 보아야 하고, 전체에 협력해야 한다. 집단적인 판단을 하기는 쉽지 않다. 그래서 시민은 수없이 많고 복잡한 관계를 보려고 해야 하고, 한 번에 수많은 일을 한꺼번에 판단할 줄 알아야 한다. 신체 활력 수준이 높은 사람은 그렇게 한다. 신체 활력 수준이 낮은 일부 사람은 그것이 불가능하다. 이제 시작된 민주주의는 불안정하기 때문에, 무지한 소수의 의지가 아니라 어느 정도의 신체 활력 수준을 가진 일반인을 필요로 한다. 확실히 의심할 여지없이, 일부 유럽 민주주의 국가가 불안정한 이유는 그 나라 국민들의 신체 활력 수준이 낮기 때문이다.

시민성을 위한 교육에서 가장 중요한 것은 신체적 효율성인 기반이다.

여가 활동을 위해서
/

5부에서 우리는 여가 활동이 인간의 삶에서 어느 정도 중요한지에 대해 논의할 것이다. 우리가 예술, 문학, 음악, 과학, 철학, 종교에 공감하는 이유가 있다. 우리는 이런 것이 문명화된 상태를 안정적으로 지속시키는 데 필요하다고 생각하기 때문이다. 그러나 여가 활동을 위해서는 해야 할 일이 많더라도 시간을 확보하고, 여가 활동에 필요한 에너지를 충전해야 한다. 신체적으로 효율성이 낮아지면, 생산의 효율성도 낮아진다. 실수를 바로잡고, 싸우고, 소진하는 데 시간과 에너지가 낭비된다. 그래서 인간 활동을 위한 여유가 없다. 또한 높은 수준의 문학, 과학, 종교와 같은 폭넓은 교양의 이점을 인식해야 한다. 이러한 인식은 신체적으로 활력이 있는 사람에게 가능하다. 협소한 의식을 가진 사람은 폭넓은 교양을 의미 있게 여기기 힘들고, 다른 것들과 관련해서 보지 못한다. 이처럼 그는 그것들을 의미 없다고 생각하기 때문에, 관심을 갖지 못하고, 지루하거나, 당혹스럽거나, 귀찮다고 생각한다. 그는 그것들을 떠나 더 단순하고 더 낮은 쾌락을 추구한다. 이렇듯 신체적 기반 없이는 높은 수준의 교양도 보장하기 힘들다.

교육의 한 측면은 신체의 효율성 정도를 발전시키는 것이어야 한다. 그렇지 않은 경우, 그 교육은 성공하기 어렵다.

복지를 위해서

／

사람들이 소망하는 건강이란 그냥 '잘 지내는 것'이다. 말하자면 갑자기 병이 나거나 신체적으로 위험하지 않은 것이다. 그런데 신체 활력 수준이 낮은 사람이나 부정적인 사람도 잘 지낼 수 있다. 보통 사람은 병이 나으면 일을 한다. 사람들은 이런 조건에 익숙하며 신체적으로 습관이 되어서, 그의 삶의 무게가 두 배로 가중될 수 있음을 잘 알아차리지 못한다. 신체 활력의 표준은 부족하고, 이를 측정하는 방식도 개발하지 못했다. 사람들이 성공하는 데 필요한 신체적 효율성의 표준을 정확하게 정의해 온 것은 산업도, 시민성도 아니다. 따라서 사람은 신체적으로 효율적이지 않은 낮은 수준에서 '잘 지내기도 한다'.

어떤 사람은 유행성 감기, 기관지염, 편도염, 폐렴, 류머티즘 등 여러 가지 병에 잘 걸린다. 반면, 어떤 사람은 신체적으로 건강하고 대부분 좋은 습관을 가지고 있으며, 사고를 극복하고 대부분의 질병에 대해 면역이 있고, 전반적으로 면역력이 강한 편이다.

후자, 즉 건강한 사람은 생리학적으로도 우수하다. 종종 신체 활력이 고갈되어 신경이 예민해진 사람은 지나치게 움직이고, 흥분하고, 필요 없는 데 에너지를 낭비한다. 그러나 신체 활력이 높은 사람은 차분하고, 안정적이고, 직접적이고, 정확하다. 그는 쓸데없이 자신을 소진시키지 않는다. 따라서 이런 사람은 신체 활력 수준이 낮은 사람보다 스스로를 더 잘 유지할 줄 안다.

또한 탄력성이 있다. 신체 활력이 높은 사람은 일에 대한 스트레스나 부담감이 적다. 일은 힘들지만, 매일 에너지를 회복한다. 그러나 신체 활력 수준이 낮은 사람은 탄력적이지 못하다. 이런 사람은 갑자기 병에 걸리고, 회복이 느리며, 보통 수준의 기력도 내기 힘들다.

따라서 교육의 이상은 잘 지내는 것이고, 최고의 교육은 신체 활력 수준을 높이는 것이다. 이처럼 교육은 부정적인 활동이 아닌 긍정적인 활동이다.

15장

체육 교육

아동이나 성인을 대상으로 하는 체육 교육의 목적은 그들의 신체 활력 수준을 가능한 한 100%로 유지하게 하는 것이다. 그러나 교육은 이를 완벽하게 하기보다는 최고의 수준을 유지하게 하는 데 그 목표를 둔다. 이런 체육 교육은 근육 운동으로 생각해 볼 수 있다. 체육 교육은 늘 많은 양의 근육 운동을 포함하지만, 적절한 수면과 영양, 식습관, 공기, 온도, 채광, 균형 잡힌 신체, 병원균으로부터의 보호, 낭비 제거, 건강한 정신 상태와 같은 것도 포함한다.

체육은 오랫동안 학교에서 가르쳤다. 그러나 누군가 얼핏만 봐도 학교에서 가르치는 체육 교육내용은 학생의 신체에 비효율적이며, 신체적으로 결함이 있고, 왕성한 신체 활력을 유지하게 하지 못했음을 알 수 있다. 체육 교육은 상대적으로 신체에 필요한 여러 가지 요소를 살피지 못해 왔다. 사람들은 교육을 교실에서 하는 것이라고 생각해 왔고, 그래서 학교라는 곳에서 할 수 있는 것을 제한해 왔다. 교육자들은 지역사회의 다른 장소에서 할 수 있는 경험에 대해 관심을 갖지 않았다. 이 책에서는 다른 어떤 주제보다도 이런 원시적인 교육에 대한 사고나 실천이 가진 한계를 드러내고자 한다.

좋은 체육 교육은 한 가지 방식만 있는 것이 아니다. **바로 생생한 것**이다. 사람은 신체 활력 수준을 높여야 하고, 신체 활력의 낭비를 적극적으로 예방해야 한다. 이런 일은 책을 통해서, 학교 생활을 잘해서 또는 시험을 잘 보는 것으로 배우지 못한다. 하루 24시간, 일주일에 7일, 일 년의 매주를 활기차게 살 수는 없다. 자연히 학생은 해야 할 일에 대한 예비 생각을 가져야 한다. 그들은 책, 교사, 간호사, 의사, 트레이너들의 도움을 받지만, 일련의 체육 교육 활동은 예비 단계다. 활력있게 사는 생각을 의도적으로 하지 않으면, 예비 단계 자체가 필요 없다. 학생들이 올바른 삶에 대한 몇 가지 생각을 가지고 있다고 가정해 보자. 학생이 생각을 하지 않으면 신체 활력을 획득할 수 없고, 결과적으로 체육 교육도 할 수 없다. 교육과정은 **생생해야** 한다.

전통적인 체육 교육인 근육운동으로 설명을 해 보자. 우리가 알고 있듯이 우선 체육 활동은 일반적으로 학교 밖에서 하는 활동이다. 아직 학교에 입학하지 않는 6세 남자아이에게 만보기를 채워서 하루 동안 지켜보면, 그 아이는 놀면서 10마일 넘게 걷는다. 노는 것이 10마일 걷는 것과 같은 근육운동 효과가 있다는 것이다. 아이가 매일 4시간 정도 학교 밖에서 논다고 할 때 이를 일 년 동안 매일 하는 것으로 계산하면, 그가 해야 할 근육운동의 4/5를 학교 밖에서 한다는 결론에 이른다. 이처럼 보통 학교 밖의 경험이 더 활발하고, 따라서 경험의 발달은 대부분 교사의 지도 아래 일어나지 않는다.

일반적으로 두 가지 유형의 교육이 있다. 하나는 스웨덴식 또는 독일식과 같이 체계적인 체육관 활동이다. 이런 활동은 주로 실내 활동들이다. 실내 활동은 스틱, 곤봉, 아령 등을 포함한다. 그것은 일반적으로 자발적으로 하기보다는 지시에 따라 한다. 그래서 아이들이 놀이 동기play-motive로 시작해서 놀이 정신play-spirit으로 하지 않기 때문에 놀이가 아니다. 차라리 주어진 과업을 완성하고자 하기 때문에 일에 가깝다. 지도하는 사람이 권고하는 대로 해야 하는 '관리 감독된 놀이supervised play'라고 표현할 수 있다. 이런 놀이는 놀이의 자율성을 보장해 주지 않기 때문에 놀이라고 하기 어렵다. 이처럼 형식적으로 하는 체육관 활동은 놀이 정신에 위배되고, 심지어 놀았다는 것을 기억하지 못할 정도로 체계적이고 관리 감독적인 활동이다. 이런 유형의 활동은 일상적인 생활과는 다르다. 따라서 그것을 적절한 체육 교육이라고 하기 힘들다.

다른 한 유형의 체육 교육은 놀이 정신을 가진 아이들의 놀이를 제도화한 것이다. 이 분야의 선도자는 실내외, 남녀노소가 하는 여러 가지 놀이와 게임을 수집한다. 공으로 하는 게임, 잡기 놀이, 모든 종류의 운동 경기, 음악과 함께 또는 음악 없이 하는 무용, 민속 놀이와 춤 등 즐겁게 할 수 있는 것이면 모두 교육으로서 적절하다. 아이들의 생활 속에 있는 것과 가장 비슷한 것들을 학교로 옮겨 온다. 학교 교육이 관심을 가져야 하는 것이 바로 이런 것들이다.

일반적인 학교 생활에 이 같은 놀이 활동을 추가해야 한다. 경험적 교육은 실험실, 가게, 주방, 학교 정원, 지역사회 관찰과 조사, 지역사회의 실제 일 참여, 합창단 활동, 연주 활동, 마을에서의 공동 작업 등의 활동을 도입한다. 일반적으로 정상화된 교육normalizing education에서는 훌륭한 체육 교육도 제공해야 한다.

아픈 사람을 치료하듯이, 비정상적이고 기형적인 신체를 운동으로 교정해 주려면 체조를 체계적으로 해야 한다고 주장할 수도 있다. 그러나 이것은 치료이지, 보통 아이들의 정상적인 근육 발달을 위한 활동은 아니다.

그러나 대부분의 교사는 전통적으로 해 왔기 때문에 전형적인 체조를 주로 선호하는 것 같다. 저자는 초등학교 교사들에게 학생에게 도움이 되는 신체 활동이 무엇인지 물어본 적이 있다. 68명의 교사 중에서 48명이 체조라고 답했다. 그리고 20명은 실외 게임과 놀이라고 했다. 또한 교사에게 학생들은 어떤 것을 원하는지를 물어봤더니, 교사는 아이들이 게임을 더 좋아한다고 했다. 하지만 교사는 아이들이 좋아하는 신체 활동을 하도록 하지 않으며, 아이들이 좋아하는 근육 활동을 해서는 그들이 발달하기 힘들다고 생각한다. 그래서 충분히 발달할 때까지는 발달을 촉진하는 활동을 해야 한다고 생각한다.

특히 초등학교에서 체조는 학생에게 안도감을 주고 정신 활동에 집중할 수 있도록 한다는 이유로 강조해 왔다. 아이들은 긴장을 해소할 필요가 있고 곤두선 신경을 완화해 줄 필요가 있다. 이것이 사실이긴 하지만, 그 방법은 그리 효과적이지 않다. 이런 목적이라면 교실에서

창문을 열고 5분 동안 하는 활동보다는 같은 시간 동안 한 블록 정도 뛰게 하는 것이 더 효과적이다. 달리기는 가장 보편적인 운동인데, 이는 체조가 갖고 있지 않은 자발성과 사회성을 가지고 있다. 또한 체조에 비해 활발하고 의욕적이다. 달리기를 하면 아이들은 얼굴이 빨갛게 상기되고, 심호흡을 하며, 신체 조직이 활발해지게 한다. 달리기는 주의 집중에 따른 긴장을 완화하게 하는 운동이다.

모든 움직임을 지시에 따라 하는 체조와 비교해 보자. 한 체조 매뉴얼에서 인용하면, "강한 집중은 필수적이다. 교사는 동작을 지시해야 하고, 학생은 그 지시에 따라야 하며, 교사는 학생들이 빨리 움직여야 겠다고 생각하도록 목소리를 내야 한다. 운동의 질과 가치는 지시 이행에 전적으로 의존한다. 지시는 수행에 대한 신호이고, 그래서 정확하고 신속하게 표현해야 한다." 다시 말하면, 이런 운동은 이완을 의도하지 않는다. 반대로 주의를 집중하는 것을 중시한다.

게다가 이완은 엄격한 근육 운동을 통해 이루어지는 것이 아니다. 근육 운동은 대부분 기계적이고 활기 없는 일련의 형식적인 자세를 유지하는 것이다. 어떤 매뉴얼에서는 "근육 운동은 즐거움과 평정심의 상태에서 수행해야 한다."라고 설명한다. 그러나 학생들이 정신적으로 이완을 할 필요가 있을 때, 이러한 고요함과 평정심은 별 도움이 되지 않는다. 학생에게는 에너지를 배출 또는 분출하는 모종의 활동이 필요하다. 그러나 체조에서는 이런 활동을 바람직하다고 보지 않는다. 학생이 운동을 할 때는 바른 자세로 꼿꼿이 서 있어야 하며, 운동을 하는 동안 웃고, 미소를 짓고, 귓속말을 하는 것은 올바른 태도가 아니다. 즉, 그들은 평온한 표정과 태도로 침착하게 생각을 해야 한다. 아이들을 아는 사람은 이런 놀이가 평범한 것이 아니라는 것을 알고 있다. 기분 내키는 대로 웃고, 소리 지르고, 돌아다녀야만 학습에 따른 긴장을 해소할 수 있다는 것을 알고 있다. 실제라기보다는 교육적 환상같이 느껴지는 이러한 체육 교육 및 수업은 1910년대에 고안되었다.

놀이 경험이 중요한 이유는 놀이가 삶에서 습관이 되어야 하기 때문이다. 성인이 되면 아동과 청소년처럼 몸을 많이 움직이지 않는다. 그래서 학교 교육을 통해서 신체 운동을 많이 하도록 준비시켜야 한다. 성인은 여가를 즐기고 있는데 관리 감독을 하려 하면 이를 거부한다. 그들은 자기가 하고 싶지 않다면 하지 않을 것이다. 만약 학교 교육을 통해서 아동과 청소년이 다양한 스포츠와 게임을 하도록 하고, 운동을 좋아하고 습관화하도록 해 준다면, 그들은 성인이 되어서도 즐거운 마음으로 운동을 할 것이다. 그러나 그들은 체조를 계속하지는 않을 것이다. 설령 어린 시절 신체 발달을 이루는 데 도움이 되었다 해도, 체조는 성인이 되었을 때의 필요를 충족시키지는 못할 것이다. 우리는 교육이 성인 삶을 준비하는 것임을 잊는 경향이 있다. 이런 성인으로서의 삶에 필요한 것들은 한꺼번에 습득할 수는 없으며, 따라서 교육은 평생 계속 해야 한다.

이쯤에서 체육 교육과 관련된 다른 요소들을 생각해 보자. 아동·청소년기에는 학교 생활, 음식, 공기, 수면 등을 통해서 100%의 신체 활력 수준을 유지해야 한다. 이런 신체 활력을 갖는 것은 근육 운동만큼이나 중요하다. 성인이 되어서 자신의 일을 주도적으로 하려면, 교육을 통해서 알맞은 식습관, 환기 습관, 수면 습관 등이 몸에 배게 해야 하고, 몸을 움직이는 운동 습관을 평생 유지하게 해야 한다. 교육은 학교에서 할 수 있는 것들을 제도화하고, 할 수 없는 것들은 제도화하지 않았다. 여전히 불량식품이나 나쁜 식습관은 잘못된 근육운동 습관만큼이나 만연해 있고 해롭다. 그리고 환기, 수면, 낭비 제거, 정신 상태 문제도 있다. 이런 문제는 비효율적인 체육 교육과 완성도가 떨어지는 프로그램 때문에 발생한다.

이런 것과 관련된 활동들 대부분은 학교에서 하기 힘들다. 식습관과 관련해서는 고등학교에서의 급식 외에는 할 수가 없다. 수면 활동은 어떤 학교에서도 할 수 없다. 환기 활동은 학교에 식물을 심는 것으로 대체하는데, 이 경우 학생이 직접 심도록 한다. 학생들은 학교에서 혹은 학교 밖에서 이런 활동을 할 수 있다. 미생물을 보호하는 경험은 학교에서는 하기 힘들지만, 집이나 지역사회에서는 24시간 할 수 있다. 의복을 통해서 체온을 유지하고, 방의 온도를 조절하는 등의 일부 활동은 학교에서 할 수 있지만, 대부분의 이런 활동은 주로 학교 밖에서 한다. 낭비를 없애고, 몸을 청결하게 하는 활동 등도 부분적으로 학교에서 할 수 있다. 교육은 주로 일상적인 생생한 경험이어야 한다.

예를 들어, 우리가 사는 도시에서 실제로 집에서 하는 욕실 청소와 같은 몇 가지 일은 학교에 도입하자는 의견도 있다. 지역사회에서 경험할 수 있는 것들을 학교에서도 경험할 기회를 주어야 한다는 것이 학교 교육의 원리다. 그러므로 우리는 현재 조건하에 집에서 해야 하는 일상적인 경험들을 학교 교육으로 제도화해야 한다. 교육을 통해서 이런 조건들을 빨리 개선해야 한다. 대체 기회를 도입한다는 점에서 학교는 지역사회의 발전에 기여하는 기관이다. 학교에서 성공하는 만큼 학교에서 할 일이 줄어들고, 그 일이 원래 있던 곳으로 되돌아간다.

여기서 우리는 전문가로서 책임감을 느낀다. 그러나 진보적인 학교에서는 이미 어느 정도 이런 프로그램을 운영하고 있다. 먼저 의료진, 보건 교사, 체육 교사들이 아이들의 신체 조건 및 습관을 정확하게 결정하는 것이다. 이 단계에서는 아이에게 어떤 결함이 있는지, 체격과 습관이 이미 좋게 형성되었는지, 교육이 필요한지 여부를 판단해야 한다. 학교는 학생과 그의 부모에게 이런 점들을 인식하도록 해 주어야 한다. 학생이 스스로 하도록 필요한 정보를 제공하고, 그가 계획을 세워 실천하도록 도와주고, 집이나 지역사회에서 그런 기회를 주고 격려해야 한다. 그런 다음 학생이 스스로 해 보도록 지도해야 하고, 이런 교육 경험을 하도록 교육해야 한다.

아동이 이런 활동을 완벽하고 올바르게 수행하기 위해서 성인(부모, 동료, 교사, 간호사, 체육 교사)은 본을 보이고 솔선수범해야 한다. 전문가와의 접촉은 학교뿐만 아니라 지역사회에서도 필요하다. 교사가 의사, 농부, 대장장이보다 더 장기적으로 도움을 줄 수는 없다. 학교에 다니는 동안 학생이 필요한 것을 습득하도록 해 주어야 한다. 교사와 학생이 모두 기억할 수 있는 것이어야 하고, 지속적으로 접촉하지 않아도 계속해서 영향을 주는 것이어야 한다.

이런 프로그램은 교사, 지역사회의 성인, 학부모 모임, 지역의 유지들의 도움을 필요로 한다. 그것은 그들을 학교 밖의 더 큰 실제 세계로 나아가게 한다. 그것은 교실에서 하는 작업을 지역사회 일의 전체 조직에서 실제 그 작업이 행해지는 곳에서 하게 한다. 이런 프로그램을 통해서 학생은 교육을 삶으로 보고, 교육을 삶과 관련지어서 본다. 그것은 아이들의 세계에서 사는 경험을 통해서 전문성을 지닌 성인 (남자와 여자)을 만든다. 보다 높은 단계의 성인의 삶으로 이끌고, 새로운 세대의 성인이 되는 데 필요한 보다 넓은 관점을 심어 주고, 성숙한 지역사회 구성원이 되게 하고, 성인 세계를 유지하게 한다. 교사는 오랫동안의 학문적인 전통에 익숙해져 있고, 성인의 세계에서 당면하는 복잡한 문제로부터 벗어나 있기 때문에, 자연히 그들의 책임 증가 또는 책임으로부터의 해방을 모두 두려워한다. 그러나 지금은 전환의 시대다. 새로운 세계가 출현하고 있다. 우리는 전문가로서 판단하고 책임을 질 것을 요구받고 있다. 전 세계에서 이런 생각과 실천이 점점 더 요구되고 있다. 이런 것을 두려워할 것이 아니라 환영해야 한다. 새로운 시대는 우리가 전문가가 될 기회를 주기 때문이다.

16장

체육 교육의
사회적 측면

　상호 의존적이고 복잡한 관계를 맺을 수밖에 없는 시대에 사람은 신체적 복지 관련 조건을 단독으로 결정할 수 없다. 그런 결정은 거의 사회적으로 이루어진다. 예를 들어, 식료품을 구하는 데도 수천 가지 경로가 있고, 식품은 불량식품이나 가짜여서도 안 된다. 음식은 개인의 위생 문제만이 아닌 사회 전체의 공통 관심사다. 따라서 이런 목적을 지향하는 사회 교육이 필수적이다.

　모든 일도 마찬가지로 상호 의존적이다. 물 공급, 하수 처리, 거리, 기차, 공공 건물의 환기, 도시의 담배 연기, 먼지, 가스로 오염되지 않은 깨끗한 공기 제공, 유해한 미생물의 방지와 박멸, 파리, 모기 또는 다른 병들을 옮기는 세균의 예방, 공장, 광산, 가연성 건물들과 교통 체증, 노동자들의 노동시간과 위생적인 환경, 공공 놀이 시설의 제공, 소음 제거, 술, 마약과 독약품의 유통에 대한 공적 관리, 학교, 호텔, 음식점, 가게, 극장, 교회, 병원, 교도소 또는 공공기관의 위생 시설, 도덕적인 의료 공동체 구축, 사회문제의 억제, 정신적 안정에 도움이 되는 사회, 경제 및 정치, 건강 업무를 맡을 부서 지원, 건강 관련 정보의 수집, 공개 및 활용, 빈곤 극복, 신체 효율성에 영향을 미치는 표준 설정, 그리고 이 모든 일을 협력해서 수행하는 데 필요한 지식, 태도, 가치의 일반화 및 보급 등이 그 예다.

교육은 실제 수행을 위한 것이다. 따라서 실천 수준을 정해서 교육에 활용하고, 실천해야 한다. 이와 관련된 지식, 습관, 가치를 안내하고 바른 행동을 촉구해야 한다.

사회적 삶과 관련된 이런 교육을 학교에서 하도록 하기는 어렵다. 따라서 학생은 교사의 안내에 따라 성인과 함께 성인의 세계에서 하는 활동을 해야 한다. 성인은 학생을 지켜보고, 조력자로서 도와주고, 교육에 대해서는 보조적으로, 다른 분야에서는 주요 책임자로 활동해야 한다. 그리고 일에 대한 책임감을 이야기할 것이다. 학생은 다양한 읽기를 통해서 건강에 대해 폭넓게 이해하고, 학교에서 의사, 간호사, 체육 교사와 함께 건강과 시민 관련 문제를 토의할 수 있다. 이런 활동을 통해서 학생들은 성인기를 준비할 것이고, 유년기에 필요한 사회 교육을 받게 될 것이다.

놀이권장

/

이 과제는 예시를 통해서 더 잘 설명할 수 있다. 먼저, 아동과 성인을 위한 적절한 신체 놀이 시설을 제공하고 유지하는 협력적 과제를 들어 보자. 어떤 사람은 놀이를 교육으로 할 필요가 없다고 할 수 있다. 놀이를 위해서는 성인이 재정을 마련하고, 관리인을 둬서 놀이 시설을 제공하고 유지하면 충분하다고 한다. 이 말도 일리가 있다. 그러나 이는 마치 철자법이 글자를 순서에 맞춰서 놓는 단순한 것이기 때문에 교육을 할 필요가 없다고 말하는 것과 똑같다. 그러나 그냥 글쓰기도 인간이 그것의 가치를 알고 글을 쓰기를 바라고, 글을 바르게 써야 한다는 것을 알기 전에는 교육을 할 수 없다. 모든 일은 교육을 필요로 한다. 재정을 마련해서 놀이 시설을 갖추고, 유지하고, 현명한 관리자를 두고, 효율적으로 서비스를 제공하는 것 등의 이런 일을 하려면 사람들이 자신과 자녀를 위한 신체 놀이의 가치를 깨닫고, 신체 놀이를 하기를 원하고, 확실하고 효율적이고 경제적으로 신체 놀이를 하는 방법을 알아야 한다. 그들은 첫째, 놀이에 대한 가치, 공감, 태도 를 위한 교육, 둘째, 놀이의 수단과 과정에 대한 지식 교육이 필요하다. 여기서 둘 중 첫 번째 교육이 더 필수적이다. 첫 번째 교육은 두 번째 교육의 전제가 된다. 또한 사람들에게 놀이의 본질을 알아차리게 하고, 오랜 놀이 경험을 통해서 놀이 정신을 알게 하는 것이다. 첫 번째 교육의 목적은 두 번째 교육의 목적인 지식보다 더 심오하다. 이를 통해 가치, 공감, 태도 측면이 이루어지면, 지식 측면은 쉽게 다룰 수 있을 것이다.

이런 교육의 가치는 아동과 청소년이 **그들이 필요로 하는, 모든 학생을 위한 놀이 경험**(테니스, 야구, 스케이트, 농구, 축구, 달리기, 전통 놀이, 춤 등)**의 기회**를 가질 때 나타난다. 교실에서 관련 책을 읽고, 발표하고, 교사가 말하는 것을 잘 듣는 것으로는 놀이의 본질을 알 수 없으며, 놀이에 가치를 부여하기도 힘들다. 따라서 궁극적으로는 결코 놀이 교육의 목적을 달성할 수 없다.

혼자 하는 놀이도 사회적 가치를 형성하는 데 충분하지 못하다. 어떤 개인이든 개인적 경험은 제한적이고 불완전하다. 사람은 폭넓게 볼 줄 알아야 한다. 그리고 이런 폭넓은 사회적 비전을 갖기 위해서 독서를 해야 한다. 이런 식으로 사람들은 지역사회뿐만 아니라 국내의 여러 도시와 지역, 다른 대륙과 다른 시대의 여가 생활을 볼 줄 알아야 한다. 지구촌 곳곳의 사람들의 삶에 존재하는 놀이를 찾아봄으로써 인간 삶의 근본으로서 놀이의 가치를 알 수 있다. 따라서 학생들은 고대부터 오늘날까지 사람들의 신체 놀이(놀이이면서 사회적인 것)에 대한 적절한 역사를 읽을 필요가 있다. 그리스, 로마, 페르시아, 중세 유럽, 스페인, 영국, 독일, 일본, 미국의 놀이 역사를 읽을 필요가 있다. 각 경우에 최근의 역사를 다룬 장은 충분해야 한다.

놀이를 하고, 놀이를 관찰하고 놀이에 대한 책을 읽을 때, 놀이의 지식 측면, 놀이의 생리학, 구체적인 심리학, 사회·경제적 측면은 쉽게 도입된다.

질병과
싸우기

/

실제적인 사회 교육을 위한 두 번째 협력적 과제는 질병을 예방하고 물리치는 것이다. 이 과제를 수행하기는 정말 어렵다. 다른 것과 동일한 방식으로 추진하기가 어렵기 때문이다. 그것은 기분 좋은 일도 아니다. 학생들이 위험하기 때문에 질병 및 그것의 원인에 직접 접촉하지 못하기 때문에 더 어렵다. 직업 교육이나 시민 교육은 가능한 한 학생들이 실제와 접촉하도록 하지만, 질병 분야는 교육의 조건이 이들과는 반대된다. 학생은 일을 이해하기 위해서 일을 해야 하고, 놀이를 이해하기 위해서 놀이를 해야 하지만, 질병을 이해하기 위해서 질병에 걸려야 하는 것은 아니기 때문이다. 여기서 교육상의 문제는 직접 경험 없이 이해하도록 해야 한다는 것이다. 역사나 외국 지리처럼 독서나 강의가 충분히 명확하고 확실하게 직접 경험을 대신할 수 있기 때문에 구체적인 독서와 직접적인 강의에 의존해야 한다. 이와 같이 실제 경험이 시공간상의 한계 또는 위험성 때문에 제약을 받는 경우, 실제와 접촉하기 위해 언어적 방법을 사용한다.

독서는 주로 역사적이어야 한다. 역사적 독서 자료는 질병의 심각성, 인간과 질병의 전쟁, 질병의 발생 원인을 담고 있다. 예를 들면, [그림 16-1]은 1838년부터 1894년까지 영국과 웨일스의 폐결핵 사망률을 나타낸 것이다. 이 그림에서 사망률은 시작 지점에서 매우 높았고, 종결 지점에서는 매우 줄어들었다. 이런 감소는 질병과의 싸움에서 이기고 상황이 개선되었다는 것을 암시한다.

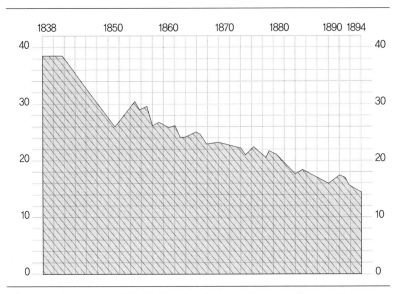

[그림 16-1] 1838~1894년 영국과 웨일스 내 인구 1만 명당 폐결핵으로 인한 사망률

이 그림과 더불어, 질병과의 싸움에 영향을 미치는 요소들을 구체적으로 드러내 주는 생생한 독서가 필요하다. 그 이야기는 이런 싸움을 이끈 사람(남자나 여자)의 전기적 자료를 제시해야 한다. 이런 자료를 통해서 어떻게 질병과 싸우기 시작했고, 어떻게 성공했는지를 보여 주어야 한다. 또한 그것은 열악한 집안 상태, 불결함, 더러운 공기와 채광부족, 평균 수명의 증가, 더 나은 위생 시설과 삶의 질을 높인 임금의 변화, 우유 공급의 향상, 관리 방법의 개선, 병자 격리, 도시 전반의 위생 상태 개선, 지역 및 국가 보건위원들이 한 일과 같은 내용이 담겨 있어야 한다.

다른 대륙에서의 이 싸움의 진전을 보여 주는 유사한 표 및 독서 자료들이 필요하다. 특히 이런 자료들은 우리 자신의 지역 공동체 및 국가를 위해 필요하다. 따라서 학생들에게 이런 경험을 시각화해서 보여 줌으로써 질병과의 싸움의 본질과 심각성을 깨닫게 하고, 공감을 불러일으키고, 적극적으로 참여하도록 해야 한다. 실제 독서 자료와 더불어, 토의, 문제 해결 그리고 정보 일반화를 위한 독서 자료가 추가로 있어야 한다. 이런 사회적 관심을 일깨울 때, 폐결핵의 원인, 세균의 성질, 전염의 유형, 감염 방식, 감염 조건, 감염의 생리적·해부학적 결과 등을 포함하는 더 기술적인 문제에 관심을 갖도록 할 수 있을 것이다. 이런 기술적인 지식을 얻기 위해서는 독서나 의사, 간호사, 과학 교사의 설명이나 또는 잘 만든 해부학과 세균학 관련 도표나 그림을 이용할 수 있다. 때로는 현미경으로 세균을 관찰하는 실험을 통해서 실제로 구체적으로 접근하기도 할 것이다. 학생들의 생각에 실제성을 주기 위해서는 구체적인 이미지를 제공해야 한다. 질병 분야에서는 이러한 접근이 기본이어야 한다.

고등학교나 그 이후 수준의 사회 교육에서는 결핵의 지리적·직업적·사회적 측면 등을 다루어야 한다. 이 경우에는 원인이나 관련성을 해석한 통계나 도표를 중심으로 한다. 이런 자료에서는 인종 및 민족마다 질병에 대한 면역력 차이, 삶의 질에 따른 차이, 직업에 따른 차이, 다양한 변인 차이 등 지구촌의 다른 지역과의 차이를 설명할 것이다.

만약 자료가 구체적이고 경험적이라면, 그것은 누구보다 유아기와 아동기에 적절할 것이다. 질병과의 싸움에 대한 사람들의 관심은 늘 있었다. 마찬가지로 질병과의 싸움도 늘 있었고 엄청났다. 질병 관련 문헌에 나오는 사실들에는 그 어떤 전쟁보다 더 살벌한 갈등이 있다.

대부분의 사람이 죽거나 심하게 다쳤다. 만약 이러한 질병 관련 읽기 자료들이 직접 볼 수 없는 질병과의 전쟁을 상상하게 하고 현실감을 느끼게 한다면, 그 어떤 것보다 좋은 교육 자료가 될 것이다.

[그림 16-2]는 1875년부터 1916년까지 시카고의 디프테리아 역사를 나타낸 것이다. 예방주사는 1896년에 나왔다. 이 그림은 1896년 이전에 승리한 디프테리아와의 싸움을 보여 주지만, 1896년 이후 새로운 무기를 사용할 수 있게 되면서 디프테리아라는 질병과의 전쟁은 대개 승리를 거두었다는 사실도 보여 준다. 학생들은 이런 자료를 읽어야 한다. 그들은 또한 생리학 및 세균학적 원인이나 조건들을 이해할 수 있다. 예방 기술 또한 이해할 수 있다. 학생들에게 이런 그림을

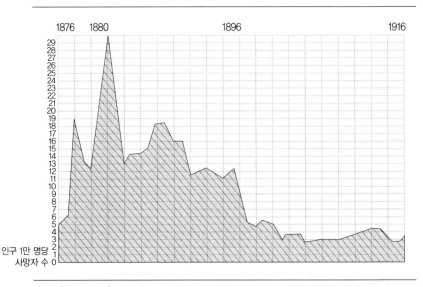

[그림 16-2] 1876~1916년 시카고 내 인구 1만 명당 디프테리아로 인한 사망
출처: Bullutin of the Chicago Department of Health for January (1917).

제시하면, 질병 관련 전체적인 상황과 질병 요소들을 이해할 수 있다. 질병 분야에서 사람들이 이런 생각을 하는 데 필요한 것을 제공하지 못했다.

질병과의 싸움에서 사람들이 항상 이긴 것은 아니다. [그림 16-3] 은 1871년부터 1910년까지 시카고에서 암의 역사를 나타낸 것이다. 암은 꾸준히 증가해 왔다. 신장염, 심장병, 폐렴 등과 같은 다른 질병 들도 증가해 왔다. 이 질병들과의 싸움에서 지고 있는 것이다. 미국을 비롯해서 다른 나라에서도 마찬가지다. 이 질병은 인간의 행복을 저 해하는 것으로 보인다. 그것과의 싸움에서 패배한 곳에서는 이 질병 의 원인과 발병 조건을 이해하기 위한 자료들을 충분히 읽고, 가능하

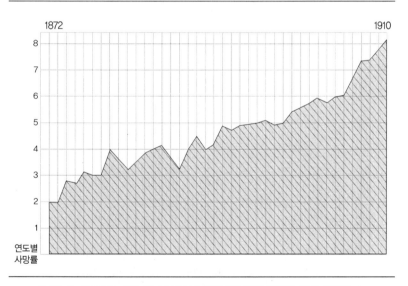

[그림 16-3] 1872~1910년 시카고 내 인구 1만 명당 암으로 인한 사망자 수
출처: Bullutin of the Chicago Department of Health for January (1917).

면 직접 관찰하는 것이 더욱 중요하다.

　이런 역사는 특정한 나라에만 있는 것이 아니다. 어떤 나라든 있다. [그림 16-4]는 1846년 이후 독일의 천연두에 대한 시각 자료다. 이 그림은 백신 접종을 의무화하지 않은 프로이센 전쟁 전, 매년 10만 명당 평균 사망률이 24%임을 보여 주고 있다. 프로이센 전쟁 동안 사망률은 262%로 평균 10배 증가했다. 이러한 사망률 증가는 백신 접종을 의무화하도록 했다. 그 결과, 1875년에서 1886년까지 평균 사망률은 1.5%에 그쳤다. 1886년 이후 사망률은 1%보다 적고, 백신 접종 의무화 이전과 비교해서 1/25이다. 어떤 큰 결과를 내는 것과 상관없이, 백신 접종 부정론자들과의 찬반 논의가 가능하다. 이것이 정상적

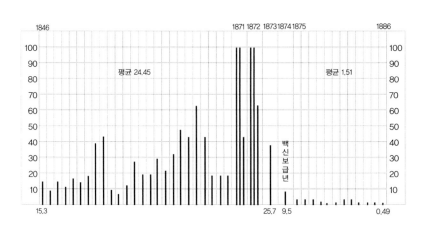

[그림 16-4] 1846~1886년 프러시아 내 인구 10만 명당
백신 접종 의무화 전과 후 사망률 변화

출처: W. B. Saunders & Co.

이다. 개별 부정론자들을 탓하는 것이 아니라, 그들에게 이 생각의 자료를 제공하지 못한 교육을 탓하는 것이다. 학생들에게 천연두에 대한 역사, 비교 가능한 그림 자료, 질병 관련 기술 정보, 백신의 원리, 예방 방법, 이런 체제에서 인간의 행동에 대한 이론 등을 보여 주어야 한다. 이런 정보를 가지면 비판은 해도 부정은 하지 못한다.

건강 관련 전 분야에서 질병, 위생 및 의학 절차만큼이나 명백한 역사적 사실을 필요로 하는 분야도 없다. 현재 훨씬 모호하고 종종 기묘한 사고의 분야다. 사람들에게 생각의 자료를 제공하면, 그들은 건전하게 생각할 수 있다.

이 주제를 마무리하기 전에 앞에서 다소 피상적으로 다룬 이야기에 대해 좀 더 다뤄 보자. 콜린우드 학교Collinwood School와 이러쿼이Iroquois 극장 화재, 이스트랜드Eastland 혹은 타이타닉 침몰과 같은 것들은 사람들의 평범한 삶에서 하루 혹은 한 주 동안 극적인 관심을 끌거나 공포를 느끼게 한다. 이런 사고가 기록한 것들을 지금의 시카고 시로 옮겨와서 이야기해 보면, 유해한 환경과 좋지 않은 건강 조건 때문에 현재 시카고 시에 있는 학교의 학생 1만 2,000명이 졸업하기 전에 생을 마치게 된다. 이는 콜린우드 학교 화재가 60번 이상 발생한 것의 결과와 같지만, 이런 사실을 거의 인식하지 못한다. 이러쿼이 극장 화재가 20번 일어난 것의 결과와 같지만, 어떤 도시나 국가도 이 사실을 알아차리지 못했다. 이스트랜드 혹은 타이타닉이 6번 또는 8번 침몰한 것과 결과가 같지만 그냥 지나치고 실제로 조사가 이루어지지 않는다. 인류에 위협이 되는 대재앙과는 달리 작은 규모이긴 하지만, 이런 위험 조건에 대해 입법부, 시의회, 교육 위원회 그 누구도 적극적이지 않았다. 그 이유는 이런 사고는 어디서나 일어나고, 매년 일어나기 때문이다. 그래서 은근히 숨어서 드러나지 않고, 위험이 눈에 띄지 않고, 이런 싸움은 매우 은밀하고 서서히 퍼지고, 사람들은 그 모든 것에 너무 익숙해져서 단순히 운이 없었다는 식으로 받아들인다. 무지는 사람들이 무관심하도록 만들고 그들의 상상력을 약화시킨다. 그리하여 그들은 만성적이고 눈에 띄지 않는 이런 조건들을 인식하려는 의지가 부족해진다. 그들은 보이지 않는 공포를 느끼는 데 필요한 상상력이 부족해진다. 상황을 효과적으로 재구성하는 독서 자료를 충분히 생생하게 읽는 경험은 이런 무지를 해결할 수 있는 방법이다.

독서는 천연두, 황열병, 아시아 콜레라, 림프절 페스트, 장티푸스, 폐결핵, 디프테리아, 폐렴, 말라리아, 그 밖의 질병과의 전쟁 등 미생물체와 인간의 전쟁 역사를 제시해 주어야 한다. 또 도시, 집, 학교, 극장, 거리와 기차에서의 위생 이야기도 필요하다. 이런 독서 자료에서는 일반적으로 역사가 보여 주지 못한 것도 알려주어야 한다. 여기에는 인간의 역사에서 질병의 역할, 그리스에서 로마인들이 사라진 것, 아프리카와 이탈리아에서 반달 왕국이 멸망한 이유, 로마가 이탈리아로 내려가는 동안 독일군이 멸망한 이유, 총이 아닌 백인 침략자의 질병으로 인해 북아메리카에서 미국 원주민이 멸종한 것, 열대 지역에서 문명이 지연되는 요인 등이 있다. 학생들은 프랑스와 미국의 지배 시대, 파나마의 위생에 대한 생생한 역사적 설명들을 읽어야 한다. 그리고 쿠바에서 위생 시설과 세르비아에서 유행성 전염병의 소멸에 대한 고르가스gorgas의 이야기를 통해서 역사를 생생하게 읽어야 한다. 또한 필리핀에서의 아시아 콜레라 소멸 이야기, 러일전쟁 동안

그리고 전쟁 전 질병과 싸운 일본인에 대한 역사를 생생하게 읽어야
한다. 역사가들은 이렇게 영향을 미친 것들을 기록하지 않는 경우가
종종 있다. 그들은 생물학이 미치는 영향을 간과하곤 한다.

교육 전문가로서 우리는 아직도 경험의 한 양식으로서 독서의 가치
를 높이 평가하지 못하고 있다. 우리는 회상하고 검토할 수 있는 체계
적 정보를 확보하는 데 가치를 두어 왔다. 반면, 우리는 상식적인 상
태, 관점, 가치, 태도, 의식을 효과적으로 경험할 수 있는 독서의 효과
를 충분히 인식하지 못해 왔다. 경험한 것은 대부분 잊혀졌고, 구체적
인 요소들 또한 대부분 잊혀졌다. 잊는 것은 기억하는 것만큼이나 일
상적인 정신 작용이다. 인간의 정신은 회상 가능한 형태에서 기억의
양이 제한되어 있다. 그래서 대부분의 경험이 잊히도록 놔둬야 한다.
기억하는 것들은 더 두드러지고 더 빈번하게 반복되거나 더 최근에
경험한 구체적인 기억에 섞여 일부는 일반화된다. 이렇게 기억하는
구체적인 것들은 일반화되어 정체성을 잃지 않는다.

우리는 아침 신문 내용을 배워야 하거나 기억해야 할 것으로 권장
하지는 않는다. 만약 신문에 실린 것들이 올바르고, 깊이 있고, 훈훈
하고, 정서적인 효과를 가지고 있다면 적절하게 일반화할 것이다. 후
자의 것들은 대부분 기억해야 할 것들이다. 다행스럽게도 대부분 기
억해야 할 것들은 구체적으로 일반화되어 독서 자료로 제공된다. 이
런 독서를 구태의연한 교과서식으로 계획할 필요는 없다. 만약 독서
가 일반적이고 충분하다면, 자연히 경험의 산물이 될 것이다. 그리고
올바른 마음 상태, 판단의 기준, 가치, 정서적 공감, 의지의 역동적 성
향 등도 독서를 통한 또 다른 경험의 산물이다. 이런 독서는 지성만큼

이나 중요하다. 그러나 독서를 통해 교과서의 사실을 기억하도록 할 필요는 없다.

실제 활동

아이들은 일에 대해 사회적으로 건강한 생각을 하고 그 태도와 가치를 공감하기 위해 무엇을 해야 할까? 이렇게 시작해 보자. 전문적인 일은 아니지만 공익을 위한 일을 할 수 있다. 학생들은 파리 퇴치 운동에 참가할 수 있다. 그들은 먼저 그 지역에 있는 파리 번식지를 조사하여 지도에 표시한다. 학생들이 사는 지역에서 파리가 번식하는 조건들을 제거한다. 또 그들이 살지 않는 지역에 대해서는 공고문을 작성해서 게시한다. 학생들은 그들이 접근하기 어려운 지역과도 충분히 함께할 수 있다는 것을 충분히 깨달을 때까지 이런 일을 계속한다. 최근에 클리블랜드는 적극적인 계몽이 무엇을 해낼 수 있는지를 잘 보여 준다. 학생들이 함께 덫을 놓고, 끈끈이를 다는 것과 같은 주어진 활동에 따라 파리 잡기를 할 수 있다. 나아가서 학생들은 파리가 모여들거나 모이지 않는 식품 공급처의 분포를 지도에 보여 줄 수도 있을 것이다. 세 번째는 파리가 전염시키는 질병이 있는 곳을 지도에 표시할 수도 있다. 이런 일들 대부분은 학생들이 직접 할 수 없는 것들이다. 단지 학생들은 지역사회를 조사하여 관련 자료를 모을 뿐이다. 그러나 이런 조사 활동은 위험 요소를 실제로 제거하는 것만큼이나 실용적이고 실제적인 것이다. 학생들이 직접 할 수 있는 것들은 상대적으로 거의 없지만, 그래도 그들이 할 수 있는 일이 많기 때문에 학생을 시민으로 양성하는 교육은 정말로 중요하다. 이런 조사 활동은 지식 교육과 사회 교육을 함께 수행하도록 해 준다.

지역사회의 삶이나 교육이 결실을 맺으려면 성인과 아이들이 책임감을 가져야 하는데, 성인들은 지도력을 발휘하고 아이들은 책임감을 느껴야 한다. 아이들만 캠페인 활동을 하는 것은 실제 생활에 도움을 주지 못하고 교육적으로 가치도 없다.

학생들이 참여할 수 있는 또 다른 유형의 활동은 모기 퇴치 운동, 도시 정화 운동, 거리와 뒷마당 청소, 해충 퇴치 등의 공적인 일에 관심을 가지고 함께 참여하는 것이다. 이런 활동도 파리 퇴치 활동과 유사한 과정으로 수행할 수 있다. 학생들은 또 가정과 연계해서 쓰레기 처리, 매연, 하수 처리, 수도, 지역의 배수 시설 검열, 상수도 보호, 불필요한 것 제거 등 다른 여러 종류의 전문적인 일을 할 수 있다. 그러나 결국 그들은 이 모든 일을 담당하는 부서와 상호 협력해서 이런 활동을 할 것이다. 그런 일의 담당자나 담당 부서로는 건강 위원회, 도시 식품 조사관, 우유 조사관, 도시 수도국, 쓰레기와 폐기물 처리 부서, 하수 처리 부서, 공공장소 관련 부서, 도시 매연 조사관, 건설 조사관, 공장 조사 기관 등이 있다. 미래 지향적인 도시나 마을, 시골 지역에서는 학생 교육을 목적으로 학생들에게 이런 활동을 시간제 일로 제공한다. 학생에게 너무 많은 책임을 지게 할 필요는 없다. 학생들이 실제로 일을 해 보는 것이 중요하다.

이렇게 시간제로 실제에 참여해야 하지만, 학생들이 하는 활동은 주로 자료를 수집하고, 조사를 하고, 이를 알리는 표, 그림, 통계, 보

고서를 작성하는 일일 것이다. 이에 대해서는 앞 장에서 충분히 설명
했다. 그 방법은 다른 협력적 집단 과제를 위한 것으로 건강 분야의
사회적 측면과 같을 것이다.

The Curriculm

5부

여가 교육[1]

17장 인간 삶에서 놀이의 역할

18장 여가 활동으로서 독서

---

1 역자 주: 17, 18장에서 Bobbitt이 설명하는 것은 '놀이'다. 17장에서 설명하는 놀이는 우리가 흔히 알고 있는 몸을 움직이는 것이고(신체적 측면에서의 놀이), 이런 놀이가 한 사람이 건강하게 사는 데 어떤 역할을 하는지를 설명하고 있다. 18장에서 설명하는 놀이는 수준 높은 놀이이고(정신적 측면에서의 놀이), 놀이에도 수준이 있는데, 18장에서 설명하는 leisure occupations은 1970년대 재조명되었던 liberal education으로 교육과정의 영역으로서 교과에 해당한다. 지리 수준의 leisure, 과학 및 수학 수준의 leisure, 문학 수준의 leisure는 지금의 교과와 다르지 않다. 다만, 지금의 교과가 가르칠 내용을 담고 있는 것에 비해 Bobbitt이 제안한 것은 교과 분야 읽기이며 이런 읽기를 통해서 교과 분야의 삶의 모습을 간접 경험해야 한다는 것이다. 산업사회가 전문화되면서 거시적이고 전체를 보는 활동을 하지 않게 된 결핍이 있었고, 그리하여 거시적인 전체적 시각과 관점을 교육을 통해서 형성하도록 해주어야 한다고 주장한다. 그는 교과를 배우는 것이 우리가 직접 가서 체험하기 힘든 전체 삶을 간접 경험하는 것이어야 한다고 주장한다.

17장

인간 삶에서
놀이의 역할

놀이든 일이든 간에 지금까지 우리가 한 논의에서 교육이란 성인 세계의 일을 위한 준비로 생각한다. 아홉 살 아이의 교육은 열 살의 삶을 위한 준비이고, 이것은 또 차례로 열한 살의 삶을 위한 준비다. 따라서 아동과 청소년을 대상으로 하는 교육은 성인기를 준비하는 것이다.

우리의 관심은 궁극적으로 아동의 놀이 자체가 아니라, 성인의 여가 활동을 준비하는 것으로서의 놀이에 있다. 우리는 직업 교육이나 시민 교육을 논의한 장에서 성인의 삶을 위한 교육을 충분히 설명했다. 놀이란 어린 시절 생활의 많은 부분을 차지하는 것이 사실이고,

그래서 놀이는 아동 교육에서 중요한 요소다. 그러나 놀이는 평범한 성인의 삶에서도 큰 부분을 차지한다. W. Hutchinson 박사는 「무엇이 인간의 삶인가—일인가 놀이인가?」라는 제목의 논문을 썼다. 이 질문에 대한 그의 대답은 '놀이'였다. 놀이는 목적이면서 과정이다.

"인간은 놀 때에만 온전한 사람이다Man is a whole man when he plays."라는 오래된 격언이 있다. Schiller는 "인간으로서의 존재감이 들 때에야 놀고, 놀아야 인간이라고 느낀다."라고 했는데, 이 명언에서 우리는 놀이를 의무이면서 운명으로 설명한다는 것이 대단히 중요하고 의미 있다고 생각한다. 이렇게 보면 놀이는 고차원적인 심미적 예술이면서 생활 예술이다.

여가 활동은 신체적인 활동이고, 지적인 활동이고, 사회적인 활동이고, 미적인 활동이다. 대화, 사람과 사물 관찰, 물건 조작과 조립, 취미, 스포츠, 게임, 육상, 독서, 여행, 음악, 그리기, 과학에 대한 흥미를 유발하는 과학 실험, 좋아하는 주제나 지적 쾌락을 유발하는 역사, 경제, 철학, 과학, 외국어, 수학, 공학 관련 독서, 종교적 명상이나 철학적 사색 등 여가 활동의 분야는 광범위하다.

사람들은 여가에 상당한 시간을 쓴다. 일주일이 168시간인데, 잠을 자고 식사하는 데 하루에 12시간을 사용하고 나면 84시간이 남는다. 주중에 8시간 일하고, 토요일 반나절 일하면(4시간 근무), 일주일에 일하는 시간은 44시간이고 여가 시간은 40시간이다. 인간은 거의 일하는 시간만큼의 여가 시간을 갖는다.

여가 활동의 기회는 이런 수치가 보여 주는 것 이상이다. 여가 활동과 일은 혼재하기 때문이다. 일을 하는 동안에도 사람들은 아무런 목적 없이 주변을 살피거나, 주변에 주의를 끌거나, 생각을 하면서 배회한다. 이렇게 주변에서 일어나는 일을 살펴보거나 생각하는 일은 대부분 그가 하고 있는 일에는 필수적인 것이 아니다. 이런 행동은 차창 밖을 바라보는 것과 같은 행동으로 여가 활동에 해당한다. 또 사람들은 자주 일과는 관련이 없는 대화를 동료와 나눈다. 대화를 하지 못하는 곳에서는 지금 안고 있는 문제들에 대한 명상, 회상, 몽상, 계획, 숙고를 한다. 산업 분야의 기계화는 대개 이런 꽤 지적인 여가 활동을 할 수 있게 해 준다. 사람이 하는 일이 기계적인 일이라면, 더 이상 마음을 쓰지 않고도 일을 할 수 있다. 손은 일을 하지만, 실상 그는 상상의 세계에 있다. 기계를 작동시키는 일을 하루에 여덟 시간이나 열 시간 한다면, 그의 의식은 이 시간 중 대부분을 여가 활동에 전념하고 있다. 일하는 시간에도 하게 되는 이런 인간의 노는 삶play-life이 일하는 삶work-life보다 더 많다.

이렇게 순수하게 노는 것을 넘어서도 여가 활동을 한다. 노는 것처럼 일을 하는 것이다. 가령 에디슨은 "내 인생에서 나는 한 번도 낮에 일을 한 적이 없는 것 같다."라고 말했다. 그는 하루에 연구실과 실험실에서 열 시간에서 열두 시간을 지냈지만, 그에게 이것은 고된 일이고 그를 속박하는 일이라는 느낌을 주기보다는 노는 것과 같았다. 인간이 자유를 느낄 때, 일의 노예가 아닌 주인임을 스스로 느낄 때, 그는 일을 레크리에이션으로 만든다. 일이 레크리에이션이 되면, 일의 결과는 더 정확하고 더 능숙하고 더 생산적이다. 그렇기 때문에 직업 교육이 추구하는 목표 중 하나도 일을 즐기는 것이다.

교육은 개개인의 개성에 주목해야 한다. 같은 민족이라도 개개인은 결코 같지 않은 것처럼 사람들은 서로 매우 다르다. 예를 들어, 은행원, 감독, 판사 집단과 거리, 광산, 공장 노동자 집단을 비교해 보자. 전문가는 자세가 바르고, 신체적으로 활력이 있고, 에너지가 넘쳐 보인다. 그들은 지적이고, 지혜롭고, 식견이 넓다. 그들은 사회적으로 존재감이 있고, 활기차고, 점점 고무적이다. 그들은 성공한 성인처럼 보인다. 반면, 미숙련공인 노동자는, 특히 그가 중년인 경우 그 모습은 전문가의 모습과 다르다. 육체적으로 매우 지쳐 보이고, 힘들어 보이며, 험악해 보인다. 무겁고, 무표정하고, 정신적으로 경직되어 있고, 멍해 보인다. 정보가 빈약하고 척박한 경험을 통해서 무작위로 습득한 것이 대부분이다. 그들의 정신적 삶은 대개 협소하다. 그들은 주로 감각적인 수준의 쾌락을 즐긴다. 거칠고, 무표정한 모습을 하고, 상스럽고 형이하학적인 대화를 하며, 한계가 있고 공허함을 느끼며, 사회적 존재감으로 매력적으로 보이는 것들을 갈망한다. 이런 것이 표준이 될 만한 성품이 아니라는 것은 직관적으로 알 수 있다. 전문성이 높은 집단이나 낮은 집단 모두 인간이 어떻게 될 수 있고 또 어떠해야 하는가에 대한 표준을 본능적으로 따른다.

지금까지 살펴본 차이는 많은 부분 유전적이라기보다는 자라온 환경이 다르기 때문이다. 과정이 하는 역할이 크다는 것은 James 교수의 다음과 같은 진술에도 잘 나타나 있다.

한 도시에 사는 기량이 뛰어난 신사와 가난한 기능공 혹은 장사꾼을 비교해 보자. 신사는 청소년기에 자라는 신체에 맞고 흥미에 적합한 대상을 적절한 때에 제공받았고, 그 결과 세상을 보는 다양한 관점을 갖추었

다. 스포츠로 해소하고, 실제로 하기 힘든 것은 교육이 보완을 해 주었
다. 그는 항해사, 사냥꾼, 운동 선수, 학자, 전사, 연설가, 멋쟁이, 사무
가 등 사람들이 하는 거의 모든 활동을 체험했다. 반면, 가난한 기능공은
청년 시절 이런 기회가 없었고, 성인이 되어서는 대부분 이런 것을 갈망
하지 않았다. 이런 격차가 그의 현재 삶에만 있는 것이 그에게는 다행이
다. 그가 뒤처진 것은 그의 양육이나 성장 환경 때문이다.

'스포츠가 이에 대한 해답이다.' 놀이는 자연히 성격 형성에 영향
을 미친다. 특히 불완전하고 빈약한 환경에서는 더 큰 영향을 미친다.
놀이는 어떤 환경에서든 평범한 사람으로 성장하게 만드는 천연 제조
기다.

　부족한 인격은 단지 발달상의 기회가 결핍되어서만은 아니다. 이전
에 형성된 것을 유지하지 못했기 때문일 수도 있다. Darwin은 그의
자서전에서 이런 전형에 대해 설명한 적이 있다.

　30세 전후에 나에게 시는 큰 위안이었다. 학창 시절 나는 셰익스피어,
특히 역사 연극에 열광했다. 또 미술 작품도 지난날 나에게 큰 기쁨이었
고, 나는 음악으로부터도 큰 즐거움을 느꼈다. 그러나 최근 몇 년 동안
나는 단 한 줄의 시도 읽을 수가 없었다. 얼마 전 셰익스피어 작품을 읽
으려고 했는데 참을 수 없을 정도로 지루하고 구역질이 났다. 나는 희극
뿐만 아니라 미술이나 음악에 대한 흥미도 잃었다. 나의 정신은 거대한
양의 사실로부터 일반적인 법칙을 찾아내는 기계가 된 것 같다. 왜 더 수
준 높은 취향을 다루는 나의 뇌가 위축되었는지 알 수가 없다. … 만약
내가 다시 살 수 있다면, 최소한 매주 한 번은 시를 읽고 음악을 듣는 규
칙을 정해 놓을 것이다. 지금은 위축되어 버린 내 뇌의 일부를 계속 사용

했더라면, 아마도 그것이 계속 살아 있었을 것이다. 이런 취향의 상실은 즐거움을 상실하는 것이다. 그것은 정서적 본능을 약화시킴으로써 지적 능력에도 손상을 줄 수 있고, 더 중요하게는 도덕적인 인격에도 손상을 줄 수 있다.

많은 곳을 여행하고, 많은 책을 읽으며, 과학 분야의 선구자들과의 관계를 계속 유지해 온 Darwin과 같은 학자도 특정 부분의 인격이 위축되었다고 회상한다. 그렇다면 이런 기회가 더 적어서 발달 자체가 더 불완전했던 사람은 훨씬 더 심각하게 위축될 수 있다고 할 수 있다. 학창 시절에 이런 것들을 증진시키고 유지할 수 있도록 계속해서 사용하지 않으면 조만간 그것을 상실할 것이다. 어떤 것은 일부러 습득하지 않아도 갖게 되지만 그것을 계속 유지하려면 끊임없이 사용해야 한다. 잘 사용하지 않은 것들이 쇠퇴하는 것을 일을 통해서 막아내고자 하지만, 일이라는 인간 활동은 너무 좁고 전문화되어 있다. 그리고 전문화가 심화될수록 점점 더 악화된다. 흥미를 동인으로 하는 여가 활동은 이런 퇴화를 막을 수 있다. 전문화가 인격에 미치는 악영향을 생각할 때, 놀이는 또 한 번 평범한 사람으로 성장하게 하는 자연스러운 역할을 한다. 놀이는 쇠퇴하는 인격을 예방해 준다.

놀이는 아동에게만큼이나 성인에게도 보편적인 활동이다. 어린 시절 놀이는 잠재력을 드러내게 하고 잠재력을 실현시킨다. 그리고 이전 연령층에서 획득한 것을 유지하게 해 준다. 성인에게 놀이는 그가 평생 동안 형성해 온 인격을 유지하게 하고, 위축되거나 소멸되지 않도록 막아 준다.

아마도 다가오는 인본주의 시대humanistic age의 새 학교들은 여가 활동을 위한 교육이 가장 중요한 교육 과제 중 하나가 될 것이다. 직업 교육은 옥수수와 목화, 기계와 의류, 생필품을 더 많이 생산하도록 하는 데 기여하기 때문에 더 적극적인 지원을 받아 활성화될 것이다. 여가 활동은 삶에 필요한 것을 생산하는 것보다는 삶 자체를 생산하는 것과 관련이 있으며, 인격의 통합과 그런 통합적인 인격을 계속 유지하는 것과 관련이 있다. 우리가 삶에 필요한 생산을 효율적으로 하기 위해서 교육을 해야 한다고 생각한다면, 삶 자체를 생산하는 교육도 해야 한다.

교육에 주는 시사점을 충분히 밝히기 위해서 여기서 놀이의 생리학과 심리학을 간단히 소개할 필요가 있다. 첫 번째로 주목할 것은 **운동**이 근육 조직과 기능의 발달 및 유지에 관련이 있다는 점이다. 운동이 근육 조직과 기능을 발달시키고 유지하기 위해 필요하다는 것쯤은 모두가 알고 있다. 그러나 정신 활동, 사회 활동, 예술 활동, 종교 활동, 철학 및 사색, 과학과 문학, 미술 감상, 일반적인 감정과 공감 같은 것들이 작동하는 데도 필수적이다.

두 번째로 주목할 것은 **성장 결과의 불안전성**instability of growth-results이다. 조직이나 기능은 사용하지 않으면 사라진다. 한번 개발된 조직과 능력이 영구적이라면 매우 바람직하고 경제에도 큰 이바지를 할 것이다. 그렇게 된다면, 교육을 통해 할 일은 미리 근육을 만들어서, 그것을 사용하든 사용하지 않든 평생동안 지속적으로 유지하는 것이다. 또한 바람직한 정신력을 개발하여 그것을 많이 사용하든 적게 사용하든, 정기적으로 사용하든 비정기적으로 사용하든, 평생 동안 변함없는 강도로 유지하는 일 일 것이다. 실제로 이러한 관점은 교육을 보는 여러 관점 중 하나이기도 했다. 그러나 불행하게도 인간은 그런 상태가 될 수 없다. 어른이든 아이든 근육과 힘을 내는 기관이나 신경 조직에 필요한 운동을 늦추는 순간 혹은 정신적 · 사회적 예술 등 그 밖의 활동을 멈추는 순간, 만들어진 조직은 감퇴하고 능력은 감소하기 시작한다. 그리고 이런 손실은 우리가 상담하는 것보다 그 속도가 더 빠르다.

필요는 갑자기 생기지만 그에 비해 구축하고 재구축하는 것은 느리다. 군사 훈련을 생각해 보자. 국가가 위험에 처할 순간을 예견해서 군대는 빨리 효율적으로 출동할 것이다. 필요는 갑자기 발생하지만, 인간의 근력, 근지구력, 저항력은 그렇게 빨리 발달하지 못한다. 부분적인 감퇴도 몸을 많이 움직이지 않는 생활 때문이다. 단시간에 깃발 아래로 모일 수는 있지만, 필요한 능력을 그렇게 빠르게 발휘할 수는 없다.

추가적인 원칙 하나는 **유전형질은 환경이 요구하는 것보다 더 많은 발달 가능성을 가지고 있으며, 놀이가 이런 부족의 일부를 메워 준다는 것이다.** 그 진가를 알아보기 위해서 우리는 먼저 문명사회 이전의 삶에서 놀이가 한 역할을 살펴볼 필요가 있다.

[그림 17-1]은 시간의 흐름에 따라 원시인의 생존 강도의 변화를 대략적으로 나타낸 것이다. 초창기 인류에게 겨울은 기후에 대항하고, 적대적인 부족들과 싸우며 생활해야 했던 전쟁과 결핍과 기근의 시기였다. 이런 환경으로 인해 사람들은 힘을 사용해야 했다. 이 그림에서 이런 필요는 두 가로선 사이의 거리로 나타냈다. 여름이 되면,

[그림 17-1] 높이로 표현한 원시시대 인류의 생존 강도 변화

식량의 공급이 늘어나고 적대적인 부족들과의 싸움도 줄어들어, 기후에 대한 대항이 일시적으로 불필요해지고 힘이 필요한 상황이 완화된다. 필요한 것은 모두 준비되어 있고, 몇 달 동안은 사람들이 해야 할 일이 거의 없다. 그러나 계절이 바뀌면 생존 전쟁은 되풀이된다. 그림에서 볼 수 있듯이 환경도 갑자기 전투적으로 바뀐다. 활동을 하지 않고 몇 달을 지낸 후, 사람들은 최대의 힘을 순간적으로 발휘해야 할 것이다.

이런 환경에서 놀고자 하는 본성이 없다고 가정해 보자. 싸움이 완화되는 만큼, 사람들은 그에 상응하여 근육을 움직이고, 감시하고, 생각하고, 발명하고, 대화를 해서 아이디어를 발전시키는 것과 같은 사회 활동을 쉬게 될 것이다. 이런 활동이 줄어듦에 따라 능력을 사용하지 않는 정도도 정비례하며 그만큼 쇠퇴할 것이다. [그림 17-2]는 이런 환경에서 사람들이 실제로 사용하는 능력의 기복 정도를 보여 준다. 싸움을 요구하는 상황이 줄어드는 만큼 능력을 사용할 기회도 줄어서 능력은 점점 쇠퇴한다. 그리고 이런 능력은 갑자기 싸울 상황이 생기면 다시 회복해야 한다.

　그렇지만 마지막에 한 가정은 실제로 일어나기 힘들다. 쇠퇴해진 능력을 회복하는 것은 비교적 느리다. 그러나 원시시대의 환경은 이런 능력을 빨리 회복해야 할 일이 자주 발생했다. 전쟁은 예기치 않게 일어났고, 기근도 그랬다. 그래서 사람들은 언제나 갑작스러운 습격에 대응할 준비를 하고 있는 상태여야 했다. 사람들이 자연에 대항해서 싸울 일은 줄었지만 그에 대한 준비를 소홀히 할 수는 없었다. 사람들이 힘이 없을 때 갑자기 예기치 못한 공격을 받으면 희생될 수밖에 없다. 파멸을 자초할 뿐만 아니라, 파멸을 촉진하는 것이다. 그래서 원시인들은 생존 전쟁이 줄어드는 시기에도 긴박한 순간에 대비해서 계속 훈련을 해야 했다.

　이런 준비 정도를 대략적으로 나타낸 [그림 17-2]에서 세로선으로 잘려진 부분들 중에 곡선 AB 아랫부분은 실제로 심각한 활동을 해서 준비가 되어 있는 상태다. 곡선 AB 윗부분은 그 외의 준비 상태를 나타낸다. 싸움을 하는 한, 이런 과잉 능력을 걱정할 필요는 없다. 원시인은 휴식 기간에도 그의 몸과 마음이 계속해서 준비 태세를 갖추고 있어야만 했는데, 이런 준비가 필수적이라는 것을 알 만큼 영리하지

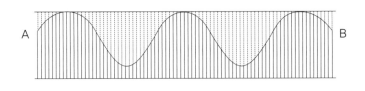

[그림 17-2] 원시시대 삶에 필요한 준비 상태

주: 세로줄은 전체 준비이고, 곡선 AB 윗부분은 놀이 활동이다.

는 않았다. 그들에게는 선견지명이 부족했고, 게다가 그들은 교육을 통해서 필요한 지식과 방법을 현명하게 준비할 정도는 아니었다. 문명화를 이룬 요즘 사람들은 무엇을 준비해야 하는지를 알고 있지만, 원시시대 사람들은 싸움이 재개될 것을 예상하고 그것을 의도적으로 준비하기 위해 자신의 마음과 몸을 훈련해야 한다는 점을 명확하게 알고 있지는 못했다. 그럼에도 불구하고 매우 다양한 활동을 계속했다. 이런 이유로 인간은 놀이 본성을 유지해 온 것이다. 더 이상 싸움이 필요하지 않아도 인간은 싸우는 놀이를 했다. 먹을 것을 구하기 위해 사냥하거나 낚시를 할 필요가 없어도 즐거움을 위해 사냥과 낚시를 했다. 지역을 넘나들며 여러 곳을 여행하고, 동료들과 교제하며, 부족의 삶에 대한 이야기를 나누고, 인간과 동물의 행동이나 특성을 관찰했다. 이 모든 활동은 즐거움을 위해서 했다. 싸우기 위해서 지금 당장 해야 하는 것이 아님에도 불구하고, 심각한 상황이 왔을 때를 대비해서 계속해서 본능적으로 원시인은 달리고 뛰고, 수영하고 산에 오르며, 소리를 지르고 춤을 추었다. 이런 것들이 즐거움이 목적인 것 같아 보이지만, 사실 즐거움이 목적은 아니었다. 즐거움은 미끼였다. 필수적인 힘을 유지하는 방법이었다. 이렇게 놀지 않았던 사람은 다음에 싸움이 시작되면 죽게 된다. 그와 동시에 노는 유전자도 점점 사라진다. 그래서 놀이 본성이 강한 사람이 생존했고 그들의 자손들이 이런 놀이 본성을 물려받았다. 물론 당시에는 놀이를 교육을 통해서 하지는 않지만, 자연스럽게 평범한 사람으로 성장하게 하는 역할을 했다.

원시시대에는 아이들의 상황도 달랐다. 고된 시기였고, 버거운 시대였다. 아이들은 어른들보다 더 많이, 가능한 한 완벽하게 준비해야 했다. 그래서 아이들에게는 늘 끊임없이 놀이가 필요했다. 놀이는 아이들이 얻고자 한 즐거움 뿐만 아니라 아이들의 능력을 발현하게 한다. 이 두 가지 목적을 위해 아이들은 놀아야 했다. 생물학적으로 보면 놀이는 아동기에서 가장 중요했고, 지금도 그렇다. 그래서 놀이는 아동 교육에서 가장 중요한 요소이며, 오늘날도 그래야 한다. 물론 우리가 여기서 말하는 놀이는 신체적인 것뿐만 아니라 사회적·지적·미적인 것도 포함한다.

원시시대의 상황으로 놀이를 논의하는 이유는 현재 상황과 현대 교육의 본질을 이해하기 위해서다. 원시시대에 개발한 인간의 잠재력은 유전으로 우리 세대에 계승되었다. 우리가 발휘하는 것은 대체로 인류 역사에서 초창기에 이미 결정되었다. 우리 세대도 마찬가지다. 사람들이 사는 상황이나 조건이 변하긴 했지만, 원시인이 발휘하고자 했던 것이 지금 우리에게도 필요하다.

인간의 본성은 크게 변하지 않았지만, 인간이 싸워야 할 외부 환경과 조건들은 크게 바뀌었다. [그림 17-3]은 이런 싸움의 과정을 대략적으로 보여 주고 있다. 두 개의 가로선 사이의 거리가 인간이 가진 잠재력이고, 세로선은 지금의 생존 싸움에 쓰이는 에너지의 양이다. 싸움의 강도는 연중 동등하다. 공장, 광산, 상업, 운송 분야에서의 노동도 이제 연중 비슷한 수준이다. 의생활, 연료, 주거지가 풍족해지면서 겨울철 기후에 대항하는 싸움도 거의 대부분 사라졌다. 농산물을 교류하고, 운송하고, 저장하는 시스템이 발달해서 기근도 사라졌다. 현재 유럽에서 일어난 전쟁에도 불구하고, 우리는 이런 전쟁을 없애

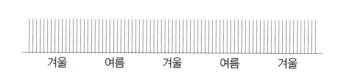

[그림 17-3] 오늘날 인간에게 유지되는 긴장과 해소되는 긴장

는 데 필요한 일(노동을 절약해 주는 기계의 발명과 산업화, 관리 감독 조직)을 했다. 이런 싸움을 없애는 데 필요한 생각, 판단, 관찰, 정확하고 구체적인 정보 및 인간의 장점이 우리 자신을 포괄적으로 이해하게끔 만들었다. 원시인은 주어진 환경에 존재하는 조심하고, 경계하고, 고려해야 할 여러 가지의 것들이 있었다. 그는 자신의 주변 사람들이 무엇을 생각하고 무엇을 하는지 알아야 했다. 갑자기 발생하는 비상사태에 자신의 부족민들을 즉각적으로 집결시키기 위해 계속 교류해야 했다. 그러나 문명사회가 되면서 비상사태는 점점 줄어들었다. 현대인은 비상사태에 대한 몸과 마음, 사회적 대응, 도덕적 책임이 거의 없다. 현대인의 싸움은 대폭 감소되었다. 전문화는 우리에게 이런 일들을 줄여 주었고 그것을 경험할 기회를 거의 주지 않는다. 우리는 반평생 혹은 평생을 그렇게 산다.

이런 상황이 의미하는 것은 사람들의 경험이 거의 절반 정도라는 것이 아니라 경험한다고 해도 평균 혹은 평균도 못 된다는 것이다. 신체 발달도 절반 정도밖에 이루지 못한다. 무기력하고, 균형 잡혀 있지 못하며, 부정확하고, 생리적인 억제 능력이 부족하고, 질병에 걸리기 쉽고, 비축된 활력이 떨어지고, 정신적·사회적·미적·도덕적으로도 불완전하다는 의미다.

1/2 또는 1/4짜리 지적인 삶은 사람에게 정신적으로 좋지 않다. 그런 삶에서 사람은 다른 사람의 지시로 일은 하더라도 기대에 미치지는 못한다. 즉, 지적으로 무기력하고, 불확실하고, 자신감이 결여되고, 정보가 부족하고, 마음은 부주의하고, 자주성과 창의성이 결여되고, 적응력이 부족하고, 무기력하고, 대부분의 다른 지적인 약점도 있다. 그는 이런 열등한 환경에 살고 있는데, 이런 환경에서는 뭔가를 알기도 힘들다. 그는 넓은 세계관, 과거를 보는 관점, 미래의 가능성에 대한 상상력이 결여되어 있다. 이런 사람은 새로운 시대가 요구하는 유형은 아니다.

마찬가지로 자신의 사회적 능력을 절반만 준비하고 절반만 실현하는 것은 사회적으로 건강하지 못하고, 분열적이고, 사회적 교감이 약하고, 집단 내에서 구성원들과의 교류가 없고, 사회적 민감성도 부족하고, 다른 사람에 대한 배려도 부족하고, 센스가 없고, 사회적으로 무책임한 것과 같은 여러 가지 사회적 질환을 초래한다.

[그림 17-4]는 개인이 발휘하는 가능성과 영향력을 대략적으로 나타낸 것이다. AB 아랫부분의 세로선은 개인이 진지한 활동(일)을 하는 힘이고, AB 윗부분의 점선은 놀이를 통해 추가되는 힘이다. 이것이 불가항력적인 자연의 힘을 극복하면서 살 수 있게 해 준다.

앞에서 논의한 직업, 시민, 위생 교육은 AB보다 더 낮은 에너지를 요구하며 진지한 활동을 할 기회를 감소시키고, 여가 활동의 기회 및 필요성을 증가시킨다.

초창기처럼 놀이를 통해서 이를 확충할 수 있다. 현대 생활은 비록

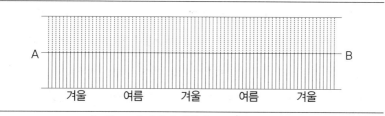

[그림 17-4] 개인이 발휘하는 가능성과 영향력

주: 현대 문명에서 인간의 잠재력이 개발된 부분을 나타내는 것은 계속적인 놀이 활동에 따라 달라진다.

수많은 의도적인 교육이 필요하지만, 정상적인 놀이 본능을 자극해야한다. 아동기와 성인기에 교육을 통해서 즐길 수 있는 동기를 유발해주어야 한다. 이런 즐거움은 유인책이지 목적은 아니다. 지나친 목적의식도 정상은 아니다. 놀이는 단순해야 하고, 평생 해야 한다.

성인의 삶에서 놀이의 가치를 바르게 인식하기 위해서는 아동기부터 성인기까지 사람들이 하는 활동을 조사해 보아야 한다. 그들의 놀이 욕구가 잘 작동하는지 그리고 놀이를 억압하는 조건이 있는지를 검토해야 한다. 이런 것은 여가 계급, 즉 일을 하지 않아도 살 만한 재력을 가진 사람을 조사하면 잘 드러날 것이다. 그들은 필요한 모든 것을 가지고 있고, 그래서 무언가를 해야 한다고 생각하지도 않는다. 사회가 그들의 무위를 체제적으로 보장해 준다. 그들은 연중 해야 할 일 없이 조용한 상태로 지낸다. 그들은 아무 일도 하지 않으며, 할 줄도 모른다. 대부분의 시간 동안 아무것도 하지 않고 지내는 것은 비참한 일이다. 그래서 그들은 여행을 하거나, 오페라를 관람하거나, 브리지 게임을 하거나, 증권 매매를 하거나, 만찬과 무도회, 다른 사교 행사에 참석하거나, 화려한 깃털로 치장하거나, 최신 소설들을 읽거나, 자기 소유의 요트를 타고 크루즈 여행을 하거나, 바다를 넘어 국경을 넘나드는 자동차 여행을 하거나, 애디런댁에서 사냥을 하거나, 캐나다의 대자연에서 낚시를 하거나, 아프리카에서 사자 사냥을 하거나, 알프스를 등반하거나, 몬테카를로의 카지노에서 배팅을 하거나, 스릴을 만끽하기 위해 전쟁 지역을 여행한다. 그들의 이런 모습은 성인의 삶에서 놀이의 성향을 드러내는 것이다. 놀이는 유익한 것이다. 놀이 경험을 통해 그들은 균형 잡히고 안정감을 갖게 된다. 사람들은 이런 사람을 직업인, 시민, 가족으로서의 의무 관습에 얽매인 사람들보다 더 교양 있는 사람으로 인식한다. 더 바람직한 남성다움이나 여성다움을 갖춘 사람으로 인식한다. 그들은 다른 사람이 피와 땀으로 획득하는 것을 놀이를 통해 소모하는 사람들일지도 모른다. 타고난 인격은 그 사람의 경제적 유용성과 생산성에 비례하지 않는다. 그보다는 오히려 그 사람의 경험의 양과 다양성에 비례한다. 자아를 실현하는 데 필요한 것을 제외하고는 아무것도 하지 않으려는 사람을 올바르다고 할 수는 없다.

Groos 교수는 그의 책 『인간의 놀이The Play of Man』에서 인간을 매우 다양한 놀이를 하는 다재다능한 창조물이라고 했다. 사실 신체적 욕구 만족 및 감각적인 즐거움에서부터 과학 및 철학과 같은 지적 놀이에 이르기까지 놀이에는 여러 가지 차원이 있다. 가장 낮은 차원에서 인간은 먹고, 마시고, 흡연하고, 성적인 활동, 밝기, 따뜻함 등의 본성 그대로의 감각적인 활동을 추구한다. 보다 높은 차원에는 레슬링, 복싱, 육상, 테니스, 축구, 게임과 같은 신체를 쓰는 스포츠들이 있다. 사교댄스도 이 수준으로 분류할 수 있다. 더 높은 차원에는 민속춤,

행진, 행렬, 화려한 행사와 같은 것들이 있다. 대화도 여러 차원으로 다양하게 분류할 수 있다. 주제에 따라 대화는 높은 차원일 수도 있고 낮은 차원일 수도 있다. 더 높은 차원에는 체스와 같은 지적인 게임들이 있다. 더 높은 차원에는 미술, 음악, 문학, 연극, 오페라 등이 있다. 물론 이런 놀이의 차원을 주제나 예술적 특성에 따라 구분한다. 놀이는 가장 낮은 차원의 인간 활동일 수도 있고, 가장 탁월한 활동을 하는 가장 높은 차원의 인간 활동일 수도 있다. 오감을 만족시키는 차원을 넘어선 높은 차원의 놀이는 역사, 과학, 수학, 철학, 종교적 사색과 같은 지적인 성격을 지니는 것으로, 일부 사람만 하는 금욕적인 활동이다.

가장 하부에 위치하는 신체 활동이 가장 강력하고 영속적이라 할 수 있다. 신체 활동에 대한 만족이 충분하거나 자제력이 없으면 과하게 된다. 원시사회에서는 신체 활동 본능이 강해야 살아남았다. 문명사회의 사람들은 이런 유전형질을 물려받아서, 필요 이상으로 강하거나 그렇지 않다면 불균형해 보인다. 문명사회의 사람들은 더 높은 차원의 활동 본능이 필요하다. 그러나 높은 차원의 지적 활동, 대집단 의식, 심신을 부드럽게 하는 예술을 자극하는 본능은 상대적으로 약하고, 미미하며, 일시적이다. 원시사회에서 형성된 인간의 본성은 물질적이고 소집단에 더 적합한 것이었다. 새로운 문명사회의 조건에 맞는 것은 아니다. 이것이 문명사회에서 시민 교육이 더 어려운 이유다.

모든 차원의 활동이 필요하지만, 모두가 같지 않기 때문에 각 활동을 위한 교육의 양도 서로 다르다. 청소년으로서 삶의 조건이 적절하면 낮은 차원의 활동은 본능적으로 충족되기 때문에 교육에서 이를 충족시켜 주려고 신경 쓰지 않아도 되지만, 높은 차원의 활동은 지역 사회에서 적절하게 활성화시켜 주어야 할 뿐만 아니라 교사의 전문적인 지도가 최대한 필요하다. 낮은 차원의 놀이를 교육과정으로 삼을 때는 어렵지 않지만, 높은 차원의 놀이를 교육과정으로 삼는 문제는 미묘하고 복잡하고 어렵다. 그것은 현대의 민주주의 양식을 개발하는 문제다. 그중 하나가 효율성 시대에 모든 사람을 효율적인 인간으로 만드는 것이다. 이것이 교육과정 개발자의 새로운 과제다.

이제 인간 교육에 대해 이야기해 보자. 가령 전문 산업의 발달이 야기하는 문제들이 있다. 전문화 시대에 젊은이들을 40대가 넘어서 전문가가 되도록 만들려면 어떻게 해야 하는가? 이것은 나이 문제가 아닌 정의 문제다. 어떤 사람들은 서른 살에 늙지만, 어떤 사람들은 일흔 살에도 젊다. 지금은 예순 살이 되면 퇴임을 한다. 예순이 되면 활기를 잃고 노동의 효율성이 줄어들어서 나이 어린 사람에게 양보해야 한다고 생각하기 때문이다. 처음에는 젊은이의 뜨거운 피, 자발성과 열정이 일의 효율성을 발휘하게 한다. 그러나 같은 일을 반복하는 이런 기계적인 생활을 계속하다 보면, 몸과 마음과 사회적 대응력이 위축된다. 즉, 자발성과 가소성, 생각, 관점, 열정에 필요한 활력을 상실한다. 한창 젊었을 때 생기는 흥미, 활기, 인식, 지적인 여가 활동에 폭넓게 참여하지 않으면, 나이가 들면서 무능력해질 수밖에 없다. 이런 일은 자주 발생한다. 여가 활동을 불필요하고 협소하다고 생각하는 것은 불행이며 비극인데, 이는 여가 활동을 교육의 목표로 충분히 고려하지 않아서 생긴다.

이와 관련된 문제가 있다. 우리는 사회 계층이 서로 다른 구성원끼리 상호 존중하는 민주주의의 필요성에 대해 언급했다. 그런데 민주주의를 사람들에게 전하기 위한 노력이 오랫동안 이루어져 왔지만, 눈에 띌 만한 성과는 없었다. 그러나 민주주의는 어디나 있지만, 오랫동안 민주주의를 교육해야 한다고는 생각하지도 의도하지도 않았다. 우리는 사람의 품성을 보고 그 사람을 존중한다. 우리가 바람직하다고 생각하는 수준에 미달되는 만큼 그 사람을 존중하지 않는다. 따라서 결국에는 서로 다른 사회계층 의식은 이와 같은 인간의 품성에 의존하게 될 것이다. 노동자로서의 유용성 여부와 사람에 대한 존중감은 직결되어 있지 않다. 사람은 경제적 유용성이 아닌 그 사람의 존재감 때문에 존경받는다.

노동자의 존재감 부족은 우리가 흔히 생각하는 것처럼 그의 옷과 손이 지저분하고, 얼굴이 먼지로 범벅이 되어 있기 때문이 아니다. 골프를 치는 사람, 집에 있는 사람, 정원 가꾸는 사람, 사냥이나 낚시를 하는 사람, 전문적인 여행가가 더 후줄근한 옷을 입고 더 많은 먼지나 때를 묻히고 다닌다. 다른 사회계층에서와 마찬가지로 이 경우에도 '사람은 그저 사람일 뿐The man's the man for a' that'이다. 힘든 일을 하는 사람이 존중받지 못하는 것은 그들의 외모가 아닌 그보다 더 근원적인 것 때문이다. 인성의 손상은 주로 인간적인 기회의 결여에서 기인한다. 이는 사람들의 잘못 때문이 아니라, 인간의 본성이 전개되는 조건이 잘못 되었기 때문이다. 즉, 그것은 교육의 문제다. 생산의 효율만을 강화하는 산업 교육만으로는 이런 문제를 해결하지 못할 것이다. 이것이 우리가 이 책에서 제시하고자 하는 것이다. 우리는 미래형 인간이 필요하다.

18장

여가 활동으로서 독서

원시시대에 여가 활동은 상당히 다양했다. 이것은 원시시대 사람들이 그들이 살던 지역, 사람, 사물에 대해 관심을 기울일 시간이 많았다는 의미다. 작은 공동체 생활을 했기 때문에 같이 사는 동료, 그들의 행동, 옷차림, 재산, 생활 조건, 습관, 풍습, 관습뿐만 아니라 동물, 식물, 기후 조건, 자연현상, 천체 등 모든 것을 주시했다. 이런 것들이 그들의 생활과 관련이 깊었고, 이런 것들에 적응하며 살아야 했기 때문에 그들의 정보는 여러 경로를 통해 조금씩 증가했다.

직접 볼 수 없는 것에 대해서는 서로 이야기를 해 주었다. 다른 사람의 이야기를 듣는 것도 일종의 관찰이다. 비교적 주변의 친숙한 것에 대해서는 눈으로 직접 보는 것과 이야기를 듣고 간접적으로 보는 것 간에 차이가 적은 편이다.

원시시대 사람들의 이런 직간접적인 관찰은 중요한 일이었고, 그들은 사소하고 일상적인 것들도 관심을 두었다. 즉, 정보를 의도적으로 사용하지 않아도 될 정도였다. 결국 정보를 이해해야 그것의 가치도 판단할 수 있는데, 이런 활동은 주로 여가 활동을 통해서 했다. 신체 활동에 대한 정보를 교류했다.

여가 활동을 충분히 해야 하는 이유는 분명했다. 사람들은 특정 경계 내에서 생활해야 했기 때문이다. 예기치 못한 일들이 일어나는 시기였기 때문에 사람들이 고려해야 할 것들을 서로 공유해야 하는 상황이었다. 이런 환경에 적응하기 위해서 그들은 자신이 사는 지역에서 일어나는 모든 일에 신경을 썼다. 수많은 것이 상호 관련되고 상호 의존적이었다. 일부라도 알려면 전체를 알아야 했다. 그들에게 가장 중요한 것은 지역 공동체 생활 전체 및 환경을 적절하게 아는 것이었다.

우리는 현대의 문명사회 생활에 관심이 있다. 원시시대의 생활로 이야기를 시작한 것은 현대와 관계가 있기 때문이다. 현대에도 비신체적인 여가 활동이 중요하기 때문이다. 지금은 원시시대보다 관찰해야 할 것들이 더 많다. 우리는 단지 몇 마일 안에서만 거주하지 않고 세계 안에서 공동체 생활을 하는 세계시민이다. 이런 오늘날의 상황을 이해하며 살기 위해서 개인은 적절한 관계성과 책임감을 가져야 한다. 또한 세상을 보는 적절한 시각이 필요하다.

보다 좁은 지역에서 살았던 원시시대 청소년이 그랬던 것처럼 청소년기에 충분히 여행할 수 있다면, 여러 지역을 여행하면서 알아야 할 세계에 대해 정통할 수 있다. 교육이 효과적이려면 삶에서 중요한 것들을 접해야 한다. 그리고 이를 직접 접하는 것도 중요하다. 가능하다면 세계 여러 지역을 방문해서 사람들이 하는 일들을 봐야 한다. 직업, 휴양, 사회적인 일과 시민의 일 등 모든 종류의 일에 참여해 봐야 한다. 그리고 모든 사회계층의 사람과 이 일에 대한 이야기를 나누어 봐야 한다. 무엇보다도 이런 경험이 세계를 이해하고, 공감하게 해 준다.

그러나 이는 물리적으로 한계가 있다. 청소년이든 성인이든 이런 일은 특권층의 사람들 일부만 가능하다. 그들이 여러 곳을 여행을 할 수 있다고 하더라도, 현재만 볼 수 있지 과거를 보기는 어렵다. 오늘날 사람들은 현재뿐만 아니라 과거도 직시해야 한다. 우리는 상호 연결되어 있고 연속적인 전 세대의 일부다. 그런데 우리는 언어를 통해, 주로 독서를 통해 먼 과거의 일들을 만날 수 있다.

이후의 지면에서는 사람들이 읽어야 할 것에 대해 논의해 보고자 한다. 읽기 자료는 우리가 사는 광대한 인간사를 적절하게 드러내는 것이어야 한다. 우리가 '삶을 지속적으로, 전체적으로 볼 수 있게' 하는 것이어야 한다.

독서 프로그램의 내용은 아동, 청소년, 성인에게 동일하다. 발달 단계에 따라 요구하는 것만 서로 다를 뿐이다. 원시시대의 10세 아이가 10세가 볼 수 있는 만큼만 자신이 사는 지역과 거기서 일어나는 일들을 보는 것처럼, 오늘날을 사는 10세 아이도 독서를 통해서 세계에서 일어나는 일들을 자신이 볼 수 있는 만큼만 본다. 원시시대의 15세 청소년이나 21세 청년이 동일한 사회의 일들을 보다 깊게 이해하고 더 자세하게 관련 지식, 관계, 가치를 통찰하고 지속적으로 관심을 갖듯이, 오늘날의 15세 청소년과 21세 청년도 독서를 통해서 세계에 대한 일반적인 사항들을 이해하며 계속해서 세계를 관찰한다. 그는 성인이 되어서도 이런 활동을 하며, 더 많은 것을 보게 될 것이다.

원시인에게는 경험이 곧 학습이었다. 그들은 의식적으로 어떤 사실을 기억하려고 하거나 배우지 않았다. 그들에게 학습과 **사는 것**은 동일했다. 마음은 일상적으로 경험하고 기억하는 잔류물로 차 있다. 그리고 경험은 일시적으로 낙엽처럼 잠깐 왔다 가는 반면, 보편적인 이해는 나무줄기나 가지처럼 어느 사이 부지불식간에 성장해서 비교적 잘 변하지 않는다.

인간의 본성은 비교적 변하지 않는다. 그리고 오늘날이라고 해서 경험에 의존했던 과거의 교육을 개선할 수 있는 어떤 새로운 형태의 교육이 있는 것도 아니다. 새로운 상황은 새로운 적응, 조정 및 새로운 도구 사용을 요구한다. 실제로 현대 교육에서는 최근의 진보주의 운동이 시사하는 것처럼 여전히 개인에게 최고의 교육은 경험하는 것이다. 이것이 학습의 원칙이라면, 독서의 목적은 **경험의 재구성**이고, **삶의 양식**일 것이다. 독서는 기억하고, 암송하고, 시험을 본 후 잊어버리는 사실을 알기 위한 것도, 교훈을 위한 것도 아니다. 독서의 목적이 원시시대에 그 상황에 필요한 사람을 만들기 위한 것이었던 것처럼 문명 사회에서는 문명인을 만드는 것이라면, 살아가는 중에 읽기나 독서는 실제 세계처럼 풍부하고 폭넓고 다양해야 한다. 그것은 전 세계 사람들이 경험하는 것을 적절하게 표현해야 한다. 나아가서 쉽게 이해할 수 있고 감각할 수 있는 유형이어야 하며 또한 무형의 힘, 영향, 관계들도 볼 수 있어야 한다. 무형의 것도 실제이기 때문이다.

이제 독서 교육과정(프로그램)에 대해 이야기해 보자. 첫 번째 유형의 독서는 전 세계에 존재하는 사람들에 대한 이야기다. 여행, 지리, 민족학, 기술 사회학, 인류학 등이 여기에 속한다. 두 번째 유형의 독서는 역사를 재구성하는 것이다. 전기, 여행(과거로의 여행), 역사, 회고록, 진화 사회학 등이 여기에 속한다. 산업, 상업, 시민, 위생 등은 둘 다에 속한다. 세 번째 유형의 독서는 사물의 본질과 관계를 표현하는 것으로, 수학, 물리학, 생물학, 사회학, 기술학들이다. 우리가 사는 세계의 본질을 보려면 기초과학을 읽을 필요가 있다. 네 번째 유형의 독서는 문학이다. 문학은 주제와 사건을 제시한다. 역사적인 하나의 사건일 수도 있고, 전체 역사의 동향일 수도 있다. 한 사람의 인간 관계이거나 사람들이 서로 관련된 일련의 관계일 수도 있다. 동물의 일대기, 무생물의 양상, 불멸의 자연일 수도 있고, 다른 어떤 것일 수도 있다. 인간이 경험하는 유형 혹은 무형의, 가까운 혹은 먼, 실제적인 혹은 신화적인 것일 수도 있다. 문학은 분명 다른 영역과 다르지만, 다른 영역으로부터 완전히 독립적일 수 없다. 협의의 의미에서 좋은 문학이란 무엇인가를 적절하게 표현하는 것이다.

좀 더 자세히 설명해 보자. 지리부터 시작해 볼 수 있는데, 지리에 대해 알기 위해서는 직접 관찰하는 것이 가장 일반적인 방식이다. 이에 더하여 초등학교와 중등학교에서는 보통 세계에 대한 이야기를 읽게 할 수 있다. 대부분은 구전이지만, 1학년부터는 대부분의 이야기가 읽힐 것이다. 출판사들은 적절한 책을 제공한다. 『여러 지역의 민속Little Folks of Many Lands』 『에스키모 이야기Eskimo Stories』 『세계일주Around the World』 『넓은 세상The Wide World』 『큰 것과 작은 것Big and Little』 『다른 나

라의 사람들People in Other Lands』『네덜란드 트윈스The Dutch Twins』『일본
트윈스The Japanese Twins』『일본과 중국에서 작은 여행Little Journeys to China
and Japan』『스코틀랜드 여행Travels in Scotland』『스웨덴의 게르다Gerda in
Sweden』와 같은 책들이 제공된다. 여러 지역의 삶을 좀 더 문학적으로
표현하면 진실하고 명확하고 재미있다는 점에서, 이런 책들을 읽는 것
은 교육적으로 보다 효과적일 수 있다. 현재 제공하는 책들은 대부분
매우 교훈적이고 사실을 암기하도록 발간한 책들이다. 이런 책들은 정
보를 담고 있을 뿐, 상상력을 살아나게 하거나 삶을 재현하지는 않는
다. 그러나 많은 책, 특히 최근의 책들은 교훈적인 것을 다소 피하고
있다. 문학적이고 좀 더 재미있게 이야기하고 있다. '정보'만 제공하
고자 하지는 않는다. 아이들에게 있는 그대로의 상황이나 삶을 생생하
게 보여 준다. 이론에 근거해서 책 속에 등장하는 사실들을 충분히 보
면서 지성을 갖출 수 있게끔 제시하고 있다.

　이런 수준의 책은 세상에 존재하는 다양한 삶의 측면을 보여 준다.
예를 들어, 에스키모의 삶을 표현해서 아이들이 에스키모 집의 특성,
가구, 난방, 빛을 사용하는 방식, 옷의 특성, 식량 공급, 사람들의 직
업, 휴양, 종교, 마을의 특성, 교통, 스릴 넘치는 모험, 기후와 토지, 물
의 형태, 낮과 밤의 길이, 북극광, 식물과 동물의 생활, 가정생활의 특
성, 아동의 교육 등을 접할 수 있다. 그런데 아이들이 책을 읽으면서
이런 정보를 의식하지 않도록 해야 한다. 에스키모의 삶을 그냥 표현
해 주고, 아이들에게 관찰하고 이해할 수 있도록 해 주어야 한다. 이
런 읽기는 경우에 따라서 피상적일 수도 있다. 그러나 어린아이들에
게는 이것이 정상이다. 그들이 사는 세계에 존재하는 일들을 관찰하

는 것처럼 책 속의 일들도 피상적으로 관찰하고 이해도 불완전할 수 있다. 교육이 가장 맹신하는 것 중 하나가 바로 어떤 것을 제시하기만 하면 학생이 그것을 완전하게 이해해야 한다는 것이다. 하지만 어떤 수준의 경험이든 완전히 안다거나, 절반만 안다거나, 1/4 정도만 안다거나, 단편적인 인상을 갖는 것이 정상이다. 경험을 기반으로 하는 교육은 이것이 정상적이라고 보며 그렇지 않은 경우 그 경험의 적절성에 대해 의구심을 가진다.

중등교육 단계에서는 세계를 보다 깊고 폭넓게 이해하고 공감할 수 있도록 해야 한다. 이 단계의 학생들도 세계 여러 나라의 삶을 적절히 상상할 수 있게 해 주는 책을 읽을 것이다. 이런 책은 보다 성숙한 이 단계 학생들의 이해 수준에 맞춰서 선정해야 하며, 이전 교육의 단계에서는 볼 수 없었던 관계나 세부적인 사항들을 풍부하게 담고 있어야 한다. 이야기에는 교훈적 성격이 없고, 문학적 가치가 있는 책으로 재현 효과가 있어야 한다. 이 시기 아이들의 여가 활동 본능을 충분히 일깨우지 못한다면, 그들은 성인이 되어서 책을 계속 읽지 않을 것이다. 교육은 이런 습관 형성을 주요 목표로 삼는다. 이 시기에는 습관 형성이 정보를 암기하는 것보다 더 중요하다. 습관을 형성하면서 정보도 얻을 것이다. 만족할 만한 여가 활동으로 학생들이 세계를 관찰하는 습관과 이해를 개발하도록 하자. 학생들이 이용할 수 있는 실제 정보의 양이 엄청나게 증가할 것이다. 그리고 학생들은 다른 정보가 필요할 때 그것을 신속하게 수집하는 방법도 알게 될 것이다. 그러나 중등교육 단계에서 단순하고 교훈적인 사실들을 제공하면, 성인이 되었을 때 당시 접한 사실들을 기억하지 못할뿐더러—우연히 경험을 통한 학습이 일어난 경우를 제외하고는―성인이 하는 가장 중요한 비신체적인 여가 활동을 구성하고 있는 세계의 일들을 관찰하는 습관도 형성하지 못할 것이다.

안타깝게도 중등교육 단계에 제공하는 대부분의 책은 주로 교훈적이다. 그것은 경험을 기반으로 하는 진보 교육에는 잘 맞지 않다. 그러나 최근 설명식으로 사실을 가르치고 배우는 방식에서 벗어나고자 하는 변화가 일어나고 있다. 몇 년 전 혁신적인 학교에서 교재는 보조 자료에 불과했는데, 현재 지리 교재 관련 책, 참고 도서, 지도의 역할을 하는 표준 교재를 바탕으로 한 교육이 나타나고 있다. 『고래의 여행Cruise of the Cachalot』 『일반 선원으로서 2년간Two Years before the Mast』 『비글호에서 다윈의 여행Darwin's Voyage of the Beagle』 『정글에서 실종Lost in the Jungle』 『긴 밤의 땅The Land of the Long Night』 『여러 지역의 사람들The Peeps at Many Lands Series』 『실론섬과 인도에서 두 소년의 모험Adventures of Two Youths in Ceylon and India』 『오스트레일리아의 소년 여행자Boy Travellers in Australia』 『슬룹 스프레이에서 세상 구경Around the World in the Sloop Spray』 『리빙스턴의 발견How I Found Livingstone』 『암흑대륙을 통해서Through the Dark Continent』 와 같은 최근의 지리 관련 책들은 단순한 일련의 사실을 제시하는 것을 넘어, 여러 나라에서의 생활 경험을 보다 적절하게 표현하고 있다. 여행을 하듯이 생생한 내러티브를 읽게 하려는 경향이 점점 강조되고 있다. 고등교육 단계에서 제공하는 책은 표면상으로 교훈적인 목적이 없는 문학, 어떤 지역의 주요 생활 모습을 재현한 책들이 증가하고 있다. 가령, 『하이디Heidi』 『리즈베스 롱프록Lizbeth Longfrock』 『젊은 포경선원 The Young Ice-Whalers』 과 같은 책들이 더 많이 나오고 있다.

지리 문제를 해결하는 데 있어 가장 기본은 학생들이 실제를 효과적으로 만나고 경험을 많이 하도록 하는 것이다. 그 만남이 생생하면 생생할수록 더 좋다. 언뜻 보면 앞에서 설명한 읽기 경험이 즐겁고 생생한 것일 수는 있으나, 이것이 교육적으로 더 유연하고 쉽다고 생각해서는 안 된다. 사실 우리는 교육이란 현실을 생생하게 접촉하도록 하는 것이라고 주장한다. 학생들은 지역을 직접 관찰하고, 일의 세계에 실제로 참여해야 한다. 직접 접촉이 어려운 곳의 일부에 대해서도 학생들에게 최대한 현실적으로 이야기해 주어야 한다. 교훈적으로는 이런 현실감을 느끼게 할 수 없다. 예를 들어, 뉴펀들랜드 대구 산업에 대해 반 페이지 정도 설명한다고 해서 아이들이 대구 산업의 특성이나 본질을 이해할 수 없다. 하지만 학생들에게 키플링의『소년과 바다Captains Courageous』를 읽게 하면, 그 어선에서 하는 다양한 활동을 간접적으로 경험할 수 있다. 학생들은 마치 실제로 물 위에 있는 것 같이 경험할 수 있을 것이다. 이런 생생한 방식으로 아이들에게 상상의 여행을 하게 하자. 러시아의 넓은 평야, 중국의 강, 아프리카나 브라질의 정글, 북극의 얼음 지대, 미국 제철 회사의 광석 함대, 남부의 목화 농장, 조지아와 오리건 주의 산림 지역 등과의 생생한 만남을 통해 현실을 알게 하자. 그래야만 학생들이 영향, 힘, 관계를 보다 잘 이해할 수 있고, 이런 지리적인 문제를 해결할 준비를 갖출 수 있다. 경험을 통한 교육은 가능한 한 최대의 교육적 효율성, 실질성, 결과의 실용성을 목표로 한다. 생생한 경험을 위해 재미를 이용한다. 재미를 위해서가 아니다. 재미는 목적이 아닌 수단이다.

이런 읽기는 중등교육 단계까지만 하는 것이 아니다. 지금까지 지리 교육은 성인의 여가 활동에 관해 거의 다루지 않아서 7학년으로 끝나는 경향이 있었다. 하지만 교육의 전 과정을 통해서 이런 경험이 계속되어야 한다. 7학년에서 습득한 습관이나 공감을 몇 년간 저장해 놓고 사용하지 않다가 성인이 되어서 그것들을 사용한다는 것은 불가능하다. 그것이 이미 남아 있지도 않을 것이다. 유일한 방법은 고등학교와 대학에서도 학생의 수준에 맞는 독서를 통해서 간접적인 관찰 경험을 계속하게 하는 것이다. 학생들은 힘, 관계, 일반적인 원칙에 관심을 갖게 될 것이다. 그러나 이렇게 실제를 경험하게 하지 않고 설명만 해서는 안 될 것이다. 설명만 이루어진다면 성인기의 습관으로 이어지지 않을 것이다. 습관은 경험을 통해 형성되는 것이다. 세계나 실제를 평생 동안 관찰하는 습관을 갖게 하려면, 청소년기에도 그것을 계속 관찰하는 습관을 들여야 한다. 평생 해야 할 일을 계속하게 하는 것이 교육이 해야 할 역할이다.

지면의 한계 때문에 여기서 역사 또는 과학 교육에 대해서는 언급하지 않겠다. 그러나 이 경우에도 목적과 원리는 동일하다. 현재 역사나 과학 분야는 모두 역동적인 변화를 겪고 있다. 이 분야의 연구들은 지적인 여가 활동을 위한 의도적인 수단의 교육을 체계화하지 못하고 있다. 목적도 아직 정당하게 인식하지 못하고 있다.

이제 문학을 보자. 우리는 이 장에서 독서를 통해 세계를 관찰하는 여가 활동을 다루고 있기 때문에, 좋은 문학작품은 이런 목적에 적절하고 효과적이며, 간접적인 경험을 할 기회를 제공한다. 이를 위해서 문학은 효과적인 심상뿐만 아니라 작가가 본 것과 동일한 것을 독자에게 제공해야 한다. 정통 문학은 실제를 간접적으로 혹은 언어를 통해서 효과적으로 보거나 경험하게 하는 데 목적을 둔다.

이 장에서 논의하고 있는 여가 활동을 위한 문학은 세계를 가장 넓고, 풍성하고, 효과적으로 표현하는 것이어야 한다. 문학의 형태, 구조, 저자의 국적, 원어, 저자가 살았던 시대, 최신 작품인지 여부, 저자의 명성을 준거로 그런 문학을 선정하는 것이 아니다. 존재하는 것을 분명히 표현하는지 여부가 그것의 선정 기준이어야 한다. 얼마나 유명한 작가의 작품인지, 난이도가 어떤지, 각주를 얼마나 잘 달았는지와 같은 것을 떠나서 여기서 설명하고 있는 목적에 얼마나 잘 맞는지가 문제다.

이 점은 교육과정에서 중요하다. 지금까지 우리는 문학작품을 선정하는 데 편협했다. 중고등학교 교육과정에서는 영국이나 미국 작가가 쓰고 영국, 스코틀랜드, 미국을 소재로 하는 최근 작품을 다루는 경향이 있다. 전통적인 교육과정에서는 러시아, 스위스, 노르웨이, 일본, 브라질 등의 여러 나라를 적절하게 제시하지 않았고, 의도적으로 이런 시도조차 잘 하지 않았다. 그 목적이 문학의 종류, 기법, 특성을 드러내는 것이었지, 세계에 존재하는 인간의 삶을 보여 주려는 것은 아니었다. 교과를 가르치는 교사에게 문학을 가르치는 궁극적인 목적이 무엇인지를 물어보면, 대부분은 **문학 감상**이라고 답한다. 그들은 인류 및 인간이 하는 일을 이해하고 감상하려고 의도하지는 않는다.

문학의 목적은 인간 및 인간의 활동에 대한 이해라는 것임을 인정한다면, 현재의 문학 교육의 목적과 내용에 큰 변화가 필요할 것이다. 문학의 선정 기준은 작품의 내용 가치가 될 것이다. 넓은 관점, 깊이

있는 역사적 통찰을 주는 것이 선정될 것이다. 교육과정은 모든 나라
의 문학을 활용할 것이다. 인간 및 인간의 이해를 목적으로 한다면,
잘 번역한 책도 영미문학 작품과 똑같이 고려할 것이다. 따라서 호
머, 버질Virgil, 구약성경, 단테, 발자크, 마테를링크Maeterlinck, 비요른센
Bjornsen, 프라이타크Freytag, 파브르, 시엔키에비치Sienkiewicz, 톨스토이
의 책들도 셰익스피어나 스콧, 디킨스, 테니슨, 스티븐슨, 조셉 콘라
드의 책들과 마찬가지로 중요하게 고려해야 한다.

　인간 및 인간의 이해가 목적이라면, 주제는 보편적이어야 한다. 문
학작품에서는 전쟁과 모험, 사랑, 약탈, 박애주의, 종교, 여행, 빈곤,
가족생활, 상업, 농업, 공업, 교통, 정부, 자연과의 싸움, 질병과의 싸
움, 사회 계급 간의 충돌, 과학과 기술의 노력, 인간 세상에 존재하는
것들을 다루어야 한다. 다른 시대, 다른 지역의 문학에 이런 주제가
가득한 것처럼, 이 분야는 평생교육을 위한 다양하고 풍부한 자료들
을 계속해서 제시해야 한다. 청소년에게 하는 초기 교육은 그들에게
이런 영감을 주어야 한다. 그들이 무대나 화면에 등장하는 짧은 드라
마 같은 것들을 사랑하고 평생 지적으로 만족할 수 있는 독서 습관을
갖도록 해 주어야 한다.

　이런 목적을 위해서 다양한 유형의 문학작품을 **활용**해야 한다. 이
말은 문학의 종류와 구조를 이해해야 한다는 의미가 아니다. 사람들
이 문학의 기법이나 이 작품이 어떻게 만들어졌는지는 몰라도, 시간
을 읽기 위해 시계를 사용하듯이 인간과 인간의 삶을 읽는 데 문학을
활용할 수 있다.

　독서는 극장에서 연극을 보는 것과 같아야 한다. 연극은 삶에 대해

상상하게 해 준다. 관중이 원하는 모든 것이 바로 이런 상상이다. 이런 상상이 완벽할수록 연극은 성공적이다. 극의 효과를 내기 위해 작가가 사용한 다양한 장치를 모두 알 필요는 없다. 사실 효과를 내는 기법을 더 많이 알고 무대장치를 더 많이 볼수록, 연극이 보여 주려는 삶을 아는 데 오히려 방해될 수 있다. 그것은 단지 하나의 기법이나 장치에 불과하다. 기법에 대한 지식은 때로 연극이 추구하는 궁극적인 목적에 도움이 되지 않는다. 뿐만 아니라 때로는 그것을 저해하거나 방해하기도 한다. 마찬가지로 독자가 기법과 같은 문학의 장치들을 지나치게 많이 의식하면, 독서를 하는 궁극적인 목적을 이루지 못할뿐더러 그것을 달성하는 데 저해되기도 한다.

교육에 사용하는 문학 작품은 어려워야 할까? 아니다. 명료하고, 생생하고, 즉흥적인 느낌을 주어야 한다. 문학이 어떤 관점을 조장할수록, 문학 자체에 관심이 덜할수록 교육의 목적에 보다 적합할 수도 있다. 간단히 말해서 그 자체에 대한 관심을 끄는 문학보다 시각의 창을 제공하는 문학이 교육의 목적에 더 부합한다. 또 다른 상상을 할 수 있도록 하고, 관객이 보편적으로 잘 알지 못하는 것은 연극보다는 글이 더 나을 수도 있다. 독자는 이런 것들을 보고 즉시 행동할 수 있어야 한다. 연극이 실패하는 것은 내용이 불분명하거나, 혼란스럽거나, 이해할 수 없는 것들을 암시하거나, 다른 어려움들을 제시하기 때문이다. 문학은 독자의 경험을 유도하는 특성을 가진 것이어야 한다.

사실 주어진 시간 내에 가능한 한 많은 지면을 읽을 수 있도록 내적 동기를 유발하기 위해서 독서는 쉽고 빠르고 재미있어야 한다. 우리는 성인, 특히 교육받은 성인이 사전이나 지침서, 책 맨 뒤에 있는 참고 자료를 계속해서 혹은 자주 참고하면서 하는 독서를 여가 활동이라고 하지는 않는다. 어른들보다 아이들은 특성상 문학에 대한 체계적인 접근이 적합하지 않다. 읽기가 어렵고 느릴수록 학생의 시각은 더 좁아진다. 즉, 독서를 통한 교육을 할 수가 없다. 그리고 무엇보다도 독서를 통해서 습득하는 감상, 의욕, 태도, 풍부한 여가 활동을 하기 힘들다.

독서를 쉽고 빠르고 즐겁게 하는 방법은 첫 학년부터 계속해서 독서를 많이 하게 하고 학년이 올라감에 따라 독서량을 늘리는 것이다. 또한 학년이 올라가면서 난이도를 조금씩 높여야 한다. 학생들이 책을 읽으면서 사전, 지침서, 참고 자료를 자주 본다는 것은 독서에 대한 준비가 덜 되었다는 의미다. 사실 독서할 책을 적절하게 선정한다는 것은 어휘력이 **늘고**, 독서 중에 사전을 참조하는 일도 거의 없다. 학생이 신화나 역사적 암시를 어려워하는 것은 이런 종류의 독서 경험이 풍부하지 않다는 의미다. 신화의 맛을 경험하지 못하면, 신화가 암시하는 정신이나 의미를 알 수 없다. 역사도 마찬가지다. 이런 것들을 잘 알려면 적절한 환경에서 적절한 관계를 맺어야 한다.

이제 이 장을 요약해 보자. 보통 사람에게 문학은 무엇보다도 **경험해야 할 것**이지, 공부해야 할 것이 아니다. **활용해야 할 것**이지, 분석해야 할 것이 아니다. 내적 동기를 유발하는 즐거운 경험이어야 하지, 외부에서 부과하는 과제여서는 안 된다. 고전문학일 필요도 없지만 그렇다고 신간일 필요도 없다. 고인이 된 저자의 것일 필요도, 꼭 살아 있는 저자의 것일 필요도 없다. 문학 형식이 드러나는 것일 필요도 없고, 문학의 시대적 특징을 드러내는 것일 필요도 없다. 유명한 저자의 것이어야만 할 필요도 없다. 책은 쉽게 빨리 그리고 많이 읽을 수 있는 것이어야 한다. 독자의 지적 경험과 미적 경험의 수준을 보다 끌어올리기 위해 제공해야 한다. 독서는 초등학교에서 풍부하게 시작해야 하고, 중등학교, 고등학교, 대학교를 다니는 동안 계속해서 더 풍부하고 더 높은 수준으로 나아가야 한다. 그래서 각 교육의 단계나 그 단계 학생의 성숙 정도에 따라 적절하고 풍부한 것이어야 한다. 단지 영미 문학만이 아닌 세계 문학을 제공해야 한다. 부분적인 것, 가능한 모든 것을 포함해야 한다. 독서는 인간의 역사를 보여 주고 상연하는 무대여야 한다.

풍부하고 적절한 독서 기회를 제공하는 것과 함께 이런 독서 경험을 바르게 지도하는 교사도 중요하다. 자격을 갖춘 교사란 독서를 좋아하고 독서를 통해서 자신의 관점을 갱신하는 사람, 세계관과 세계 공감, 인류에 대한 흥미를 가진 사람, 사실의 암기보다 **교사로서의 경험**을 가치 있게 여기는 사람, 암기 과제 숙련자보다는 환경에 영향을 미치는 사람, 각 발달단계를 잘 알고 아이들에게 필요한 교육적인 독서 경험을 간파할 줄 아는 사람, 준비가 될 때까지 인내를 가지고 도움을 보류할 수 있어서 아이들의 발달에 필요한 경험에 민감한 사람, 교수 요목이나 프로그램, 교재, 시간표보다 아이들 교육에 책임감이 있는 사람, 시스템과 조직을 효율적이고 경제적으로 사용할 줄 알고 경험의 유형, 장소, 양을 선정하는 데 자유와 자발성의 원리를 사용할 줄 아는 사람, 9시, 9시 반, 10시 등 매 시간에 해야 할 일을 기계적이고 일방적으로 통보하기보다는 아이들의 경험을 관리하는 방식을 아는 사람이다.

오랫동안 교육 전문가들은 교육이란 **가르치는 것**to teach이라고 생각하고 가르쳐 왔다. **사는 것**to live 역시 교육이라는 사실을 잘 의식하지 못했다. 우리는 가르칠 수 있는 여건을 조성하기에 바빴다. 최근에 와서야 삶의 여건을 어떻게 조성해야 하는지를 깨닫고 있다. 가르치는 것과 사는 것 둘 다 중요하지만, 더 중요한 것은 사는 것이다.

The Curriculm

6부

소통을 위한
교육

19장 모국어 교육

20장 외국어 교육

21장 결 론

19장

모국어 교육

　신체적인 것을 제쳐 두면, 인간 활동은 원래 사회적이다. 모국어는 인간의 사회적 교류와 상호 소통을 위한 도구이며 사고의 도구라고 할 수 있다. 친구들과 잘 지내려면 모국어를 사용해야 한다. 만약 사람들이 잘 이해하고 잘 생각한다면, 언어는 발달하지 못했을 것이고 그것을 문제 삼지도 않았을 것이다. 사람들이 평생 일을 하고, 생각을 하고, 소통을 하는 데 언어는 **좋은** 도구다. 언어를 주의 깊게, 지적으로 사용하려면 그것을 잘 이해해야 한다. 사람들이 선호하는 자동차는 디자인이 멋지고, 깨끗하고, 마감이 잘 되어 있고, 조용하고, 승차감이 좋은 차다. 사람들은 단지 자동차를 타는 것만으로 만족하지 않

는다. 옷에 대해서도 디자인과 색이 멋지고, 다른 사람에게 불쾌감을 주지 않으며, 다른 사람을 개의치 않으면서도 따뜻한 옷을 바란다. 이와 마찬가지로 다른 어떤 것보다 언어는 인간의 삶에 긴밀하게 관련이 있고 잘 변하지도 않는다. 또 멋지고, 정확하고, 세련되고, 사회적 즐거움을 줄 뿐만 아니라 무엇보다 생각을 정확하게 표현하도록 해준다.

모국어 교육을 통해서 사람들은 사회를 경험하고 언어를 경험하는 것으로 알려져 있다. 사람들은 모국어로 듣고, 말하고, 생각하고, 읽고, 쓴다. 그러면서 모국어를 완전하게 학습한다. 대부분의 사람에게 그 사회에서 사용하는 모국어(언어)를 가르치지 않아도 그들은 그것을 습득한다. 경우에 따라 문법이나 작문에서는 약간의 도움을 필요로 한다. 읽기, 쓰기, 철자법과 같은 것은 인위적인 언어 교육의 도움을 필요로 할 수도 있다. 만약 사람들이 자신이 사는 사회의 언어만 사용하는 생활만 한다면, 의도적으로 언어 교육을 할 필요가 거의 없다.

그럼에도 불구하고 대부분의 사회에서 사람들의 언어 생활은 마땅히 그래야 하는 수준보다 낮으며, 사람들이 민주적으로 생각하고 행동하는 데 필요한 언어 능력에 미치지 못하고 있다. 더 잘, 더 섬세하게, 더 완전한 생각을 하는 데 필요한 언어는 지성을 필요로 한다. 모든 사회 계층 간의 사회적 합의 및 상호 이해는 대체로 모든 사람에게 일정 수준의 언어 능력을 요구한다. 이는 언어를 단일화하는 것이 아니라, 우리가 비효율적인 언어라고 부르는 조잡함을 제거하는 것이다.

교육은 사람들의 언어 효율성 수준을 향상시키기 때문에 학교는 분명 사회 발전을 이끄는 기관이다. 교육을 통해서 성인들이 조사한 아이들의 언어적 결함을 제거할 뿐만 아니라, 그 사회의 언어 능력을 평균 이상으로 끌어올린다.

시작된 지 얼마 되지 않지만, 다른 어떤 분야보다 언어 분야에서 교육과정을 좀 더 과학적으로 개발하고 있다. 여러 도시에서는 문법적 오류를 찾아왔다. 이를 기초로 문법적 결함을 제거할 수 있는 교육 활동을 만들고 있다. 연구자들은 전국을 대상으로 주로 틀리거나 발음이 잘못된 어휘 목록, 작문상의 약점, 손글씨 쓰기, 말하기, 묵독 등에서 흔히 하는 실수 유형을 작성하고 있다. 이는 의도적인 교육을 위한 구체적인 목표를 찾는 방식이다.

목표를 찾고 나서도 과학적인 조사를 계속 해야 한다. 이 목표를 달성하는 데 필요한 일련의 학생 경험 목록들을 보면, 지금 교육하는, 즉 연습을 시켜서 가르치는 것보다 더 나아 보이지 않는다.

실제 절차를 보면 특정한 오류를 예방하거나 수정할 수도 있을 것 같고, 오류의 뿌리가 깊어서 그것이 불가능해 보일 수도 있다. 문법적 오류를 수정하거나 예방하는 것이 필요하지만, 그것을 외우게 하거나 오류들을 지적하는 것이 능사는 아니다. 따라서 교육의 궁극적 목표는 언어의 기본적인 가치, 언어에 대한 이해, 사람들이 사용하는 언어에 대한 비판적인 태도, 효과적인 언어와 모두가 동의하는 언어를 사용하려는 사회적 열망, 언어의 오류 및 약점을 제거하는 데 있다. 이런 목표를 설정하는 것이 일반적으로 잘못 사용하는 철자 목록을 구축하는 것만큼이나 중요하다. 그러나 이런 목표를 달성하기 위한 교육 철학 및 기술 모두 아직은 매우 부족하다. 안타깝지만 지면의 부족으로 이 문제에 대해서는 간단히 다루고, 지금부터는 확실한 것보다는 가능한 것에 대해 설명하고자 한다.

① 첫 번째 교육의 과제는 모든 아동과 청소년에게 바른 언어 활동
   을 풍부하게 제공하는 것이다. 그들이 사용하는 언어를 가능한
   한 충분히 듣게 하고, 바르지 못한 말은 가능한 한 적게 듣게 하
   자. 다양한 분야의 독서 경험을 하게 하자. 의식적·무의식적으
   로 올바른 언어를 사용하는 데 필요한 어휘, 문장 구조, 언어적
   사고 구조를 경험하게 하자. 공식적·비공식적으로 실제를 직접
   접하고, 실제에 참여하고, 관찰하고, 독서하는 등의 다양한 경험
   을 하게 하자. 동시에 대화, 토론, 구술, 보고서 작성과 같은 경험
   을 많이 하게 하자. 그들의 삶을 구성하는 비언어적인 경험에 대
   한 가치, 실제, 책임감, 주관성을 제공하고, 정상적인 언어 생활
   을 할 기회를 제공하자. 실제를 명확하고 적절하게 생각하는 것
   은 그들의 지적 발달에도 중요하며, 언어는 이런 생각을 위한 적
   절한 수단이다. 이런 경험을 제공하는 교육이 실질적인 언어 교
   육이다.

아동과 청소년들은 주로 적절한 조건과 환경에서 언어 **생활**을 해
볼 수 있는 기회를 필요로 한다. 그런데 지금까지는 영어를 **가르
치는 데** 집중해 왔지, 충분한 언어 **생활**을 제공해 온 것이 아니었
다. 적지 않은 영어 교사들이 영어를 가르치기 위한 엄청난 교육
과정을 가지고도 영어를 잘 가르치지 못하고 있다. 그리고 이런
문제를 해결하기 위해서 영어 시간이 더 필요하다고 주장한다.
교사에게 시간을 더 주면 그들은 더 많이 달라고 요구할 것이다.

교사는 지나치게 기계적이고 지나치게 과하다. 언어가 다른 교육과정 영역보다 더 많이 요구되는 것은 아니다. 언어를 가르친다는 것은 전체 교육 경험을 조정하고 그것을 언어 요소와 병행하는 일이다. 일상적인 영어 교육은 이런 총체적 경험의 일부이어야 한다.

② 사람들은 어떤 경험을 하면서 동시에 언어 생활을 하며, 그 가운데 대부분의 교육이 일어난다. 이런 교육의 기회를 의도적으로 제공받지 못할 때 여러 가지 결함이 생긴다. 최대한 많이 경험할 기회가 주어지면, 학생은 자신의 문법, 맞춤법, 특정 단어 발음 등에서의 다양한 오류를 찾을 것이다. 학생에게 제공하는 의도적인 교육은 이런 오류들을 제거하도록 하는 것이어야 한다. 이는 어떤 학생의 교육과정은 길 수 있고, 어떤 학생의 교육과정은 짧을 수 있다는 의미다. 같은 교실에서 공부하는 이 두 학생에게 의도적인 영어 교육과정이 같을 수 없으며, 정형화된 하나의 영어 교육과정은 생각할 수 없다는 것이다. 이는 병원에서 모든 환자에게 똑같은 처방을 하는 것과 다를 바 없다.

여러 기관이 학생의 교육과정 목표를 설정하는 데 참여할 수 있다. 초급 단계의 학생에게는 자신의 영어 사용 중 철자, 발음, 호응 관계, 동사의 종류, 필기, 문장 구조, 문단 구성 등에서 나타나는 오류 목록을 작성하는 것을 교육 목표로 설정할 수 있다. 이런 일은 가능한 한 신속하고 완벽하게 해야 한다. 학생이 이런 목표를 의식해야 한다. 목표를 설정하려고 노력하는 것이 이 과정에서 필수적이다.

한 교실에 있는 모든 학생이 하는 모든 종류의 영어 오류를 각 교
과목별로 지속적으로 확인할 수 있다. 그리고 각 학생별 오류 목
록을 만들 수 있다. 자신의 말보다 다른 사람의 말에 주의를 기울
일 때 이런 오류 목록을 더 객관적으로 만들 수 있고, 더 잘 준비
할 수 있다. 학생들은 자기가 하는 오류보다는 다른 사람이 하는
오류를 더 잘 찾는다. 이렇게 하고 나서 이 목록을 일반화할 수
있고, 자신의 오류에 적용해 볼 수 있다. 다목적적인 효과가 있는
이런 작업은 전적으로 너무 과하지 않도록 한다. 오류 목록은 영
어 교육에서 필수적이며, 각 학생들을 진단해야 하는 교사의 노
고를 줄이는 데도 효율적이다.

개별 혹은 집단 학생의 오류 목록을 확보하지 못하면, 교사는 자
신이 기록한 것을 토대로 이런 오류 목록을 만들어야 한다.

③ 학생이 자신의 오류 목록을 가지게 되고, 올바른 형태의 지식이
대체되고 나면, 그 다음에 학생은 대체물을 만들어 보기를 원한
다. 이 일은 학생이 해야 한다. 따라서 학생의 의지가 깨어 있어
야 한다. 이것은 설교나 설득, 협박, 강요, 설정, 훈련을 한다고
해서 가능한 것이 아니다. 언어는 일종의 사회적 과정이다. 이런
각성은 보통 사회적인 자극을 통해서 확보된다. 보통 학생은 자
신의 언어에 주의를 기울이면서 통찰하기도 하고, 언어를 잘못
사용했을 때 수치나 굴욕을 느끼면서 자극을 받기도 한다. 그것
은 언어적 민감성이며 일종의 사회적 의식으로, 오류에 빠졌을

때 스스로를 되찾고자 노력하고 유지하게 한다.

이런 언어적 의식이 학생을 넘어서 있다고 주장하는 것은 어른들
이 아이들을 모르고 하는 소리다. 한 남학생이 교사가 요구하는
많은 단어나 용어를 사용하는 데 어려움을 느낀다면, 그때가 언
어적 의식을 느끼고 자신이 속한 집단에 규칙이 있다는 것을 느
끼는 순간이다. 그는 다른 학생들이 허용하지 않는 영어를 사용
해서 비웃음거리가 되는 것, 다시 말해 비난받는 것을 싫어한다.
학생이 영어를 바르게 사용하기를 **원하도록 만드는 것**은 친구들이
그가 영어를 바르게 사용하기를 **기대한다는 것**을 의미하며, 또 그
가 그렇게 하지 않으면 **비난을 받는다는 것**을 의미한다. 학생을 교
육한다는 것은 올바르게 반응하도록 하는 것이다. 이 과제는 정
말 중요한 일이기도 하다. 이것은 학생의 오류를 무례하게 지적
해야 한다는 의미가 아니다. 그런 언어 교육은 학생에게 부정적
으로 반응하게 할 것이다. 언어 교육은 학생의 실패에 대해 무언
의 반응을 하는 일이다. 학생이 사회적 양심과 사회적 비판을 표
명하도록 하는 것이다. 언어 교육은 학생에게 역반응을 자극하
지 않고 오히려 학생의 언어 결점을 제거하도록 자극해야 한다.
따라서 교육의 문제는 영어를 부적절하게 사용하는 것을 어떻게
다룰 것인가 하는 문제다. 비판하는 일은 긍정적인 면과 부정적
인 면을 모두 가지고 있다. 부적절한 영어를 사용해도 비판하는
학생이 아무도 없다면, 학생들에게 오류 목록을 작성해 보도록
하는 것이 효과적이다. 읽기 경험은 학생에게 비판적인 언어적
의식을 발달시켜 준다.

영어를 잘못 사용하는 일에 대해 비판하는 것의 긍정적인 점은 사고의 명료성, 정확성, 질서 그리고 언어의 일관성, 유사성을 개발한다는 점이다. 그래서 사람들이 생각과 표현이 불명확하고 단정치 못할 때 비판하도록 교육할 수 있다. 교사는 이런 것을 언어 교육으로 고려해야 한다.

지금까지 우리는 주로 영어의 표현 측면을 설명했다. 이는 듣기와 읽기 측면과는 다르다. 듣기는 완전히 본능적이다. 듣기를 배우는 방법은 그냥 듣는 것이다. 읽기는 듣기를 시각화하는 것이다. 그래서 읽기는 본능적으로 습득되지 않으며, 교사가 주의를 기울여 조건을 만들어 주고 자극해 주어야 한다. 그러나 읽기를 배우는 방법도 듣기와 마찬가지로 그냥 읽어 보는 것이다. 학생은 독서를 통해서 읽기를 배울 수 있다. 학생들은 흥미 있는 내용일 때 더 쉽게 듣고, 더 쉽게 듣기를 배울 수 있다. 마찬가지로 그들은 흥미 있는 내용을 읽을 때 더 쉽게 읽고, 더 쉽게 읽기를 배울 수 있다. 읽기 교육과정을 개발하는 것은 주로 학년, 학생의 성숙 정도에 맞게 흥미를 느낄 만한 독서 자료를 풍부하게 마련하는 것이다. 나아가서 그것은 학생들이 많이 그리고 빨리 읽을 수 있도록 해 주고, 소리 없이 읽도록 해 주고, 내용이 어려워서 속도가 떨어지지 않도록 주의해서 살피는 것이어야 한다. 1학년 학생은 두세 질의 책을 쉽게, 계속해서 읽도록 해야 하고, 학년이 올라갈수록 책의 수를 늘려야 한다. 교사는 흥미를 찾고, 열정을 자극하고, 학생이 책 읽기를 시작할 수 있는 방법들을 찾아야 할 것이다. 이렇게 할 때 학생은 독서를 생활화할 수 있다.

20장

외국어 교육

미국에서 외국어 교육의 부족으로 나타나는 약점이나 단점이 있는 가? 만약 한두 개의 외국어를 배우지 않았다고 해서 큰 문제가 없다면 교육과정에 외국어를 포함시킬 필요는 없지만, 반대로 심각한 문제가 생긴다면 외국어 교육을 고려해 봐야 한다.

우리는 외국어가 주는 장점과 단점을 모두 살펴보아야 한다. 외국어 지식이 부족하면 맡은 일을 하는 데 문제가 생기는가? 이 질문은 각 직업 분야나 같은 분야라고 하더라도 전문성 정도에 따라 다르다. 그리고 다른 분야도 이와 같은 식으로 고려해 보아야 한다. 외국어를 잘 이해하지 못하면 시민의 역할을 하기 힘든가? 외국어 지식이 부족하면 개인적 청결과 사회적 위생에 문제가 생기는가? 외국어 교육이 부적절하면 가정 생활이 힘든가? 외국어 지식이 충분하지 않으면 도덕적으로 생활하기 힘든가? 혹은 종교 생활이 힘든가? 외국어를 못하면 여가 활동을 하기 힘든가? 외국어를 모르면 모국어 학습이 어려운가?

외국어 교육 문제는 다른 방향에서도 다룰 필요가 있다. 외국어로 읽거나 말하기만 하면 되는가? 읽기 교육과정과 말하기 교육과정은 근본적으로 다르다. 읽기 교육과정의 경우, 읽기가 중요한 요소이지만, 이는 말하기를 전제로 한다. 학급 규모는 작아야 하고, 학급 모임을 자주 해야 하고, 문법과 작문에도 많은 시간과 노력이 필요하다. 말하기 교육과정의 경우에는 말하기도 필요하지만 발음과 상상이 중요하다. 교사는 재미있고 풍부한 읽기 자료를 제공해야 할 것이다. 일단 외국어 교육을 시작하면 학년이 올라갈수록 교사나 가르치는 사람의 도움 없이도 외국어의 어휘, 글자 형태, 문장 형태를 확장하고 능숙하게 읽어야 할 것이다. 이 경우 학급 규모는 좀 커도 되고, 학급 모임은 자주 하지 않아도 된다.

외국어는
직업 활동을 위해 필요하다

외국어 교육의 문제는 너무 많고 복잡해서, 여기서 우리는 근본적인 몇 가지만 다루고자 한다. 먼저 외국어가 직업적으로 가치있는지를 알아보자. 현대 언어의 경우 대학 수준에서 가장 많이 강조하고 있고, 대학은 대학 이전의 학교 교육에 영향을 주고 있다. 이에 대해 여러 가지를 논의할 수 있다. 먼저 모든 대학생(남학생과 여학생)은 외국어로 된 전공서들을 읽어야 하고, 이에 필요한 만큼 외국어 교육을 적절히 받아야 한다. 모든 고등학생은 자신이 대학을 가든 안 가든 어느 정도의 외국어 교육을 받아야 한다. 특히 직업 분야에서는 현대 언어를 적극적으로 권한다. 두 번째 논의는 상업·사무직에서 외국어의 가치다. 비즈니스 업계는 관련 외국어를 능숙하게 구사할 점원, 특파원 등을 필요로 한다. 또 다른 나라 사람들에게 만든 상품에 관심을 갖도록 하려면 외국어를 구사해야 한다.

교육 전문가의 경우를 들어 보자. 초·중등학교 교사는 60만 명이 넘는다. 다른 전문가와 마찬가지로 교사도 복잡한 문제를 다루는 데 필요한 지식, 안목, 능력을 갖추어야 한다. 가르치는 데 필요한 능력을 기르는 데 외국어 지식이 부족하면 힘이 드는가? 교사나 관련 전문가들의 의견을 들어보면, 교사가 가르치는 데 필요한 능력은 수없이 많다. 그러나 아무도 현대 언어의 부족을 지적하지는 않는다. 교육감, 교장, 사범학교 교사교육자들의 의견을 들어보아도 가르치는 것에서의 결함의 원인으로 현대 언어를 모르는 것을 언급하는 경우는 찾기 힘들다. 만약 그것이 실제로 중요한 약점이라면, 적어도 몇 개는 발견되었을 것이다.

앞 장에서 우리는 세계 어느 나라든지 노동의 발달과 진보가 필요하다고 했다. 교육은 모든 선진국에서 가장 널리 하고 있다. 따라서 교사는 미국, 캐나다, 영국, 프랑스, 독일, 덴마크, 노르웨이, 스웨덴,

스위스, 이탈리아, 러시아, 일본, 아르헨티나, 칠레, 브라질, 오스트레일리아, 노르웨이 등 교육이 발전한 어느 나라에서 만들어진 교육 사상 또는 기술이건 간에 관심을 가져야 한다. 또한 교사는 전문가로서 자극이 필요하다. 이는 주로 사회적 읽기를 통해서 전 세계의 전문가들과 생생한 접촉이 이루어질 때 가능하다.

다른 한편으로는 경제성 측면에서도 설명할 수 있다. 대부분의 일은 돈과 시간이 필요하고, 보다 경제적으로 할 수 있는데 그렇게 하지 않는다면 그 모든 것을 낭비하게 된다. 그리고 일이 효과적이려면, 형식에 치우치고 대충할 것이 아니라, 기술적일 필요가 있고, 사회적일 필요가 있다. 일반적으로 인정하는 이런 가정을 염두에 두고 다음 상황을 살펴보자.

이러한 측면의 교사교육 방법은 크게 두 가지다. 한 가지 방법은 대학에서 모든 외국어를 가르치고(앞서 제시한 약 10개국 정도의 언어), 교육을 받는 교사들이 외국어로 쓰인 책을 읽어서 필요한 정보를 얻게 하는 방법이다. 나아가서 교사들이 다양한 나라의 최신 문헌을 확보하여 필요한 정보를 찾도록 한다. 두 번째 방법은 주로 수년 동안 미국 교육부에서 발전시켜 온 것인데, 세계 여러 나라의 교육을 모국어로 번역하는 방법이다. 예시로 몇 개의 제목을 소개하면 다음과 같다.

- 스위스 학교 시스템의 시사점
- 덴마크의 교육 시스템
- 덴마크 민속 고등학교
- 몬테소리 교육

- 독일 실업 교육이 미국의 실업 교육에 주는 시사점
- 최근의 중국 교육개혁
- 라틴아메리카 대학과 특수학교
- 영국, 스코틀랜드, 독일의 교사 교육
- 독일의 보조학교
- 중앙아메리카, 남아메리카, 서인도의 중등학교
- 몇몇 외국의 교육에 대한 조사
- 전쟁 중인 나라의 직업 교육에 대한 요구

미국 교육부의 이런 작업이 아직 충분한 것은 아니지만, 기술적·사회적 정보에 대한 요구는 쇄도하고 있다. 교육부는 이런 정보를 보다 광범위하고 명백하게 제공하다 보면, 곧 이런 요청들을 충족시켜 줄 수 있을 것이다. 각 나라는 교사의 요구를 들어주기 위해서 전문가, 외국 교육 지식에 능통한 전문가를 고용해야 할 것이다. 이들 전문가를 통해 교사는 외국어, 외국의 교육, 외국의 전문적인 문헌에 나타날 지식을 습득할 수 있을것이다. 이런 전문가들은 적어도 인생의 절반 가까이 혹은 장기간 외국에서 살았고, 모든 보고서를 효과적으로 검토하고, 미국의 교사들이 요구하고 바라는 것들을 효과적으로 제공할 것이다. 자국과 외국을 모두 알아야만, 효과적인 독서 자료를 준비할 수 있다.

이 정도의 외국어 교육을 하려면 시간과 돈이 많이 든다. 앞서 언급한 목적에 맞는 몇 안 되는 전문가를 제외하면, 대부분의 사람이 외국어를 이 정도 배워야 한다는 것은 비효율적이다. 일반 교사는 외국 문학에 접근하기 어렵고, 교사가 요구하는 외국 문학은 찾기 어렵고, 방대하고 광범위하다. 교사들은 이런 책을 1/10도 읽을 시간이 없다. 겨우 몇 권만 읽을 수 있을 뿐이다.

수많은 전문가에게 외국어가 필요 없다는 것이 아니다. 자기 나라 문헌에서 찾을 수 없는 것이나, 바로 적용해야 할 정보나 기술을 찾기 위해서는 분명 외국어 문헌도 살펴야 한다. 1,000명 중 한 사람은 외국어 교육을 전문적으로 받아야 한다. 나머지 999명도 그와 같이 외국어 교육을 받아야 한다면 이는 매우 비싼 값을 치를 것이다.

교사가 처한 상황을 이렇게 길게 설명한 것은 의학, 공학, 금융, 법률, 신학, 건축, 음악, 예술, 저널리즘, 정치, 전문적인 상업, 금융, 교통, 농업, 광업 등 모든 전문분야에서의 외국어 교육의 본질을 궁극적으로 드러내기 때문이다. 전문가들은 선진국으로부터 필요한 기술적·사회적 정보가 필요할 것이다. 그러나 그들은 **효율적**이고 **경제적**인 방법 또한 사용할 필요가 있을 것이다. 외국어를 알고, 다른 나라에서 중요한 정보를 영어로 옮길 수 있는 전문 번역가도 필요할 것이다.

돈과 시간 비용을 계산해 보고, 경제적인 방안을 제안해 보게 하자. 그것은 **전체** 이익 대비 효율성 정도가 커야 할 것이다.

농부, 기계공, 광부, 주부와 그 밖의 비전문 수준의 사람들의 부류와 계층을 살펴볼 때, 전 세계의 사람들이 하는 일을 알게 될 것이다. 우리는 모든 사회계층에 대해 국제적인 마인드를 가져야 한다. 따라서 이를 위해 모든 부류와 계층의 사람들(남자와 여자)이 독서를 해야 하는데, 모국어로 읽는 것이 가장 효과적이고 경제적이다. 간단한 방법이기는 하지만 이루기는 어려운 과제다. 따라서 특별한 경우가 아닌 한 비전문적인 수준의 수백만 노동자에게 외국어가 필요할 이유는 없어 보인다.

상업 분야는 국제적으로 관계를 맺는 분야이기 때문에 외국어 교육에 대해 고려해 볼 필요가 있다. 외국과 접촉을 해야 하는 큰 회사들은 특파원, 에이전트 그리고 해당 외국의 언어를 구사할 줄 아는 사무원이 필요하다. 브라질을 상대로 무역을 할 때, 이들 전문가는 포르투갈어를 알아야 한다. 마찬가지로 일본이나 중국과 거래할 때는 일본어나 중국어를, 러시아와 거래할 때는 러시아어를 알아야 한다.

상당수의 외국 에이전트, 사무원, 특파원들은 그 나라 원어민일 것이다. 이런 현지인이 증가하면 할수록 학교에서의 외국어 교육 문제는 줄어들 것이다. 그러나 지도자 수준에서는 일정 비율이 미국인(모국민)일 필요가 있다. 따라서 이 목적으로 그들을 철저하게 교육시킬 필요가 있다. 그들은 외국어를 능숙하게 이해하고, 말하고, 쓸 줄 알아야 한다. 관용어구를 사용하고, 섬세하게 표현하고, 그 나라 사람들에게 지적·정서적으로 어필할 정도여야 한다. 그들은 번역하거나, 더듬거리거나, 책 읽듯이 말하는 것이 아니라, 그 나라 언어로 생각하고 말할 정도여야 한다. 이정도로 숙달하려면 그 나라의 언어를 모국어처럼 사용하면서 살아야 가능하다.

외국어 교육은 확실히 몇몇 전문 분야에 해당된다. 몇몇 사람은 철저하게 집중적인 외국어 교육을 받아야 한다. 천여 개 고등학교의 학생이 스페인어를 사용해야 하는 분야로 진출한다면(일반적으로는 그렇지 않다), 우리는 모두 스페인어를 배워야 한다고 주장할 수 있다.

그러나 이것이 필요하지 않는 수백 명에게 스페인어를 가르치는 것은 너무나 비경제적이다. 공교육을 보급한 이래로, 수많은 사람에게 제공하는 교육은 전문 직업 교육이 아닌 일반 교육이다. 전문적인 일을 하는 단지 몇 백 명에게는 전문적인 직업 교육을 제공해야 할 것이다.

외국어는
시민 활동을 위해 필요하다

외국어 지식이 부족하면 미국 시민으로 사는 데 어떤 문제가 있는가? 사회 지도자, 정치인, 신문들은 각자 나름대로의 관점을 가지고 이런 사회적 결함과 그 원인을 지적하기에 바쁘다. 그러나 그들은 외국어를 모른다는 것이 시민으로 사는데 문제가 있다고 말하지는 않는다. 시민으로서 결함과 그 원인에 대해서는 너무나 다양한 시각이 있기 때문이다. 이 문제는 종합적으로 접근해야 한다.

다른 장에서 우리는 국가 의식 및 대집단 의식을 계발해야 한다고 설명했다. 모든 사람에게 이해, 공감, 호의적인 자세를 이끌어 내는 데 있어 모국어만 한 것이 없다. 그러나 국제적인 상황에서 보면 문제는 달라진다. 국제적인 공감 및 국제 이해가 필요하다. 이러한 것들이 모국어만으로 충분할까?

세계를 경험하는 두 가지 방법을 생각해 볼 수 있다. 외국어가 그중 하나라고 주장하는 사람들이 있다. 우리는 같은 언어로 경험하고 생각하지 않으면 다른 사람의 경험을 온전히 이해하지 못한다. 그래

서는 지엽적인 이해에 머물 수밖에 없을 것이다. 이것은 우리가 지구
촌 모든 나라의 언어를 배워야 한다는 것을 시사한다. 자연스럽게 가
장 많은 사람이 사용하는 언어를 배우는 것이 효율적이다. 이런 관점
에서 러시아어, 스페인어, 중국어, 포르투갈어, 힌두어, 독일어 그리
고 프랑스어를 배우는 것이 적절하다. 이 언어들은 아마도 영어와 함
께 지구촌에 널리 쓰이는 언어일 것이다. 프랑스어, 독일어, 라틴어가
아니더라도 필요할 수도 있다. 외국어를 공부하는 것이 목적이라면,
한두 개의 외국어를 배우는 것으로는 목적 달성을 할 수가 없다.

　다른 한 방법은 영어가 모국어인 나라의 역사를 읽거나 영어로 잘
번역된 작품을 읽는 것이다. 사실 인간의 경험은 전 세계인이 궁극적
으로는 같고, 세부적이고 부분적으로는 다르다. 이 말은 어느 나라 말
이든 모두 인간의 경험을 표현한다는 뜻이다. 중요한 것은 언어가 아
니라 각자의 경험이고, 독자가 재구성하는 경험이다. 사람들이 경험
을 서로 교류할 때 어떤 언어로 표현했는지, 다른 언어로 번역하였는
지 등 상징 체계가 그리 중요하지는 않다. 중요한 것은 경험을 적절
하게 재구성하는 것이다. 에머슨은 "나는 모국어로 이미 번역된 책을
원어로 읽느니 차라리 찰스강을 수영해서 보스턴까지 가겠다."라고
말한 바 있다.

외국어는
가정 생활을 위해 필요하다

/

가정 생활에서는 분명 모국어가 필요하다. 그러나 영어권에서 성장한 아이가 외국에서 태어나서 외국어가 모국어인 어른들과 생활하는 이민 가정의 경우에는 문제가 있다. 대부분의 이민자는 노동자다. 그들은 대부분 자신의 모국어를 사용하지만, 그들 모국의 문학에는 친숙하지 않다. 사회에서는 그들의 모국민이나 모국어를 평가 절하하는 분위기가 있다. 미국적 분위기에서 성장하는 아이들은 무의식중에 이민자인 자신의 부모를 무식하다고 여긴다. 이런 아이들은 자신의 부모와 부모의 모국어를 존중하지 않는다. 그들은 부모의 영향으로부터 빨리 벗어난다. 이런 가족으로 인해 그들은 종종 상처를 받고, 부모의 희망을 저버린다.

이민 가정에서 가족 붕괴의 원인은 여러 가지다. 언어는 사회적 결속에서 가장 중요하다. 공용어의 부재는 많은 문제의 원인이 된다. 아이들은 부모의 언어를 점점 사용하지 않고, 부모들은 점점 아이를 책임지기 힘들어진다. 이런 문제에 대처하는 하나의 방안은 아이들에게 부모의 모국어로 된 문학작품을 읽게 하는 것이다. 모든 미국 학교가 영어를 공용어로 사용해야 하지만, 이탈리아인이 사는 지역 아이들은 이탈리아 문학을 읽어야 하고, 폴란드인이 사는 지역에서는 폴란드 문학을 읽어야 하고, 헝가리인이 사는 지역에서는 헝가리 문학을 읽어야 한다. 아이들은 학교가 존중하는 언어와 함께 그들이 접하는 문학을 존중하게 될 것이다.

만약에 교육의 목표가 하나의 사회를 만드는 것이라면, 외국어 교육을 시킬 필요가 없고 이런 과업에 시간을 들일 필요도 없다. 독서 지식은 학교가 필요로 하는 것이다. 아이들은 가정에서부터 말하기 연습을 한다. 그러나 그것은 문법적으로 정확하지 않다. 교육은 항상 **목적**과 관련되어야 한다. 이런 경우 아이들은 부모의 언어를 존중한다. 만약 부모들이 사용하는 언어가 무식한 유형이라고 생각하게 되면, 부모의 언어에 대한 아이들의 관심은 점점 줄어들 것이다. 이것은 시간을 들여서 문법, 작문 등을 가르칠 필요성을 감소시킬 것이다.

학교에서는 오로지 독서 지도만 할 것이다. 아이들에게는 언어로 표현한 풍부하고 매혹적인 이야기가 필요하기에 평가를 할 필요는 없다. 학생들이 영어로 읽을 수 있을 때, 부모의 언어도 더 쉽게 읽을 것이다. 그래서 외국어 수업이 그렇게 많이 필요하지는 않다. 동기를 유발하고 자극할 정도면 충분하다. 가끔은 부모의 언어로 된 역사, 지리, 문학 분야의 읽기 자료나 교재를 제공할 수도 있다.

학교와 가정이 협력하면 교육의 목적을 달성하면서 동시에 시간과 노력을 덜 들일 수 있다. 학생을 교육시키는 목적 중 하나는 조화로운 가정생활을 위함이다. 그것을 이루지 못하면 다음 세대는 존재하기 어려울 것이다. 따라서 교육에서 하나의 언어를 견지할 필요는 없다.

외국어는
여가 활동을 위해 필요하다

/

좋은 작품을 읽는 것은 건강하고 바람직하다. 몇몇 고대어와 외국어 작품이 있다. 운율이 있는 시와 같은 형태의 작품을 제외하고는 모두 좋고, 제대로 된 번역본이라면 실제로 원본만큼이나 좋다. 번역물이 더 좋을 수 있다. 이런 여가 활동은 다양하고, 새롭고, 신선한 경험이다. 식상한 활동은 여가 활동으로 만족스럽지 않다. 예를 들어 음악의 경우, 사람들은 오케스트라, 밴드, 피아노, 오르간, 목소리, 합창, 오페라 등 다양한 매체를 통해 음악을 듣고 싶어 한다. 이와 같이 다양한 매체를 사용하면 음악적 경험이 다양해지고 즐거움이 증가한다. 문학에서도 마찬가지다. 사람은 서로 다른 매체로 즐긴다. 외국 문학은 종종 신선하고 흥미를 자극하지만, 모국어 작품은 식상해서 신선한 자극이 좀처럼 일어나지 않기도 한다.

외국 문학은 외국 음악에 비해 더 고상하거나 덜 감각적이다. 그렇다고 해서 외국 문학이 여가 활동으로 적절하지 않다고 말할 수는 없다. 실제로 외국 문학을 만족스러운 여가 활동으로, 심지어 더 적절하고 더 유익한 여가 활동으로 여기고 있는 누군가가 있을지도 모른다. 그렇다면 여기서 중요한 질문을 해볼 수 있다. 외국 문학이 일반인의 오락 유형으로는 너무 수준이 높고 동떨어지는 것은 아닌가? 독서를 여가 활동으로 하는 사람에게는 그렇지만 독서 의사가 없는 사람에게는 그렇지 않다. 독서를 할 때 정서적 반응이 일어나야만 독서가 성격 발달에 도움이 되고, 좀 더 인간적이게 만드는 효과가 있다. 만약 독서를 과제로 한다면, 독서는 일이며, 재미가 없고, 가치도 떨어진다. 이런 독서는 교육 경험으로도 좋지 않고 바람직하지 못하다. 게다가 이런 독서는 바람직한 여가 습관이 되기도 힘들다.

여가 활동은 여가로만 해야 한다.

외국어 교육이 목적이라면 교사는 놀이와 같이 재미있게 해야 한다. 교사는 적절한 조건을 만들고, 이끌고, 자극하고, 격려하고, 열심히 하도록 해야 한다. 교사는 어휘, 발음, 문법으로 수업을 시작하는 것이 아니라 학생이 이 새로운 언어를 신선하게 만나도록 해 주어야 한다. 만약에 교사가 학생의 흥미를 불러일으키는 능력이 있다면, 초급 외국어 교육은 놀이를 기반으로 할 것이다. 이 경우에는 적게 가르치는 것이 더 나을 것이다. 그냥 놀게 하고, 놀이를 관리감독하는 것은 적게 할수록 좋다. 말하기나 쓰기가 아닌 읽기라면, 학생은 읽는 경험이 즐거워야 할 것이다. 교사는 직접 독서를 해 봐야 독서의 즐거움을 알며, 학생들이 **독서를 통해 읽기를 배우고** 문법이나 사전에서 해방될 수 있음을 알게 될 것이다.

쉽고 재미있는 풍부한 독서를 교육으로 한다면, 교수법은 주로 리더십이나 동기의 통제와 관련이 있다. 일부 언어 교사들이 어렵고 친숙하지 않은 단어나 문법을 연습시키는 것, 학생들이 획득할 수 없는 것을 기대하는 것, 교사 수준에서 학습해야 한다고 요구하는 것, 설명할 필요가 없는 것을 설명하는 것을 교육이라고 정당화하기는 어렵다.

여기서 다른 예를 들어 보자. 사실 어린아이들이 부모의 말을 들을 때는 단어의 의미를 완벽하게 이해하지 않고도, 문법적인 설명을 듣지 않고도 그냥 이해한다. 아이들은 자라면서 점점 사물이나 언어를 충분히 경험한다. 생각하거나 노력하지 않아도 자동적으로 이해하게 된다. 외국 문학도 모든 단어의 의미나 문법을 완벽하게 알지 못하더라도 이야기의 전체적인 흐름을 읽을 수 있다. 몇 주, 몇 달, 매년 이런 경험을 계속하게 하라. 그러면 익숙하지 않은 단어의 의미도 점차 분명해질 것이다.

현재 교육 방식은 대개 조기 교육 방식이다. 그것은 일상생활을 통해 자연스럽게 발달할 수 있도록 조기에 가르치려는 것이다.

외국어 독서나 외국어 교육에 너무 많은 시간과 돈을 투자해야 한다는 것이 아니다. 언어를 좋아하는 사람들만 하면 된다. 학생들의 관심을 끌지 못하면 그들은 외국어 독서를 계속할 수 없고, 외국어 공부도 그만두게 된다. 외국어 교육을 스스로 포기할 것이다. 그들은 교사들의 노력도 요청하지 않을 것이다. 수업이 늘지도 않을 것이고 자주 만나지도 않게 될 것이다. 교사들이 학생을 지도할 시간과 기회도 줄어들 것이다. 그리고 문법과 작문을 배우는 데 필요한 에너지도 줄어들 것이다.

이런 상황을 생각해 보자. 우리 중 상당수의 사람이 여가 시간을 가질 것이고, 효과적으로 여가 생활을 할 것이며, 감각적이지 않는 형태의 여가 활동을 통해 좋은 결과를 얻을 것이다.

이런 유형의 여가 활동은 우리가 독서를 하고 영어 문학을 읽어야 가능하다. 영어 문학은 세계 문학에서 가장 규모가 크다. 그것은 앵글로색슨족의 확산 덕분에 가장 널리 퍼졌고, 가장 국제적인 것이 되었다. 또한 영어 문학은 가장 고전적이고 가장 많이 번역되었다. 가장 다양한 버전으로 무한하게 바뀌어 왔다. 키플링의 군악 밴드 스타일을 셰익스피어의 심포니 오케스트라 스타일과 비교해 보라. 그리고 스콧의 빅 바우와우 스타일big bow-wow style을 제인 오스틴의 파인 카메오 스타일fine cameo style과 비교해 보라. 딘 스위프트Dean Swift의 신랄함, 초서나 찰스 램charles Lamb의 온정, 칼라일Carlyle의 우레와 같은 목소리, 테니슨과 바이런의 다양한 음악, 스티븐슨과 조셉 콘라드의 남성적인 우아함, 엉클 레무스Uncle Remus와 마크 트웨인, 오헨리의 다양한 분위기에 주목하게 하라. 각양각색의 풍부한 서정시, 서사시, 전원시, 드라마, 소설, 수필, 연설, 종교적·철학적 명상에 주목하게 하라. 그런 다음 영어 성경, 호머, 버질, 플라톤, 세르반테스, 단테, 뒤마, 발자크, 톨스토이, 오마르 하이얌Omar Khayyam, 입센, 프라이탁Freitag, 마테를링크, 타고르의 번역서가 제공하는 다양한 매체와 분위기를 살펴보게 하라.

영어 문학작품들은 고등학교를 졸업한 사람의 여가 활동으로 만족할 만하다. 수많은 평가에도 등장했다. 우리는 학생들이 외국 문학을 즐기도록 가르쳐야 한다고 생각한다. 만약 이런 기회를 충분히 가지지 못한다면, 학생들은 자기 나라 문학으로부터 이득을 취하기 어려울 것이다. 전형적인 몇 권의 책을 읽은 것을 넘어서, 고등학교나 대학교를 나온 사람이라도 극소수만이 스콘, 스티븐슨, 콘래도, 비욘센, 톨스토이, 발자크, 입센의 책이나 번역물을 읽는다. 어떤 목적에서 외국어를 배운 고등학교나 대학교를 나온 사람들은 독서를 위해서 외국어를 사용하지 않았다.

외국어 독서를 위해서 고등학교에서 외국어 교육을 해야 한다고 생각해 보자. 어떤 책을 선정할 것인가? 이를 위한 꽤 좋은 책들이 있

다. 여기서 모든 사람이 읽어야 할 책Everyman's Library[1] 700권을 권장하
는데, 이는 영어로 번역된 최고의 세계 문학 전집이다. 이런 책을 출
판하는 출판사들은 영리를 목적으로 하는 사기업이기 때문에 일반 독
자들의 취향에 맞춰서 저렴한 가격으로 좋은 책들을 출판한다. 〈표
20-1〉에서는 영어권 국가 외의 세계의 가장 중요한 문학책의 수가
제시되어 있다.

〈표 20-1〉 중요한 문학책의 수

언어	개수
프랑스어	52
그리스어	23
러시아어, 폴란드어	14
라틴어	11
독일어	11
스칸디나비아어	10
이탈리아어	8
동양어	5
스페인어	3

다른 책 목록도 이런 특징이 있다. 현대 문학에서 영어 문학을 제외
하면 프랑스 문학이 다른 어떤 문학보다 월등히 많다. 만약 이 장에서

1 역자 주: 영국 런던의 덴트(Dent) 출판사에서 출판하고 있는 문고본 총서.
  1906년 창간하였으며, 문학 · 역사, 철학 · 종교 · 참고서, 청소년 도서 등의 여러 분야의 세계 명저를 두루
  수록함.

논의하고 있듯이 여가 활동으로서 독서를 하도록 하려면 확실히 프랑스어를 가르쳐야 할 것이다.

만일 사람들이 여가 활동으로서 독서를 하기 위한 목적으로 제2의 언어를 배우기를 원한다면, 그리스어, 스칸디나비아어, 독일어, 이탈리아어도 고려해 볼 수 있다. 그러나 불행히도 이런 목적으로 스페인어를 배우는 것은 적절하지 않다. 스페인어를 공부해야 한다면 다른 이유가 필요하다.

외국어는
모국어 교육을 위해 필요하다
/

몇몇 현대 언어는 영어 교육에 도움이 된다. 이런 측면에서 교사들은 라틴어를 주목해 왔다. 그러나 교육과정을 과학적으로 개발하고자 하는 사람들은 정확한 근거 없이 이를 받아들여서는 안 된다. 교육과정 개발자들은 우선 우리가 영어를 숙련되게 사용하지 못하는 이유 중 어떤 것이 우리가 라틴어를 읽고, 번역하고, 설명하지 못하기 때문에 발생하는지를 알아내야 한다.

만일 그것이 존재한다면 제거 방법을 찾아야 한다. 영어 교육에서는 처음에는 기본적인 것을 가르친다. 점점 고급 영어를 구사하기를 원하고, 고급 영어의 가치나 모종의 오류를 조심하는 태도를 갖게 한다. 이런 태도는 주로 사회적인 것이다. 그것은 고급 영어를 쓰고, 읽으며, 이를 가치 있게 여기는 분위기에서 나온다. 언어의 가치는 라틴

어와 별 상관이 없다. 언어의 가치는 대부분 사회적이고, 주로 무의식
적이다.

영어 교육에서는 발음을 비롯해서 습관, 기능, 기법, 단어 선정, 문
장 구성, 억양과 인칭, 더 큰 담론, 구어나 문어로 생각 표현하기, 읽
기, 철자, 손 글쓰기 등을 포함한다. 만약에 학생이 올바른 가치판단
을 할 수 있다면 이 모든 것을 꽤 잘해 낼 것이며 영어를 완전하게 정
복할 것이다. 각각에서는 결함이 흔하지만, 이런 결함들을 하나하나
검토해 보면 대부분은 라틴어를 읽거나 설명하지 못하기 때문이라고
보기는 힘들다.

라틴어는 주로 앵글로색슨족의 글자이지만 철자를 이해하는 데 도
움을 준다. 그런데 만약 어떤 사람이 영어 철자를 기억하지 못한다면,
그가 라틴어는 기억할 수 있을까?

문장 구성 및 인칭을 사용하는 것은 영어 문법 지식과 관련이 있다.
도움이 되지 않는 것은 아니지만, 그것은 우리가 가르치는 영어를 사
용하는 데 나타나는 25가지 결함 중 문법은 거의 없기 때문에 너무 값
비싼 방법이다. 영어 사용에 심각한 결함이 있는 사람이라도 그가 라
틴어를 배워야 하는 것은 아니다. 교양 있는 언어적 분위기에서 자라
는 사람들 또한 이런 목적으로 라틴어를 배울 필요는 없다.

쟁점은 어휘 발달에 있다. 사람들이 사용하는 5,000개의 단어, 사람
들이 읽는 1만 5,000개의 단어의 어원이 라틴어, 불어 그리고 앵글로
색슨족의 언어에 있다. 전제는 두 가지다. ① 어원은 의미 이해를 돕
는다. ② 사람들은 영어의 어원을 이해할 수 있는 언어를 배워야 한
다. 이 두 가지 전제에는 약간의 사실과 오류가 있다.

어휘를 구축하는 데 작용하는 심리에 주목할 필요가 있다. 가장 간단하고 실용적인 어휘 학습의 조건은 새로운 것, 행위, 질, 관계 상황에 처하는 것과 동시에 그 상황에서 그것을 표현하는 말을 얻는 것이다. 이런 상황에서 사람들은 그에 적절한 용어를 만든다. 실체의 존재가 용어를 필요로 한다. 그것들이 함께 밀접하게 연계되면서 하나의 개념으로 융합된다. 어휘 생성의 기본 조건은 **실세계와의 접촉**이다. 만약 누군가가 어휘가 풍부하기를 원한다면, 가장 먼저 해야 할 일은 다양한 현실을 경험하고, 그 경험을 언어로 표현해 보아야 한다. 예를 들어, 어떤 사람이 리무진, 차대, 기화기, 정류자, 차동 장치, 자석, 소음기, 자동 변환기 등의 자동차 관련 어휘를 알려면, 그는 자동차를 운전·수리·조절해 보고, 필요한 정보를 얻기 위해 안내서를 읽어 보고, 다른 사람들과 이 문제에 대해 이야기를 해 보아야 한다. 이렇게 해야 이런 어휘들을 쉽고 자연스럽게 접할 수 있다. 그러나 정작 그 사람은 이런 어휘들을 언제 어떻게 습득했는지는 아마도 모를 것이다. **경험을 하면 어휘는 저절로 습득하게 될 것이다.** 어떤 사람이 농장, 제강 공장, 병원, 골프, 과학, 종교, 그 밖의 물질적 혹은 비물질적인 것에 대한 어휘를 획득하고자 하는 경우에도 마찬가지다. 어떤 사람에게 백발이 될 때까지 라틴어를 공부하게 해 보라. 이런 방법으로는 그가 '현실 상황'에 대처하는 데 필요한 어휘를 배우는 데 있어 전혀 맞지 않다는 것을 알게 될 것이다.

더 오래된 방법은 잘 알고 있는 영어 단어로 라틴어 단어의 의미를 설명하거나 라틴어로 영어 단어의 의미를 설명하는 것이다. 이것은 영어를 라틴어로, 라틴어를 영어로 풀어내는 방식이다. 그것은 실제와 접촉하지 않거나 최소한만 접촉해서 최소한의 의미를 이해하는 것이다. 그것은 마치 1온스의 비누 덩어리로 3배럴의 거품을 만드는 것과 같다. 어휘는 증가하는 것처럼 보이지만 실제로 어휘력은 증가하지 않는다. 지금까지 학교에서는 실제 없이 어휘만 다루었다. 따라서 이런 원시적인 방법으로 언어를 학습하기는 어렵다.

그러나 어원은 여전히 유용하다. 그 중 몇 개만 설명해 보자. 영어에서는 라틴어로부터 유래한 bi-, circum-, contra-, semi-, post-, trans-, uni- 등 20~30개의 접두사를 자주 사용한다. anti-, mon-, pan-, penta-, poly-, tri-, hemi-, iso- 등 그리스어로부터 유래한 20~30개의 접두사도 있다. 또 -fy, -ed, -hood, -tion, -cion, -ise, -ize, -less, -ish, -ie, -kin, -ling, -ness, -able, -ly 등 라틴어, 그리스어, 고전 불어 그리고 앵글로색슨어로부터 유래한 60~80개의 접미사도 있다.

이런 것들이 어떤 언어에서 유래한 것인지는 중요하지 않다. 이들은 영어에서 자주 만나는 것으로 영어에 완전히 동화되어서 생활 영어의 일부가 되어 있다. 150개의 영어 접사를 알기 위해 라틴어를 배우고, 라틴어의 기원이 된 고대 아리아어를 공부할 필요는 없다.

긍정적으로 생각해 보면, 언어를 습득하는 데는 실제로 아무 문제가 없다. 접두사나 접미사가 의미를 가지는 관련 있는 실제에 학생이 접촉하고 그 의미에 주목하게 하라. 학생들이 그것을 의식하는 한, 큰 노력 없이도 언어를 학습할 수 있다. 예를 들어, 수학에서 학생들에게 **이항식**bi-nominals, **이등분**bi-sections을 접할 때 bi-가 two를 의미하고, **삼각형**triangles, 삼등분tri-sections, 삼항식tri-nominals 등을 접할 때 tri-가 three를 의미한다는 것을 알려 주라. 학생들이 언어화된 실제로 주 2회(반주마다)semi-weekly, **연 2회(반년마다)**semi-annual, **주기별**semi-circle이라는 어휘를 접하게 하라. 이 경우 교사가 **semi-**의 의미를 의도적으로 가르칠 필요는 없다. 그들이 **새끼 강아지**doggie, **새끼 양**lambkin, **새끼 오리**duckling, **작은 언덕**hillock, **새끼 독수리**eaglet를 실제로 접하게 하라. 그러면 크게 노력하거나 깊이 생각하지 않아도 쉽게 이해할 것이다. 교육의 원리는 어휘를 구축하기 위해 단어를 가르치기verbal-teaching보다는 실제를 가르치라는 것reality-teaching이다.

영어의 어근은 유입되어서 동화되었다. diction, dictionary, dictate, dictum, abdicale, contradict, predict, edict, interdict, verdict, dictator 등의 단어에 붙은 dico나 dicto만 봐도 알 수 있다. 일반적으로 사용하는 것도 수십 개이며, 영어 전문가가 아는 것도 수백 개다. 대부분의 어근은 영어에 동화되어서 지금은 앵글로색슨어, 라틴어, 그리스어에서 그랬던 것처럼 영어에서도 많은 부분을 차지하고 있다. 단어의 의미는 주로 어근이 가리키는 실재와 연관시켜서 이해할 수 있다. 이런 어휘들은 영어의 틀에서 벗어나 일반적인 의미로 사용하며, 일군의 파생어 연구에 활용될 수 있다. 사람들은 라틴어, 불어, 앵글로색슨어를 공부하지 않아도 영어의 어원을 알 수 있다. 그리스어를 배우지 않은 대부분의 사람은 자신이 아는 단어로도 심리학, 신학, 판테온, 자서전, 생물학, 참고문헌, 철학을 이해할 수 있다. 그리고 그리스어로부터 빌려 온 어원들을 파생어 분석에 효율적으로 활용할 수 있다.

일반적으로 사람들은 단어의 의미를 어원을 통해서 습득하지 않는다. **시중 들다**serve, **농노**serf, **하인**servant, **굽실대는 사람**servitor, **서비스**

service, **노예 상태**servitude, **시중들 수 있는**serviceable, **굽실거리는**servile, **복종** subservient 등의 단어를 보자. 이 단어들은 한 단어에서 유래한다. 사전적 의미는 섬세한 뉘앙스를 갖지 않는다. 예를 들어, **하인, 농노와 굽실대는 사람** 혹은 **서비스와 노예 상태** 사이의 미묘한 의미 차이를 드러내지 못한다. 사람들은 이런 섬세한 의미를 실재로 접촉하면서 구분한다. 어원을 공부하지 않고도 실재를 정확하게 이해하고 관찰하는 사람은 어원을 잘 아는 사람만큼이나 어휘의 섬세한 의미를 습득할 수 있다. 이런 방식으로 어휘의 미묘함을 알게 되면, 그는 당연히 그 어휘의 어원적 의미도 알게 된다.

더 생각해 보면 이는 생물학자, 물리학자, 의사 등 전문용어와도 관련이 있다. 전문가로 만드는 데 필요한 기본적인 것은 각자 분야의 여러 실재에 완벽하게 익숙해지는 것이다. 그들은 글자가 아닌 대상을 알아야 한다. 하지만 그 대상을 아는 데는 글자를 사용한다. 그 대상을 표현하기 위해서는 생각을 해야 한다. 예를 들어, 한 젊은 의사가 hœma가 피라는 의미임을 알고, 일상생활 중에 hœma-가 붙은 단어(hœmachrome, hœmabardmeter, hœmacytometer, hœmaphobus, hœmatozoa, hemorrhage, hemoglobin, hemoperitoneum, hemophobia, hemoscope, hemotropic 등)를 사용한다고 생각해 보자. 그는 자신의 분야에서 중요한 어근인 hœma-의 의미와 가치를 쉽게 배울 것이다. 그가 20년 동안 그리스 문학을 읽어도 이 단어를 잘 이해하기는 힘들 것이다. 그리고 그가 다른 용어들(보통 사람들은 사전을 뒤져 봐야 아는 용어들)을 배우는 방식도 이럴 것이다. 사전을 사용해야 하는 단어들은 거의 사용되지 않는 단어들이다.

우리가 여기서 논의하고 있는 것을 염두에 두어야 한다. 라틴어 문법이나 문학이 반드시 영어를 이해하는 데 필요한 것은 아니라는 주장이 라틴어를 연구할 필요가 없다는 말은 아니다. 언어 연구자들은 대부분 영어와 라틴어가 서로 관련이 있다고 주장해 왔다. 이런 사람들에게 어원 부분을 맡기면 이중의 효과를 거둘 것이다. 이는 라틴어를 실제로 대체하자는 것이 아니라 실질적인 방법으로 언어 교육에 접근하자는 것이다. 라틴어는 언어이며, 라틴 사람들은 라틴어로 된 책을 통해서 라틴어를 읽고 배우도록 해야 하고, 다양한 독서 경험을 할 수 있도록 해야 한다. 라틴어를 배우기를 원하는 사람들은 너무 많은 노력이나 비용을 들이지 않고도 배울 수 있어야 할 것이다. 현대 교육에서 특히 다른 중요한 것에 사용될 수 있는 비용과 시간을 빼내어 라틴어 교육을 하는 것은 적절하지 않다.

외국어는 휴머니즘 경험을 위해 필요하다

일반적으로 생각할 때, 언어와 휴머니즘 간의 관계는 친밀하고 영구불변하다. 이 관계에 주의를 기울이기 전에, 먼저 현대의 관점에서 휴머니즘 경험이 뭔지를 정의하고 그것의 특징을 파악해야 한다. 앞 장에서 우리는 이것을 다뤄 보려고 했다. 폭넓은 공감으로 과거, 현재, 최근의 세상(사람들이 하는 일)을 보는 것, 실생활에서 하는 일에 대한 참여, 관찰, 대화, 독서를 통해 사람들의 경험 세계를 자유롭게 공감하고 입문하는 것, 과학, 미술, 철학, 종교적 통찰을 풍부하게 하는 것, 주인의식을 느끼는 것, 열정을 불태우는 것 그리고 우리 모두를 위한 일에 협동하면서 살 수 있는 기회가 왔을 때 역동적이고, 즐겁고, 마음을 다해서 참여하는 것 등 이런 것이 휴머니즘에 대한 경험이다. 이런 경험이 인간성을 실현하는 것이고, 휴머니즘의 실체를 깨달을 수 있는 경험이며, 휴머니즘의 **실재**다.

여기서 휴머니즘을 새로 정의하지는 않을 것이다. 그것의 본질을 규명하고, 오늘날의 사고와 삶의 관점에서 설명할 것이다. 휴머니즘은 언어로만 존재하는 것이 아니라 삶에 맥락화되어 있다는 것을 알아야 한다. 사람들이 사용하고 생각하는 언어라면 그것이 어떤 것이든 간에 휴머니즘적 언어다.

르네상스 시대에 고전 문학은 휴머니즘 경험에 대한 풍부한 생각과 용어들을 제공했다. 그러나 일상생활을 그린 문학들은 이런 것뿐만 아니라, 현대인의 삶을 더 풍부하게 제시하기 때문에 소수의 유한 계층뿐만 아니라 일반인의 인간적 요구, 민주주의적 요구를 이해하게 해 준다.

오늘날 고전주의자는 터무니없이 휴머니즘을 비판하면서 더 많이 주목받게 되었다. 사실 실제 인식할 수 있는 휴머니즘에 대한 공격은 거의 없다. 그 공격은 고대 언어가 오직 민주주의 시대에 인간적 경험을 위한 도구일 뿐이라는 관념에 대한 것이었다. 이런 논란에도 불구하고, 인류는 더 진보한다. 우리는 모든 사회 계층에게 일부 지식인층이나 귀족층에게만 주어졌던 휴머니즘 경험을 제공하게 되었다. 우리는 모두에게 자연, 문학, 역사, 고도의 종교와 더 많이 접촉하게 할 것이다. 우리는 모두에게 가능한 한 더 높고, 더 깊고, 더 멀리 보는 보다 넓은 비전을 갖게 할 것이다. 이런 휴머니즘 경험에 대해 무관심하고 회의적인 귀족과 실리주의자들이 있었다. 그러나 그들도 휴머니즘 경험에 대해서는 적극적으로 공격하지 않았다.

고전주의자들은 휴머니즘 경험이 사고의 고유한 수단이라고 생각한다. 현대 언어로는 이런 고전적 경험들을 전달할 수 없다고 생각한다. 그리고 현대인의 경험은 과거 사람들의 것보다 더 열등하다고 생각한다. 이런 비관적이고 유치한 생각에 대한 공격이 있다. 그러나 그 공격은 휴머니즘 경험을 적대시하기 때문은 아니다. 오늘날에는 휴머니즘에 대해 긍정적이고, 지지적이다. 그들에게도 숭고함, 풍부함, 고귀함의 정신이 있다. 그들은 모든 사람이 휴머니즘 경험을 하기를 바라고, 휴머니즘 경험은 오늘날 사람들을 대상으로 하는 외국어 교육의 목표다.

고전주의자는 궁극적으로 휴머니즘을 필수적인 실제 면에서 정의하지 않았다. 그들은 휴머니즘을 오직 사고의 상징 면에서 정의하였는데, 그것은 몇 세기 전의 오래된 휴머니즘 경험을 가리키는 용어로 본다.

사실 고전 문학을 읽는 것이 인간다움, 신사다움, 예의 바름, 생각과 감정의 풍부함과 고귀함, 심미적 예술 감상 또는 그 밖에 인격 형성에 필수적인 것들을 발달시키기 위함은 아니다. 모든 사람의 휴머니즘 경험이나 민주주의를 비판하는 고전주의자들이 현대 민주주의 시대의 실제 휴머니즘을 옹호하기는 힘들다. 그들은 휴머니즘과 민주주의의 가능성을 위해 노력하는 것이 아니라, 차라리 이들이 불가능하다고 하는 것이다.

　이것이 현대 휴머니즘을 주도하는 리더들의 사회적 마인드다. 언어학자는 일부이고, 대부분의 사람은 언어학자가 아니다. 어떤 언어학자는 교육에 종사하고, 어떤 언어학자는 다른 분야에서 일한다. 그러나 그들의 주요 관심은 언어가 아닌 사람이다. 그들의 근본 신념은 상징이 아닌 인간이다. 최대한의 인간성을 실현하도록 이끌고 안내하는 것이다.

21장

결론

지금까지 우리는 교육과정의 문제를 사회적 요구 관점에서 살펴보았다. 그렇게 해서 사회적 관점을 교육의 관점으로 발전시키고자 했다. 1부에서는 제한적이긴 하지만 세부적 문제들을 살펴보았다. 그리고 앞으로도 이런 유사한 문제들이 계속 나올 것이다. 우리 교육 전문가들은 거대하고 실질적인 과업에 직면하고 있는데, 그것은 수없이 많은 구체적인 목표를 설정하고, 학생들이 그것을 달성할 수 있도록 수많은 경험을 제공하는 일이다. 우리는 지금까지 행정의 문제에 대한 설명을 거의 하지 않았다. 그래서 여기서 이 문제에 대해 간략하게 언급해 보고자 한다.

가장 필요한 것은 교육 전문가들이 학문적 관점보다 사회적 관점을 견지하는 것이다. 나는 이것이 개인적으로는 가능한 일이지만 쉽지 않은 일이라는 것을 알고 있다. 미국이 필리핀을 점령하자마자, 나는 필리핀의 초등학교 교육과정을 개발하는 7명의 위원 중 한 명이 되었다. 교육과정 개발 위원들은 모두 필리핀에서 2년 혹은 3년 동안 교사 경험이 있거나 관리자였기 때문에 그들의 특수한 조건이나 상황에 친숙했다. 우리는 필리핀 사람들이 요구하는 것을 충족시킬 수 있도록 그 어떤 것이라도 권고할 수 있는 처지였다. 따라서 본질적이고 건설적인 교육과정을 개발할 기회를 갖게 되었다.

그러나 우리는 무엇을 했는가? 교육과정 개발 위원들은 미국 학교에서 흔히 볼 수 있는 읽기, 산수, 지리, 미국사, 기타 교과의 교과서를 수집했다. 그런 뒤 미국의 교육과정을 심사숙고하지도 않고 필리핀 초등학교에 적용했다. 우리는 미국의 교육과정을 기반으로 필리핀의 초등학교 8학년의 교육과정을 만들었다. 각 학년별로 전통적인 교과를 적절한 양만큼 각 학교에 분배하고, 교과서에 담아냈다.

그렇게 만든 교육과정은 필리핀의 조건에는 맞지 않았다. 사실 우리는 필리핀 상황에서 요구되는 것들에 충실해야 한다는 것을 알았지만 그런 노력을 하지 않았다. 난제는 우리가 완전히 전통적인 생각만 하고 다른 가능성들에 대해서는 거의 생각할 여지를 두지 않았다는 것이다. 우리가 생각하는 방안, 교육을 사회적 관점으로 보려는 노력이 필요했다. **교육과정 개발 원리**가 필요했지만, 우리는 먼저 사회적 요구를 기반으로 목표를 정해야 한다는 것을 몰랐다. 우리는 그저 교육이란 익숙한 교과를 가르치는 것이라고 생각했으며, 궁극적으로 교육이란 사람들에게 잠재되어 있는 능력을 실현하는 과정, 사회적 조건과 구체적으로 관련시키는 과정이라는 것을 몰랐다. 또한 우리는 학문이 목적이 아닌 수단이라는 것을 배우지 못했다. 이에 더하여 이런 바람직한 수단과 경험을 구현하는 그 어떤 방식을 경험하지 못했다. 비효율성이 잘못된 것이라고 생각조차 못했고, 시간을 들이면 해결되는 줄 알았다. 다행히도 위원장이 사회적 실제를 더 잘 볼 수 있게 되었고, 6개 학년 구분을 버리고, 관련이 없는 자료를 폐기했다. 그리고 요리하기, 바느질하기, 길쌈양탄자 만들기 같은 일상적인 것들을 학교 교육과정에 포함시켰다. 우리는 적지 않은 충격을 받았다.

우리는 우리를 뒤흔들어 놓을 정도로 강력하고, 자유롭게 생각할 만한 뭔가가 필요했다. 주목할 것은 오늘날 미국 교육에 영향을 미치고 있는 폐쇄적인 신념들이다. 우리 교육 전문가들은 일상화된 이런 전통적 생각을 뛰어넘을 수 있도록 뭔가를 해야 한다. 이런 마음이라야 새로운 문제에 대해 자유롭게 사고할 수 있을 것이다. 오늘날 교육과정 분야는 전 세계적으로 본질에 충실할 수 있는 좋은 기회에 놓여 있다. 우리가 과거에 했던 교육은 현대사회에 적절하지 않다.

이전 장들에서는 사고의 해방에 필요한 몇 가지를 설명했다. 그것은 우리가 교육을 체계적으로 하는 기본 원리와 과학적인 방식을 구축해야 한다는 뜻이다. 교육과정을 현대화하기 위해서는 조금 더 선구적이고 조금 더 실험적이어야 한다. 이 책에서는 지금 교육과정 분야에서 나타나고 있는 교육과정에 대한 생각의 일부를 공론화하고자 했다. 여기서는 아무것도 권고하지 않지만, 실제로 어딘가에서는, 즉 실용적이고 진보적인 학교에서는 그렇게 하고 있다.

　교육과정 개발의 현재 단계에서 중요한 것은 교육과정 내용보다는 교육과정 개발 방법을 찾는 것이다. 나는 이 책에서 내가 제안한 방법과 관점을 간단하게 설명했다. 독자는 나의 제안에 동의할 수도 있고 동의하지 않을 수도 있다. 중요한 것은 지금 교육과정을 과학적인 방법과 원리로 개발해야 한다는 것이다. 과학적으로 흉내만 내는 것이 아니라 교육과정 개발의 과학적인 기초를 마련해야 한다는 것이다. 이런 원리 없이 교육과정을 개발한다는 것은 마치 나침판이나 별 없이 넓은 바다를 항해하는 것과 같다.

　우리 교육 전문가들은 비전을 가지고 교육과정 실제를 선도해야 한다. 현실이라는 땅에 발을 딛고 차근차근 나아가야 할 것이지만, 즉각적인 다음 단계들을 내다볼 수 있어야 한다. 우리가 하는 교육과정 개발 작업은 그 어떤 것보다 장기적인 안목을 필요로 한다. 이런 이유로 우리는 목적과 수단을 논의할 때, 다음 해 혹은 5년 후에 실행 가능한 것만 보아서는 안 된다. 또한 우리는 1년 동안 지속적으로 실행할 수 있는 프로그램을 개발해야 한다.

　최근 이 책에서 제안한 것을 주의 깊게 읽은 한 교육감이 다음과 같은 질문을 했다. "관내 학교의 교육과정을 어떻게 개선해야 하나요?"

　교육감은 우선 그 지역의 상황을 있는 그대로 파악해야 한다. 교육은 일상적이어야 하며, 지역사회의 성장에 영향을 미치는 것이어야 한다. 그러므로 그는 지역사회의 성장 단계에 맞고, 다음 단계에 도달하는 데 필요한 조건들을 찾아야 한다. 그는 교육과정이 해마다 빠르게 혹은 느리게 변하고 성장하기를 기대해야 한다.

　비록 교육과정을 자유롭게 개발할 기회가 주어졌다 해도, 그는 어떤 일이든 갑자기 재조직하거나 갑자기 재구성하려 해서는 안 된다. 다시 말해서, 급속한 성장을 시도해서는 안 되고, 한 번에 완성하려고 해서도 안 된다. 실제로 교육과정은 전문 교육을 받고 경험 있는 교사들이 개발해야 한다. 교사들은 익숙한 것을 갑자기 바꾸기보다는 어느 정도 개선하기를 바랄 것이다. 그러나 일단 개발이 시작되면, 좀 더 멀리보고 더 나중을 준비할 수 있기를 바랄 것이다. 교사들의 사고나 실천은 점진적이다. 이는 학교나 지역사회도 마찬가지다. 교사들처럼 학교와 지역사회도 점진적으로 바꿀 수 있다. 모든 것이 성장을 위한 하나의 과정이어야 한다. 교육감은 기존의 방식을 버리는 개혁을 생각할 수도 있다. 그는 수없이 많은 세부 사항을 고려해야 한다. 이를 실행하는 동안 그는 다음 단계의 세부 사항들을 확신이 들 때까지 계속 고려해야 한다. 만약 그가 잘못한다면, 새로운 잘못을 하기보다는 지금까지 해 온 잘못을 하는 것이 더 낫다.

교육감이 명심해야 할 것은 경제와 같이 일반적으로 영향이 강한 요소뿐만아니라 내부적인 요소들이다. 다른 어떤 것보다 대화가 중요하다. 내부의 요소들을 고려하지 않고는 그 어떤 것도 할 수 없을 것이다.

이는 한편으로는 교장과 교사들과, 다른 한편으로는 교육청과 지역사회와 함께해야 한다. 민주적임과 동시에 같이 책임을 져야 하기 때문이다. 지역의 요구를 보다 잘 반영하고 지역 내의 초·중등학교 교육과정을 더 발전적인 지역의 교육과정과 비교·검토해야 한다.

그는 가령 교육과정에서 매뉴얼화되어 있는 활동을 발견할 수 있다. 이를 통해서 교육과정을 발전적으로 개발할 수 있는 일련의 방법을 찾게 될 것이고, 교육과정을 개선할 수 있는 몇 가지 일을 할 수 있을 것이다. 그 과정에서 지적 과목인 수학, 과학, 디자인, 사회계열 과목인 역사, 지리, 경제, 삶을 이해하는 안목과 관련이 있는 관찰 활동, 실제에 참여하기, 읽기 교육과정을 개발하는 데 필요한 원리를 찾을 수 있을 것이다. 명확하게 안내하는 원리 없이는 변화를 만드는것, 한 발씩 움직이는 것 중 그 어떤 것도 시도하기 힘들다. 정확한 방향을 설정해야 개선이 가능하다. 이것이 소규모의 성장이며, 다음 단계로 성장하는 것이다. 이런 단계가 또 다음 단계를 이끌고, 이 과정이 계속 반복될 것이다.

그러면 그는 다른 교과인 역사 과목으로 눈을 돌릴 것이며, 안정적인 여러 가지 좋은 결과를 찾을 것이다. 이는 교육과정 개발 원리에 기반을 두고, 교사 혹은 지역사회의 생각 혹은 실제를 개선하는 방식이어야 한다. 그는 사전에 여러 합리적인 단계를 설정하고 필요하다면 적절한 읽기 자료를 제공해야 한다.

이런 점에서 다른 과목의 교육과정을 개선하는 방식도 유사하다. 사회적으로 필요한 것을 반영하는 것이 합리적이다. 고려해야 할 사항을 적극적으로 검토함으로써 모든 과목을 다 같이 개선할 수 있다.

여러 교과의 세부인 사항을 놓치지 않기 위해서 교육감과 교직원들은 서로 협조하고, 교육과정 개발의 원리를 모든 과목에 유지해야 한다. 몇몇 교과는 학년별 목록도 필요할 것이다. 그 목록들을 가지고 각 교과와 관련된 상황을 재검토해야 한다. 그리고 교육과정 개발 원리도 계속 갱신해야 한다.

교육감은 교사, 교육청, 지역사회가 준비된 것보다 더 빨리 앞서가서는 안 된다. 그는 자신의 위치를 지역사회를 위한 교육자가 아니라, 아동 교육에 기여하는 지역사회의 한 전문적인 리더로 여겨야 할 것 이다. 다시 말해서, 그는 교육에 대한 책임이 오로지 그에게만 있지 않고 지역사회 전체에 있음을 인식해야 할 것이다. 그는 단지 이 일을 위한 전문 원조자이자 리더다. 만약 그가 할 수 있는 혹은 할 일을 하 지 않으면, 그에게 부여된 것들을 거두어들여야 할 것이다. 그는 지역 사회의 리더로 다른 사람과 함께 지역을 이끌어야 한다. 그렇게 하지 않으면 그는 더 이상 지역의 리더가 아니다. 만약 지역사회의 성장이 머물러 있거나 느리다면, 그는 지역사회의 성장속도에 맞춰야 한다. 만약 지역사회가 깨어 있고 발전적이고 빠르게 성장하려고 열망한다 면, 그 역시 이 속도에 맞춰야 한다. 교육과정을 개발하는 작업은 때 로는 저항적일 수도 있고, 과하게 열망적일 수도 있다.

그는 현 세대에서 모든 진보가 이루어질 수 없다고 예상할 것이다. 그러나 여건이 마련되어 있건 그렇지 않건 그는 진보할 수 있는 시도 를 해야 한다.

찾아보기

가르치는 것 268

간접 경험 62

간접교육 61

개인 17

개인의 잠재력 18

결핍 62, 65

경험의 재구성 155, 256

계몽 77

공동체 의식 163

과학적 59

과학적 방법 65

과학적 접근 60

관찰하기 126

교육경험 51

교육과정 61

근육 운동 207

기술적 정보 45

노작 교육 125
놀이 20, 23, 244
놀이 경험 208
놀이 교육의 목적 216
놀이권장 215
놀이 동기 205
놀이 본능 24
놀이 본성 243
놀이의 생리학과 심리학 239
놀이 정신 205

대집단 의식 153, 157
도덕 교육 185, 188
도덕성 196
도제 교육 38
독서 217, 224
독서 교육과정 257
독서하기 130

모국어 273
모국어 교육 274
민주주의 198

복지 200

사는 것 268
사전 활동 42, 56, 57
사회 교육 217
사회적 놀이 24
사회적 안목 156
사회적 요소 110
사회적 측면 109
사회적 활동 81
생각하기 41
서비스 118
소속감 153
스페셜리스트 100
시민 교육 137, 153
시민성 198
시민 활동 176
실생활 18
실용 21
실제 활동 122, 226

여가 생활 216
여가 활동 199, 253, 293

외국어 교육 281, 282
이완 207
인간의 놀이 248
일 20, 73
일과 놀이 35
일반화하기 134
일의 시각 33

자아실현 21
전통적인 체육 교육 204
정신적 놀이 24
정의 61
제너럴리스트 100, 106
좋은 시민 140, 143
직업 교육 91, 97

직접교육 61
질병 217

체육 교육의 목적 203
체조 206

프로젝트 학습 46

하기 41
학교 교육의 원리 209
활력 수준 195
효율 18
효율성 195

Charters, W. W. 63

저자 소개

Franklin Bobbitt

F. Bobbitt은 『curriculum』에서 교육과정이라는 용어로 '학교에서 무엇을 가르쳐야 하는가'의 문제를 연구하게 함으로써 오늘날 '교육과정학'을 태동케 하는데 단초를 놓았다.

그는 19세기에서 20세기로 전환하는 시대를 살았던 교육과정 학자로서 '우리가 지금까지 학교에서 가르쳐 온 것이 효과적이었다고 해서 앞으로도 학교에서 그것을 가르쳐야 하는가'하는 도발적인 질문을 다루었다.

그래서 Bobbitt은 세기의 전환기마다 이전 세기에서 이후 세기로 나아가야 하는 사람들에게 세기의 변화에 관심을 갖도록 하고, 이를 학교에서 가르칠 '내용'으로 연계하는 고민을 하도록 안내하고 있다. 이런 점에서 Bobbitt은 학교교육 내용에 대한 '학문성'을 넘어서 '사회성'으로 확장시킨 교육과정 학자로 늘 재조명 받을 만한 인물이다.

역자 소개

정광순(Jeong, Kwang-soon)
1985년 한국교원대학교(초등교육과) 졸업
현재 한국교원대학교 초등교육과 부교수
관심분야: 초등학교 교육과정 이론화, 교사의 교육과정 리터러시

이한나(Lee, Hanna)
2008년 전주교육대학교(미술교육 심화) 졸업
2015년 한국교원대학교 대학원 박사과정 수료(초등교육학, 초등교육과정과 수업)
현재 이리 부송초등학교 교사
관심분야: 교사의 내러티브적 지식, 교사의 교육과정

이윤미(Lee, Yunmi)
1996년 전주교육대학교(음악교육 심화) 졸업
2016년 한국교원대학교 박사과정 수료(초등교육학, 초등교육과정과 수업)
현재 이리 동산초등학교 교사
관심분야: 교사의 교육과정 실행, 통합수업 개발, 교사의 아비투스

김경하(Kim, Kyoungha)
1996년 청주교육대학교(초등교육과) 졸업
2015년 한국교원대학교 대학원 박사과정(초등교육학, 초등교육과정과 수업)
현재 경북 옥산초등학교 교사
관심분야: 교사의 교육과정 실행 및 프로젝트 수업

박희원(Park, Heewon)
2003년 한국교원대학교(유아교육과) 졸업
2007년 한국교원대학교 박사과정(초등교육학, 초등교육과정과 수업)
현재 경기 용머리초등학교 교사
관심분야: 초등학교 교육과정, 학교 교육 내용의 성격

이희정(Lee, Heejung)
1994년 이화여자대학교 초등교육과 졸업
2015년 한국교원대학교 초등교육과 석사(초등교육학, 초등교육과정과 수업)
현재 경기 구갈초등학교 교사
관심분야: 초등교육과정

학교에서 무엇을 가르쳐야 하는가
- F. Bobbitt의 교육과정 이야기 -
The Curriculum

2017년 7월 25일 1판 1쇄 발행
2019년 6월 20일 1판 2쇄 발행

지은이 • Franklin Bobbitt
옮긴이 • 정광순 · 이한나 · 이윤미 · 김경하 · 박희원 · 이희정
펴낸이 • 김진환
펴낸곳 • (주) **학지사**

　　　　　04031 서울특별시 마포구 양화로 15길 20 마인드월드빌딩
대표전화 • 02)330-5114　　　팩스 • 02)324-2345
등록번호 • 제313-2006-000265호

홈페이지 • http://www.hakjisa.co.kr　·
페이스북 • https://www.facebook.com/hakjisa

ISBN 978-89-997-1303-3 93370

정가 15,000원

이 도서의 국립중앙도서관 출판시도서목록(CIP)은 서지정보유통지
원시스템 홈페이지(http://seoji.nl.go.kr)와 국가자료공동목록시스템
(http://www.nl.go.kr/kolisnet)에서 이용하실 수 있습니다.
(CIP 제어번호: CIP2017014893)

출판 · 교육 · 미디어기업 **학지사**

간호보건의학출판 **학지사메디컬** www.hakjisamd.co.kr
심리검사연구소 **인싸이트** www.inpsyt.co.kr
학술논문서비스 **뉴논문** www.newnonmun.com
원격교육연수원 **카운피아** www.counpia.com